U0687852

论文编辑委员会（按音序排列）

安靖如　Stephen C. Angle
白诗朗　John H. Berthrong
陈　来　Chen Lai
陈立胜　Chen Lisheng
陈少明　Chen Shaoming
郑宗义　Cheng Chung-yi
郭齐勇　Guo Qiyong
梁　涛　Liang Tao
姚新中　Yao Xinzhong

文稿统筹

王建宝　Wang Jianbao
赖区平　Lai Quping

精神人文主义
论文集

第一辑

陈来 主编

人民出版社

"第二届精神人文主义研讨会"主旨发言

(代 序)

杜 维 明

尊敬的各位学术先进、嘉宾同仁、朋友们、同学们:

早上好!

大家能来参加"第二届精神人文主义研讨会",我感到非常荣幸。"精神人文主义",我对这个课题只是做了初步的研究,很多学者从各种不同的文化背景,以及不同的角度对这个议题做了新的探索,使我获益匪浅。几十年来我所关注的课题,也就是刚刚姚教授提到的文化中国、文明对话、西方启蒙的反思、世界伦理和儒学第三期发展,得到了世界各地学者的支持和参与,使我感到所做的工作不只是我个人的独立思考的结果,而是在大家的共鸣中逐渐发展的一种群体的贡献。

我感谢各种助缘。一种新思想产生的泉源和动力,不但来自长期独立的思考、体知和身体力行,甚至需要机遇的助力,更重要的是思想者本人的真诚。真诚做人,真诚思考,真诚修炼,真诚地承认他者的精彩和自己的局限,在这种内外交养的过程中产生的思想，才不会自生自灭。这种内外兼修的方式和思想产生的过程是千差万别的。每个思想者都有不同的思想形态和途径。思想者心中必须要有个定盘针，你的思维方向才不会在红尘滚滚的大浪中迷失。

明确自己的道路只是一个侧面，需要持之以恒，甚至以一种宗教式的信仰来支撑，特别在逆境中来坚持，才能形成自己独立的思想。我想学做人、做学问是同样的一个道理。我有幸自幼在学问研究上的方向就相当强。即使在逆境的时候也常常不忘初衷，努力自勉。我也有一定的适应的能力，但是当然非常有局限，内心深处的自我认同，是不会因为外面的环境比较恶劣就有所转变的。一个具体的、活生生的、自然的人，如何达到以天地万物为一体的具有普适意义的一种视野和关怀，是一个非常艰难的考验，也是人的精神升华和纯粹的过程。我们当然不要求每个人都如此，但这是一个普遍的、很宽广的思想，对每一个人都有意义，因人而异。这也是儒家心学所走的一个从特殊具体通向普遍的道路，它普遍但不抽象、具体但不封闭，它充分肯定每一个人独一无二的特殊性，以及这个特殊性所包含的自然和人为的限制，同时限制本身又是成全个人的必要条件，是一个促成个人自我实现的因素。儒家心学所体现的、所代表的做人的道理，可以成为文明对话的一个共识。"学以成人"是一个很普遍的课题，它与所有人都有关系，超越了种族、性别、年龄、宗教、地域的界限，每个具体人都要经过这个过程。它是一直在发展、一直在变化的，有着很多不确定的因素，这些不确定的因素来自自身和外部，多半要通过自我反思来化解。

有些传统思路暂时放弃身的问题，而注重心，有些是注重精神性，暂时没有照顾到身和日常生活。但是儒家有一个非常特别并且在中华民族的文化心理结构中根深蒂固的想法，就是你不能离开此世。强调人的自觉，如何成为一个具体的人，要通过个人的努力，经过反省和反思才能逐渐达到。这就说明了"学"，"学做人"的"学"的重要性。这一方面当然是一个事实的表达，另外一方面意味着责任，一种承担和一种传承。孔子说自己最欣赏的学生是颜回，因为他好学，而他自己对自己的评价也是"学而不厌，诲人不倦"。因此好学是他的自我定义和自我承诺，同时也是对他的学生、对其他人的极高的要求。自然人是通过学慢慢地成为各种角色的人，然后成为有品德有价值的人。所以我觉得"学以成人"不是一个特殊的文化命题，它是一个普遍的命题。我认为它的根在心性儒学中是扎得非常深的。

当然，这个课题在其他的精神文明传统中也普遍地得到开展。比如说古希腊哲学，学做人的问题（know thou-self），是内容非常丰富的一种理念和价值。所以"学以成人"才能成为 2018 年哲学大会的主题。我相信，它将成为人类重新关注的重要课题。

我一直在思考何为人的问题，特别是现在工业社会世界文明大盛的时候，这更有必要。在当今的学术中，有很多人质疑存不存在这样一种人文主义：它不排斥自然，既注重物，又注重精神信仰，就是和自然有种亲和性，注重精神世界，有强烈的精神性。它以人为核心、为关注的重点，但又不是人类中心主义。这种人文主义所代表的一种思潮，是以超越各种不同的宗教的特殊诉求为基本要求的，不仅超越，而且是一种丰富，使得各种不同的精神文明更加有内容、更加充实。

通过精神人文主义，我们可以成为更丰富的基督徒，更充实的伊斯兰教徒、犹太教徒、佛教徒或者印度教徒，这就是精神人文主义的一个基本观点。换句话说，精神人文主义是开放多元的，是向各种不同的精神文明发展出来的一个要求，邀请大家一起对话，互惠互利，互相丰富。所以我曾经倡导通过文明之间的对话，能够发展出一种对话的文明。中国文化的发展是多元多样的，在先秦就出现了各种不同的可能性，也就是百花齐放、百家争鸣的盛况。

中国文化的历史确实经过了一个重要的学习过程。就像通过印度去学习，佛教成为中国文化的一部分。中国文化从曲阜所代表的地方文化变成中原文化，从中原文化变成东亚的文明，成为东亚文明的体现。现在从东亚文明成为世界文明的一部分。尽管存在不同的认知，但是我们必须承认，佛教已经成为中国文化内部不可分割的一部分。从宋元明以来，中国从伊斯兰的文明、基督教的文明、早期天主教当中，也获得很多非常丰富的借鉴。天主教又把儒家的文明带到西方，在拉丁语世界，对启蒙也作出了积极的贡献，这都是一个难得的因缘。那么我们可以肯定在21世纪，很多欧美的因素也一定成为中国文化不可分割的部分。

我提出精神人文主义是重视天和人不是割裂的，人和物、心灵与肉体不是割裂的。精神人文主义不是这种排斥的二分法，它融合形而上、形而下的自然万物、个人、社群、天道的精神体现，它的伦理基础与多元文明交错的架构，需要大家一起来完善，一个人的力量是极其有限的。但我提出一个框架，也就是我们必须要考虑到四个项目，自我本身内在的联系，以及身、心、灵、神的统一的问题，也就是我们坚持主体性的重要性，关爱他者、了解他者、理解他者，把我们狭隘的中心主义打破。

但是个人的主体性、民族的主体性、文化的主体性，必须要进一步的挖掘和探讨。那么个人和他人的关系，以及人类社群的关系,怎么样形成一种健康的互动?尤其是现在,封闭的思想、排他的思想极为强烈,爆炸性的可能性极多的时候,我们特别要关注到人和他者如何健康互动的问题。在我们所生存的世界,特别是我们这一代,理解到整个人类要建立另外一种新的关系,也就是和自然建立一种持久、和谐的新的关系。那么人与人、人与自然,就是所有人文学者都必须照顾的侧面。

可是我还在强调天,也就是精神人文主义突出精神的主要的理由。照中国的传统说法,人和天可以相辅相成,参天地之化育,可以与天地参。这样的一种精神人文主义,面对其他的文明,包括一元神的宗教信仰、原住民的文化信仰与中国自己内部所发展出来的各种思想的信仰,它有很多需要深化努力的工作。这不是一个知识界的问题,不是一个思想界的问题,而是人类如何存活、人类如何发展,必须要共同关切,也就是每一个人自身的问题。

谢谢各位!

目　录

"第二届精神人文主义研讨会"主旨发言（代序）..............杜维明 / 001

精神哲学与精神人文主义....................................陈　来 / 001

"道德性"和"精神"的人文主义 ....李存山 / 016

儒家与人文主义..李明辉 / 028

精神人文主义：意义及其扩展 ....杨国荣 / 043

伦理道德，如何造就现代文明的"中国精神哲学

　　形态"..樊　浩 / 054

"修道""尽性"以"成人"..................................郭　沂 / 079

　　——儒家精神人文主义的人生意义观

"儒家人文主义"的知识检证 ....任剑涛 / 088

殷周之际的宗教变革与人文精神........................赵法生 / 102

"旧邦"何以能够"新命"..................................郑　开 / 134

　　——从文化中国和精神信仰角度看

精神人文主义视阈下的当代文明对话问题论析............陶　金 / 151

从同行人生路到反思杜维明先生的成就：敬贺

　　八秩寿辰 ·····································郭少棠 / 164

哲人于时代之政治责任 ·····················白彤东 / 171

　　——从不入危邦的孔子与不离乱邦的苏格拉底谈起

以《大学》理解儒学的意义及局限 ·········梁　涛 / 197

　　——兼论统合孟荀

佛教在当代中国的文化价值 ···············李四龙 / 220

"天下之虑"与"今世实谋" ···············刘光临 / 233

　　——叶适保守主义思想观念评析

朱熹对中庸之道的诠释与建构 ·············朱汉民 / 251

王船山哲学研究的误区之克服及其发展之可能 ·····林安梧 / 267

　　——关联"当代新儒学"到"后新儒学"的哲学反思

民国时期的"五教"观念与实践 ···········彭国翔 / 287

　　——以儒商冯炳南为例

儒家的批判精神 ·············杜维明演讲　王顺然整理 / 311

　　——知性探索的价值

靡哲不愚（代跋）·······················杜维明 / 328

附　录

　仁者寿——在杜维明先生八十寿辰暨"第二届

　　　　精神人文主义研讨会"上的致辞 ···········郝　平 / 330

精神哲学与精神人文主义

陈　来

在西洋，有黑格尔的精神哲学，关注绝对理念在人的体现。而在东方，则有儒释道的精神哲学，关注心的自觉与转化。按照精神哲学家徐梵澄先生的理解，精神哲学应是精神人文主义的基础，他对精神哲学的要义做了诸多阐明，特别是其晚年著作《陆王学述》。1994 年完成的这部著作是他的归宿之作，他把自己多年浸润其中的印度"圣哲"室利·阿罗频多（印度近代三圣之一）的精神方向与儒家心学思想加以融汇，最终形成了自己独特的精神哲学形态。因此，如果谈到精神人文主义的理论建构，徐氏的精神哲学应该是值得参考的重要资源之一。

一、精神与哲学

（一）宋儒精神与人文主义

徐梵澄认为宋明理学即是宋明精神哲学，儒学自易经、孔子以来即是精神哲学。同时他认为宋儒之学为人文主义：

> 宋儒自诩为"内圣外王"之学，功夫是内外交修，先内圣然后外王，有其本末、次第。此一圣学，近人以其内涵有多处与欧洲人文主

义相合，又指为中国的人文主义。欧洲的人文主义，是越过千余年，要摆脱中世纪的愚昧和对上帝的信仰以及附着滋生的迷信的种种束缚，而恢复到古希腊的理智时代。此则有同于宋儒之复古。然宋明儒者，取材于"观乎人文以化成天下"，其志度之高大与广远，远非欧洲人文主义者所可及。然过度着重了"人"，忽略了物，只助成伦理学的建立，而阻碍了自然科学的发展。其御物的态度，王船山曾说得很明白："圣人只做得人分上事。人分上事便是己分上事也。《中庸》言'尽物之性'，也只是物之与人相干涉者，索与他知明处当。使其有可效于人者无不效，而其不可乱夫人者无或乱也。若天际孤鸿，江干小草，既不效于人，而亦不能相乱。须一刀割断，立个大界限，毋使彼侵此陵，失其人纪。"又谓："所谓'天地之间'者，只是有人物的去处。上而碧落，下而黄泉，原不在君子分内。"这可作为人文主义的辩护；然今人或可斥其为"人类中心主义"（anthropocentrism）。专事寻求上帝者，必不谓然。要之，王氏之解释，仍有可讨论之余地。①

这明确肯定，宋儒之学为中国的人文主义。此人文主义虽然与欧洲的人文主义同有复兴古典之义，但态度的高大广远，又非欧洲人文主义所及。他同时也指出，古代宋明儒学的人文主义有人类中心主义的局限，重伦理研究，轻自然研究。其实，宋明儒学内部包含多样性的主张，而其主流虽然不是重视自然科学，但也不是单一的人类中心主义，而是重视天人合一的宇宙人文主义。现代的精神哲学则在这一点上有了更大的改变，把人类中心的人文主义转变为宇宙视野的人文主义。但无论如何，徐氏肯定宋儒之学为高远的人文主义，他又认为宋儒之学是精神哲

① 徐梵澄：《陆王学述》，《徐梵澄文集》第一卷，上海三联书店、华东师范大学出版社 2006 年版，第 411 页。

学，由此可知，在其整体理解之中，精神哲学是宋儒的高远的人文主义的基础。

（二）精神与精神哲学

他特别强调精神哲学的重要性，提出：

> 何谓精神？精神哲学一名，在现代常见在宗教范围中，然与"神学"大异其趣。只有在印度室利·阿罗频多（Sri Aurobindo）的瑜伽学或"大全瑜伽"，多与相合。将其统摄入宗教是世俗误解，它与宗教有天渊之别。东西古今之文化主要只有三大系统：古希腊、罗马一系；印度一系；中国一系。近代西方哲学，皆从希、罗一系衍出。三者以印度一系宗教色彩极浓，希、罗次之，中国又次之。此一中国哲学，臻极也归到信仰，与宗教同，但没有宗教之迷信及甚虚伪、妄诞；然不是没有对宇宙人生最高真理之探索。当然，说到"神"，是从人之为圣人而再上推去的，曰："圣而不可知之谓神"。而此神不是希伯来的创造天地的上帝。最高真理曰道，所以也称道学。《大易》"观"卦中说："圣人以神道设教而天下服矣。"这句中的"神道"一名词。以及《系传》中所谓"神而明之存乎其人"，"神而化之"，"显道、神德行"，此诸"神"字，在文法上皆是动词，不是名词，不是庙、堂、寺、观中人所敬拜的人格。[①]

他强调，精神哲学与"神学"大异其趣，宗教有天渊之别。它不是宗教迷信，而是对宇宙人生最高真理"道"的探求。东西方文化历史上都有精神哲学。"用现代眼光看，一位道学家决不是一宗教家或原教旨主义者，而精神哲学（spiritual philosophy）也不是唯灵论（spiritism 或

---

① 徐梵澄：《陆王学述》，《徐梵澄文集》第一卷，上海三联书店、华东师范大学出版社 2006 年版，第 412 页。

spiritualism）。是治西学者所易忽略的。"①

他特别指出：

> 人在生命之外，还有思想，即思维心，还有情感，即情感心，或
> 情命体。基本还有凡此所附丽的身体。但在最内中深处，还有一核心，
> 通常称之曰心灵或性灵。是这些，哲学上乃统称之曰"精神"。但这
> 还是就人生而说，它虽觉似是抽象，然是一真实体，在形而上学中，
> 应当说精神是超乎宇宙为至上、为不可思议，又在宇宙内为最基本
> 而可证会的一存在。研究这主题之学，方称精神哲学。②

何谓精神？他认为，就人而言，思维心、情感心都是精神，但精神不
限于思维心、情感心，对人来说，精神最重要的是作为身心最深处的心灵
或性灵。若不仅就人而言，精神乃是"一真实体"，即一形上实体，此一
实体既超乎宇宙存在，又在宇宙内存在。换言之，精神作为实体既是超
越的，又是内在的。而且很重要的一点，这一实体是可证会的。总之，作
为实体的精神，既是主观的精神，也是客观的精神。主观的精神是意识
和认识，客观的精神这里是指作为宇宙的实体的精神。

（三）精神哲学与宗教

> 至今东西方的精神哲学，虽容纳许多东西，然尚属纯洁，非如
> 许多宗教之藏垢纳污。原始宗教无哲学可言，更无所谓精神哲学；
> 精神哲学是后世被吸收进去的。以质素而论，它远远高出宗教了。
> 至今它也只能诉于知识分子，其势用又远不及凡夫所相依为命的宗

---

① 徐梵澄：《陆王学述》，《徐梵澄文集》第一卷，上海三联书店、华东师范大学出
版社2006年版，第413页。
② 徐梵澄：《陆王学述》，《徐梵澄文集》第一卷，上海三联书店、华东师范大学出
版社2006年版，第414页。

教。而既成为哲学,它总是属理性的,虽摄理性,然又大于且超于理性。何以现代可将此宋明儒学列入精神哲学一类呢?——因为二者内容大致相类,而宗旨颇同。在精神哲学中,普通总是以身与心对,中间还有一情命体。心则言情感心(heart)和思维心(mind)。在稍精深的瑜伽学中,还涉及其间之微妙生理体。论及人性,则分高等自性和低等自性。宋明儒学说为身、心、性、命之学,也是分别探讨,主旨或最后目的为"变化气质"。而精神哲学也着重"转化"。——两者皆着重身、心之修为,而"转化"是何等艰巨之事,儒者最有经验。①

精神哲学属于哲学,它不是宗教,高于宗教;精神哲学属于理性,又大于超于理性。他认为,宋明儒学的身、心、性、命之学,就是精神哲学的内容宗旨;宋明儒学的心性功夫和变化气质,就是中国精神哲学的代表。因为精神哲学很注重"转化",这转化既是生命的转化,也是心灵的转化。这是精神哲学之所以为精神哲学的根本要义。其实这也是目前人们对宗教对人心作用功能的共识。

究之精神哲学的领域,本自无边,其出发乃自心源,而心源无尽。所以标举这精神哲学者,因为这——"此学"——较纯粹思辨哲学的范围更大,它能包含后者却不被后者包含,思智只属精神"大全智"的一部分,而出乎思智以外的知识有待于开发的尚多。就名相言,精神可容纳思想,而思想涵盖不了精神。无疑,至今精神真理多涵藏于宗教中,但宗教已是将层层外附如仪法、迷信等封裹了它,使它的光明透不出来。偶尔透露出来的,的确是"放诸四海而皆准"的

---

① 徐梵澄:《陆王学述》,《徐梵澄文集》第一卷,上海三联书店、华东师范大学出版社 2006 年版,第 415 页。

达道,即陆氏所说之心同理同。自古及今,宗教对人类的福赐是大的,但其所遗的祸患亦复不小。①

心源的说法显示出,在他看来,心学是精神哲学的根源。精神哲学的对象是精神"大全智",纯粹思辨只是"思智",只是精神的一部分,"思想"与思智不同,也是精神大全的一部分。"精神真理"是"精神大全"的核心,精神真理在历史上常常涵藏于宗教中,而宗教往往以层层的仪式法术和迷信包裹了这些真理,使得真理的光明难以透达出来。这里的真理主要是指"高尚的道德、伦理"。精神哲学则不同,它没有任何宗教的包裹,使得"精神真理"能够直接朗现出来。

二、体验与修为

(一)精神哲学与精神经验

徐氏认为,世界三大文明都有其精神哲学的传统,今天中国文化面临的是重建中国的精神哲学的使命:

这里无妨指出,重温陆、王,即是意在双摄近代哲学与宗教原理而重建中国的精神哲学。仍其多种称名,如理学、心学、道学……但舍精神哲学一名词而外,亦无其他适当且能概括无遗的名词可取。其所以异于纯粹思辨哲学者,则在乎躬行实践,内外交修,求其实证,即所谓"自得",态度仍是科学的,脱出了玄虚。终期于转化人生,改善个人和社会,那么,亦可谓此为实用精神哲学。而又有进者,精神所统辖者如此弘大,故此哲学亦广阔无边,正不宜精细界划,中间

---

① 徐梵澄:《陆王学述》"后序",《徐梵澄文集》第四卷,上海三联书店、华东师范大学出版社 2006 年版,第 209 页。

存有充分发展的余地，留给将来。人类的心智永是进步的。①

重建中国的精神哲学，要双摄近代哲学和宗教原理，这一提法首先意在与纯粹思辨哲学区别开来，说明精神哲学不是纯粹思辨的体系，而是注重精神修习和躬行实践，这种躬行实践则摄取宗教实践的修为，求其实在的证会，期于人生的转化。其次，其"近代"的提法是为了突出科学的精神，即"态度是科学的"，不是玄虚妄诞的，是要落实为改善个人和社会。

所以，所谓精神，就是强调心性的重要性，因此他十分肯定理学家的心性修为功夫：

> 今且以现代精神哲学绳之：自"莫厌辛苦"以下，皆是言治学之方，亦即精神修为之道。正如学打拳，初学不宜用力，不可勉强，要优游涵泳，从容不迫，只若持之以恒，久之自然中规中矩。思虑很难泯除，要在反观其起处，即一念之动，已能辨其正与不正，不正则改，亦自心知之。正如上文所言，"内无所累，外无所累……自然轻清，自然灵大"。这正如静坐时，似乎视听皆寂，然昭昭内觉，不是半昏迷半妄想之状态。心正则气正，气正则身体器官功能皆随之而正。讲到"人共生于天地之间，无非同气……"云云，这是凡理学家皆讲究的。②

宋明儒学的心性功夫在现代精神哲学来看，即是精神修为之道。这里所说的反观一念之动，近似阳明正念的功夫；内外无累，近于明道的定

---

① 徐梵澄：《陆王学述》，《徐梵澄文集》第一卷，上海三联书店、华东师范大学出版社 2006 年版，第 421 页。

② 徐梵澄：《陆王学述》，《徐梵澄文集》第一卷，上海三联书店、华东师范大学出版社 2006 年版，第 446 页。

性；静坐昭昭有觉，近似朱子主敬功夫。至于心正气正之法，则近于宋儒张子的功夫。①

> 想来孔子之所谓"朝闻道，夕死可矣"，其说"闻道"，有如此重大，必定是与彻悟有关。即后世之所谓"见道"。禅修似乎是达到大彻大悟之后，不久便死去。但道学家或儒家之修为，不以彻悟为极，与今之精神哲学同。其宗旨在于转化气质，乐其所学，彻悟也只是其精神追求之路上一里程碑。释氏也有平生一悟再悟的，总之是一番精神经验，或大或小。纵使有了最高经验，不必其人便死，在儒者还有立己立人达己达人，以至治国平天下一系列大事。②

这里所说的是"精神体验"的问题，所说彻悟、见道都是指一种精神经验，亦即比较宗教学所谓的神秘体验。他认为，儒家特别是道学家的修为功夫不是以彻悟为根本目的，也就是不以追求神秘经验为目的，在这一点上是和精神哲学一致的。那么精神哲学的目标和宗旨是什么呢？按这里所说，宗旨就是转化气质，乐其所学。但儒家并不止于此，还要立人达人、治国平天下。这说明，精神哲学虽然是以精神为主体，但亦推至于治国平天下的世界。

（二）精神哲学与精神修为

徐梵澄提出，儒者的见道功夫，与其他宗教不同，是切己自反、澄心内观：

> 凡此，皆是教人自反，澄心内观，刻实论之，此与禅相似，然大

---

① 参见黄宗羲：《宋元学案·横渠学案下》，中华书局1986年版。
② 徐梵澄：《陆王学述》，《徐梵澄文集》第一卷，上海三联书店、华东师范大学出版社2006年版，第462页。

与现代精神追求亦精神哲学上的追求有合。若随意翻检禅书，其任何语录之类，皆与这些话大异其趣，至少这些话不打机锋，不逞精彩，皆是平平实实之言，可遵可行。兹更引其一语，见其崭然卓立为儒林之见道而决不容误解为禅者。①

澄心内观是陆象山一派的功夫，可见徐氏对心学功夫的欣赏。在这个意义上，说他是新陆王、新心学，亦不过分。他强调，心学的功夫主张，与禅师语录大异其趣，不走机锋一路，不求光景，全是平实之言，毫无神秘之处。

所以，他对王阳明早年偏于神秘的修道悟道的境地和体验，既给以肯定，又认为应当加以检讨：

必明白王阳明少年时代的生活，直至其"居夷处困"，三变而成学的经过，然后才能较全面地了解其学说。但此中有两点为我们所忽略的，因其为我们所泛然承认而从来不深究的，颇宜加以检讨。一为先知，一为其彻悟。这两事是精神哲学中不一其说的。一般属"别相"，因人而异；而非属"通相"，在人人必然同一。②

"检讨"二字，说明他并不盲目肯定阳明洞的先知和龙场的彻悟这两点的普遍性，他指出，这两点虽然属于精神哲学，但属于别相，因人而异的，不是通相，通相是普遍的，人人相同的。

但他也肯定了王阳明龙场悟道的精神内容，《陆王学述》第十三章"先知与彻悟"中说："王阳明在这场合，中夜豁然大悟。从入是儒门，从

① 徐梵澄：《陆王学述》，《徐梵澄文集》第一卷，上海三联书店、华东师范大学出版社 2006 年版，第 438 页。
② 徐梵澄：《陆王学述》，《徐梵澄文集》第一卷，上海三联书店、华东师范大学出版社 2006 年版，第 478 页。

此六通四辟，义理无所不顺，即所谓悟入了宇宙知觉性本体，从此一切皆了然无疑。其时'寤寐中若有人语之者'，不会是'有人语之者'，只是高等知觉性中的所涵，向其寻常知觉性中倾注。总归即此亦是'道'，是'见道'的经验之一种。"① 这是认为，王阳明的龙场悟道，是悟入了宇宙知觉性本体，这就是徐氏对"见道"的解释。照这个解释，阳明的悟不只是对个体本心的悟，而根本上是对宇宙之心的悟。这个悟，从知觉性来说，就是从寻常知觉性跃升至高等知觉性，又由高等知觉性向寻常知觉性灌注，以涵化其寻常知觉性。

三、知觉性及其扩大

上面的一段话中提到"宇宙知觉性"的概念，以及提到"高等知觉性"、"寻常知觉性"的概念。这涉及徐氏精神哲学的"知觉性"概念。

先知与感应相联，则其作用必有能感与所感两方面。说"消息"，必是一方面有发此消息者，另一方面有接收此消息者。这中间以何物为传达的媒介或联系呢？这是颇不容易弄明白的一问题。正因此，乃有精神哲学上的探讨。毋妨姑作这么一种说明。弥漫宇宙人生是一大知觉性，这知觉性之所表便是生命力。或者，如某些论者说弥漫宇宙人生只是一生命力，而这生命力之所表便是知觉性。两说是同一事，只是后说时时有无生命物一外在事实在相对，较难分说。毋妨假定知觉性是体，生命力的活动便是其用，体不离用，用不离体，此即宋儒之所谓"体一"。②

---

① 徐梵澄：《陆王学述》，《徐梵澄文集》第一卷，上海三联书店、华东师范大学出版社 2006 年版，第 490 页。
② 徐梵澄：《陆王学述》，《徐梵澄文集》第一卷，上海三联书店、华东师范大学出版社 2006 年版，第 483 页。

照此处前面所说,宇宙间作为传达的媒介而起联系作用的,是知觉性。照后面所说,知觉性是宇宙之体,生命力是本体之用。世界一切现象都是"一大知觉性"的显现形式。人生是宇宙一部分,故知觉性亦是人生之本体,生命力是人生之用。这讲的是知觉性的哲学角色。

针对陆象山宇宙便是吾心之说,他指出:

> 宇即是今言之空间,宙即是今言之时间。时、空内之事,即自己分内事,这即是已将自己的人格,扩大到无限了。事亦物也,物亦事也,即万事万物皆在一己之内。此即孟子之"万物皆备于我矣"之说,是纯粹唯心论,即万事备具于吾心。宋儒张子在所撰《西铭》中说:"天地之塞,吾其体;天地之帅,吾其性",亦是同此一理,没有个人私己,而无所不己。佛教《华严经》如此说,印度教《薄伽梵歌》如此说,近世精神哲学举莫能外。谓空间只是一知觉性之弥漫,开展,时间只是同此一知觉性之继续,延伸,似乎象山得此省悟时,已有见于此理了。于此说圣人之心同理同,似非说人人或凡人。其实这是就人之为人之基本而说,如后下阳明发挥性善之说,谓"个个人心有仲尼"。见其本源,凡圣皆同此一知觉性。①

这是说,古代儒者言及"宇宙",往往是表达其精神境界,此种境界是将自己的人格扩大到无限,莫非己也,这也是所有精神哲学追求的境界。如果从知觉性来看宇宙,空间是知觉性的弥漫,时间是知觉性的延伸,陆象山所说的宇宙之语,就是看到了这一点。换言之,陆象山已经有见于宇宙是心的弥漫与延伸。在这个意义上,可以说知觉性就是心之灵觉,就是性灵。因此,所谓人性,就是知觉性,性善论的意义就是注重知觉性

---

① 徐梵澄:《陆王学述》,《徐梵澄文集》第一卷,上海三联书店、华东师范大学出版社 2006 年版,第 492 页。

的本源性和本体性。

关于人格扩大无限，他在另一处也谈到过：

> 如颂尧之仁如天，则已是文明开化之后的此一崇拜之留痕。西方的精神哲学以及瑜伽学，皆有与宇宙间至上神圣者或与自然合而为一之说。这是将自己的人格扩大化，实际上已是无帝王可称，乃有此抽象化的理念。①

西方和印度，都赞颂这种将自己人格扩大而与宇宙合一（或与自然合一）的境界。在文明的发展中，这种合一可能带有一些早期文明的痕迹，但在后来的发展中，这种合一的境界摆脱了那些痕迹，成为抽象化的理念。作者自己所提的、下面将谈到的"宇宙知觉性"就是这样的观念。

> 人人可悟，所悟有种种不同，要之非释家所专。西方在各宗教里，从古皆有其事。罗氏因一僧人而有悟，则谓之禅悟也宜。通常是一悟之后还大有事在，因为悟境从来是不能长驻的。多是有如电光一闪，见到了许多前所未见的事物，但不久又不见了。倘从此继续修为，苦苦要追回那境界，必不可得，所能经验到的，又是另一番境界了。另一境界可能是不如前者，可能是胜于前者，但很难同于前者而一成不变。自精神哲学观点说之，是人自寻常知觉性进到了上一层知觉性，寻常心思进入高等心思，偶尔透入了光明心思，于是照见许多或体验到许多境界，为从来所未有。能照之主观既变，所照之客观亦改。但人是生活于寻常知觉性里，在此未变未改之知觉性中，否则难于生活下去，或不能过普通生活。这么便不能不退转，仍回

---

① 徐梵澄：《陆王学述》，《徐梵澄文集》第一卷，上海三联书店、华东师范大学出版社 2006 年版，第 438 页。

到其高等心思界。然既有了一番知觉性之上翥,则在其人生从此的道路上的影响是浩大的,往往方向亦变。①

悟境是知觉性的一个阶段、一个里程碑,禅宗有悟,西方宗教中也有悟。在他看来,悟是从寻常知觉性上升到了更高一级的知觉性,或说高等知觉性。高等知觉性亦称高等心思,在高等心思的层级上,透入了光明心思,于是照见许多境界。可见,这里所说的高等心思透入光明心思,就引起能照的主观发生改变;能照之主观改变了,所照之客观也就改变了。这就是悟境。寻常知觉性就是普通的人心,人心的提升,既是境界的提升,也是能照主体的提升。

徐氏又提出"宇宙知觉性":

> 阳明所谓心,不仅指此方寸,是指良知之心,即是指良知本体,亦即宇宙大化之本体。象山有言:"宇宙即是吾心,吾心即是宇宙。"阳明谓"自其主宰而言,谓之心",——说"吾",即是我之为"主宰",故湛氏有此"方寸"之说。据近世精神哲学的某一派修为的说法,是有此一中心(centre),在肉团心房之后,是虚拟的一位置,所以便其修为,在解剖学上是寻不出此一物的。即此方寸之地,乃说为虚明灵觉之位,即弥漫宇宙万事万物之知觉性的一中心点。阳明"自其主宰而言"句中之"其"字,是指此宇宙知觉性。以此原始的创造性的知觉性而万物成其化,弥漫时间空间而为一,故个人这一中心点亦称小宇宙,与大宇宙为一。因此东海西海于古于今圣人之心可说为同。②

---

① 徐梵澄:《陆王学述》,《徐梵澄文集》第一卷,上海三联书店、华东师范大学出版社 2006 年版,第 548 页。
② 徐梵澄:《陆王学述》,《徐梵澄文集》第一卷,上海三联书店、华东师范大学出版社 2006 年版,第 576 页。

照徐氏的精神哲学看，王阳明的"良知"，既是良知之心的本体，也是宇宙大化的本体；而陆象山的"吾心"便是宇宙的主宰，用精神哲学的话说，吾心既是人身的主宰，亦是弥漫于宇宙万物万事的大知觉性的中心点。在这个意义上，心亦即是宇宙的知觉性，宇宙的心，宇宙的本体。知觉性就是心，宇宙的知觉性就是宇宙的心，天地之心。可见，所谓精神哲学，粗略地说，精神就是心，精神哲学就是心学。

徐氏精神哲学与宋明理学也有不同的地方，即孟子以下的儒家心学注重道德知觉，而徐氏则强调一般知觉的第一性：

> 万事万物中以人之所禀所受力量最虚最明最灵最觉，故张子言"天地之塞，吾其体；天地之帅，吾其性"。充周遍漫谓之"塞"，为之主宰谓之"帅"。在人，所禀所受者同，而各各个人不能无异，故谓之"理一分殊"。理一谓同，分殊曰异。最虚最明最灵最觉，故为帅为主；赋命不能是个人的善恶，只能是各个的灵明。因为知觉性是第一性，道德上之善恶属第二性。倘无知觉性，则不知善亦不知恶。在诸识则为聪明，如曰耳聪目明，在心则为灵明。人之圣、愚、贤、不肖有其等级，皆可说为此灵明亮度之差，上圣聪明睿智，下愚冥顽不灵。其间有无数层级。①

虚明灵觉是阳明用来表示良知的，灵明亦然。而在徐氏的立场，虚明灵觉即是知觉性，并认为知觉性是第一性的，善恶是第二性的。因为如果没有知觉性，就不可能知善知恶。由此，他认为天命所赋予个人的不是善恶属性，只是各个的灵明，即知觉性。这近乎杨慈湖赞颂的"心之精神"，是与孟子有所不同的；与谢上蔡所主的知觉也有不同，上蔡所主

---

① 徐梵澄：《陆王学述》，《徐梵澄文集》第一卷，上海三联书店、华东师范大学出版社 2006 年版，第 577 页。

的知觉还是近于明道所说的仁的知觉,而非朱子所批评的一般知觉。徐氏之知觉性较近于朱子所批评的一般知觉。这些都显示出其精神哲学因受到印度精神哲学的影响而具有其自己的特点。

由以上所述,可以知道,徐氏的精神哲学,以心的知觉性为基础,在一定意义上,即是心学,或心的哲学。相比而言,如果说黑格尔的精神哲学是人的哲学学,徐梵澄的精神哲学则突出心的哲学。徐氏这一哲学注重精神体验和精神修为,转化生命气质,与纯粹哲学并不相同。其体系不仅重视个人的心,也重视宇宙的心,超越了以人为中心的启蒙思想。这一精神哲学不仅致力于把个体的人格知觉性提升扩大至无限的宇宙知觉性,达到高远的精神境界,而且坚持立人达人、治国平天下,继承了儒家的内圣外王理想。徐氏这一突出精神性的体系与精神性人文主义是内在一致的。他的以心学为基础的精神哲学,对于自觉接续心学哲学作为精神人文主义的基础有借鉴的意义。

(作者单位:清华大学哲学系、国学院)

"道德性"和"精神"的人文主义

李 存 山

一

中国传统文化的特质是"人文主义",这在 20 世纪 80 年代的"文化热"中是一个引起争议的观点。因为按照单线的历史进化论的观点,"人文主义"是在西方近代冲破"中世纪"的神学束缚之后才开始出现的,而中国传统文化是属于中国古代的。80 年代的"文化热",在理论上的一个重大突破,是文化不仅有"时代性",而且有"民族性"。说中国传统文化的特质是"人文主义",这是从文化的"民族性"的意义上讲,而"民族性"不能够归约到"时代性"。也就是说,"人文主义"不仅属于西方的近代,而且它也是中国文化的"民族性"特点。在这里,文化的"民族性"是超越"时代性"的。

在 80 年代的"文化热"中,庞朴先生曾率先提出中国传统文化的特质是"人文主义"的观点,他以《中国文化的人文精神(论纲)》为题,将此观点发表在 1986 年 1 月 6 日的《光明日报》。此观点立即引起争议,我在 1986 年 4 月 14 的《理论信息报》发表《论争应该遵守逻辑》一文,为庞朴先生的观点作了辩护。此后,我对庞朴先生作了一个访谈,题为《文化的时代性与民族性——访庞朴》,发表在《史学情报》1987 年第 2

期。在此访谈中，庞朴先生指出："文化既是进化的、发展的，又是不同类型的、有民族特点的。""时代性与民族性，不是互不相容的，而是互相促进的。"① 讲明了文化的时代性与民族性的关系，才能在时代性的规定之外确立中国传统文化的"不同类型"或"民族特点"。

关于如何划分不同文化的"类型"，庞朴先生说："这也是文化学的一个重要问题。我倾向用对于三种关系的重视程度来划分文化类型。这三种关系就是人与自然的关系，人与超自然的关系，人与人之间的关系。前两种关系是人的外向的追求，后一种关系是人的内向的追求。那么，中国传统文化更重视哪一种关系呢？显然它更重视人际关系的和谐，更重视内向的追求。"基于此，庞朴先生说："我认为，这样一个基本的特征可以叫作人文主义。""西方的人文主义相对于中世纪的神文主义而言；在中国古代，神文主义很早便退位了，中国传统文化一直重视人生的现实问题"，所以可称为"人文主义"。②

当时乃至现在还有一种流行的观点，是把中国传统文化归结为"王权主义"。针对此观点，庞朴先生分析说："王权主义是人文主义的一种特殊表现形式，是人文主义在一定发展阶段上表现于政治方面的形式。人文主义是就整个文化而言的，人本主义是哲学方面的派别，人道主义是伦理学的概念，王权主义则是政治学的概念，它们既有联系也有很大差别。"③ 庞朴先生的这个分析很有文化理论的意义。"人文主义是就整个文化而言的"，此即从中国传统文化的民族性而言，这并未否认"王权主义是人文主义的一种特殊表现形式"，这在中国文化的一定发展阶段就在政治方面表现为"王权主义"的形式，但是"王权主义"并不能涵盖中国传统文化的全部领域，而中国传统文化的继续发展也不能以"王权主义"为其特征。当然，这也意谓着如何克服"王权主义"是中国传统文

---

① 《文化的时代性与民族性——访庞朴》，《史学情报》1987 年第 2 期。

② 参见《文化的时代性与民族性——访庞朴》，《史学情报》1987 年第 2 期。

③ 《文化的时代性与民族性——访庞朴》，《史学情报》1987 年第 2 期。

化实现近现代转型的一个重大问题。

<h2 style="text-align:center">二</h2>

西方近代由文艺复兴开始的人文主义,与中国传统文化的人文主义,虽然都是相对于神文主义而言,但是在某些问题上也存在着差别。如庞朴先生在访谈中说:"这里边应该注意一个问题,即中国和西方对于人的理解很有些差别。西方主要把人看作是自然的独立的个体,是独立人格的'演员';而中国主要把人看作是社会的群体的分子,是处于一定关系中的'角色'。这两种看法恐怕都不够全面,合理的观点也许应该是二者的统一:人既是独立的个体,又是群体的分子,既是演员,又是角色。"①这是主张中西文化各取所长而相互包容的观点。

中西文化的不同又可上溯至中国传统文化与古希腊文化的不同。如张岱年先生在20世纪40年代所作《文化通诠》中提出,文化有五个要素,即"正德、利用、厚生、致知、立制","人类文化大体相同",但是各民族文化也各有"特异之点","各文化之不同,在于其畸重畸轻之不同,在于其何种倾向为主导"。由此,人类文化可大别为三个类型:"希腊型者,以战胜天然而餍生之欲为基本倾向",这凸显了致知和利用的价值;"印度希伯来型者,以人神合一而消弭生之欲为基本倾向",这凸显了宗教的价值;"中华型者,以天人和谐而节适生之欲为基本倾向",这凸显了正德的价值。②

相对于印度、希伯来型文化凸显宗教的价值而言,希腊型文化和中华型文化都可称为"人文主义"。而崇尚道德确实又是中国传统文化的一个显著特色,徐复观先生对此更有鲜明的论述。他在《儒家精神之基

---

① 《文化的时代性与民族性——访庞朴》,《史学情报》1987年第2期。
② 参见《张岱年全集》第一卷,河北人民出版社1996年版,第344页。

本性格及其限定与新生》一文中指出:"希腊学问的主要对象是自然,是在人之外的事物,而其基本用力处则为知识。此为近代欧洲文化的传承所自。但希腊人是把这种学问当作教养,而近代则是将其用作权力的追求。"在文艺复兴之后,西方的人文主义逐渐"由神的中心降落而以人为中心","人与自然的关系,也由'自然之子'而要一天一天地变为其征服者"。因此,西方的人文主义主要是"以智能为基点的人文主义"①。与此不同,中国文化以儒家学说为主流。"盖儒家之基本用心,可概略之以二。一为由性善的道德内在说,以把人和一般动物分开……一为将内在的道德,客观化于人伦日用之间,由践伦而敦'锡类之爱',使人与人的关系,人与物的关系,皆成为一个'仁'的关系。"因此,中国文化的基点是"道德性的人文主义"②,即其是凸显了道德("正德")之价值的人文主义,以与西方的"以智能为基点的人文主义"相区别。

近年来,杜维明先生提出"精神人文主义"的思想,这一思想主要是针对西方近代以来的"启蒙心态"或"凡俗的人文主义"而言。杜先生说:"启蒙心态在西方的出现是以反宗教为前提的。这个心态强调理性,特别是工具理性,而且不期而然地突出人类中心主义。人类中心主义就是不仅反神学,而且要争夺自然,征服自然,控制自然。"③"它强烈凡俗化的过程就是解咒以及征服自然",因此"表现出强烈的物质主义"④。

杜先生并不否认启蒙的进步性,因为"没有启蒙的出现,很多我们现代的价值领域(如自由、民主、专业化等等)是开发不出来的"⑤。所以他

---

① 《徐复观文集》第二卷,湖北人民出版社 2002 年版,第 44、47 页。
② 《徐复观文集》第二卷,湖北人民出版社 2002 年版,第 45、47 页。
③ 杜维明:《文化中国:扎根本土的全球思维》,北京大学出版社 2016 年版,第166 页。
④ 杜维明:《文化中国:扎根本土的全球思维》,北京大学出版社 2016 年版,第177 页。
⑤ 杜维明:《文化中国:扎根本土的全球思维》,北京大学出版社 2016 年版,第166 页。

对"启蒙心态"或"凡俗的人文主义"的批评，实际上是要克服由启蒙而来的弊病或局限性。

杜先生思考的是："能不能够从儒家传统的人文精神来对现代西方的启蒙心态进行反思。""有没有和启蒙心态所代表的人文精神相当不同但又可以进行互补、互动的一种启蒙，或者说另一种类型的人文精神?"[①] 杜先生的"精神人文主义"就是这种反思的结果。

三

我在第 24 届世界哲学大会的"启动仪式"上曾发表一篇论文《天人合德:性善与成人》[②]，大要是说:中国文化自西周以来就形成了以天地为人与万物的父母，以人为万物之灵的思想，这种观念经春秋时期的发展而在战国时期成为定型。这一思想模式既是中国传统哲学的自然观，而且儒家学说的人性论、人生观、社会观、道德修养工夫论等等也是以此为基础。

据中国古代文献史料，中国文化在西周时期就已有了"郊社之礼"。如《尚书·召诰》云:"越三日丁巳，用牲于郊，牛二。越翼日戊午，乃社于新邑，牛一、羊一、豕一。"这里的"郊"即祭祀"上帝"的郊礼，"社"即祭祀"后土"的社礼。周秉钧《尚书易解》引《逸周书·作雒》篇"乃设丘兆于南郊，以祀上帝"，而"社"就是"立社以祭后土"[③]。另据《古文尚书·泰誓下》，其中指斥商纣王"郊社不修，宗庙不享"，这是对商纣王一个人的指斥，而在殷商时期是否已经有了"郊社之礼"似乎可以存疑。

《诗经·小雅·巧言》有云:"悠悠昊天，曰父母且。"这里的"昊天"

---

① 杜维明:《文化中国:扎根本土的全球思维》，北京大学出版社 2016 年版，第 177 页。

② 此文经修改后发表在《道德与文明》2019 年第 1 期。

③ 周秉钧:《尚书易解》，岳麓书社 1984 年版，第 200 页。

也就是"上帝",但为什么把"昊天"称为"父母",我认为既然称"父母",实就是在讲"昊天"时已把"后土"连带在内,只是所言有所省略而已。这在《中庸》中有其例,如云:"郊社之礼,所以事上帝也。"《礼记正义》郑玄注:"社,祭地神,不言后土者,省文。"朱熹《中庸章句》亦云:"郊,祀天;社,祭地。不言后土者,省文也。"也就是说,如果把这话说全了,应该是:"郊社之礼,所以事上帝、后土也。"

《古文尚书·泰誓上》有云:"惟天地,万物父母;惟人,万物之灵。"这句话虽然出自《古文尚书》,但它的确表达了先秦时期的思想应是无疑义的。如《左传·成公十三年》记载刘康公说:"吾闻之:民受天地之中以生,所谓命也。"这句话可能包含着人与万物都是天地所生,而人与其他物类所不同者是人禀受了"天地之中"的意思,这里的"命"近似于《中庸》说的"天命之谓性"。在道家文献中有云:"黄帝曰:夫民仰天而生,待地而食,以天为父,以地为母。"(《黄帝四经·十大经·果童》)"阴阳于人,不翅于父母。……今一以天地为大炉,以造化为大冶,恶乎往而不可哉!"(《庄子·大宗师》)"天地者,万物之父母也。"(《庄子·达生》)在儒家文献中更有云:"乾,天也,故称乎父;坤,地也,故称乎母。"(《易传·说卦》)"天地感而万物化生。"(《易传·咸卦·象传》)"天地纲缊,万物化醇。男女构精,万物化生。"(《易传·系辞下》)

《礼记·仲尼燕居》载子曰:"郊社之义,所以仁鬼神也;尝禘之礼,所以仁昭穆也……明乎郊社之义、尝禘之礼,治国其如指诸掌而已乎!"(此义又见于《中庸》)《礼记·礼运》亦云:"故先王患礼之不达于下也,故祭帝于郊,所以定天位也;祀社于国,所以列地利也;祖庙所以本仁也……"《礼运》又云:"故人者,其天地之德,阴阳之交,鬼神之会,五行之秀气也。"因为人禀受了天地间的"五行之秀气",是天地间的精华之所在,所以人能成为"万物之灵"。这在宋代周敦颐的《太极图说》中就是"惟人也,得其秀而最灵",因而可以"形既生矣,神发知矣,五性感动而善恶分,万事出矣"。

　　"郊社之礼"是祭祀天地,"宗庙之礼"是祭祀先祖,这两项最重要的礼仪在汉代以后一直传续。如《史记·封禅书》记载:"《周官》曰:冬日至,祀天于南郊,迎长日之至;夏日至,祭地祇。皆用乐舞,而神乃可得而礼也。""周公既相成王,郊祀后稷以配天。(《集解》引王肃曰:'配天,于南郊祀之。')宗祀文王于明堂以配上帝。(《集解》引郑玄曰:'上帝者,天之别名也……郊社所从来尚矣。')"《汉书·郊祀志下》云:"帝王之事莫大乎承天之序,承天之序莫重于郊祀……祭天于南郊,就阳之义也;瘗地于北郊,即阴之象也。"在现今的重要文物中,北京的天坛就是祭天之所,地坛就是祭地之所,而紫禁城东侧的太庙(今劳动人民文化宫)就是祭祀先祖之所。

　　中国传统文化以"天"或"上帝"为最高信仰的神,而此最高的神又是与"地"(后土)联结在一起,天地如同夫妇,是人与万物的父母,所以中国传统文化所信仰的最高神不是存在于超越的"彼岸"世界,而是就在人类的"此岸"世界中,或者说与人类的生活世界有着"存有的连续性"①。天地信仰具有宗教性,而这种宗教性又是与中国传统文化的"人文主义"相契合的。质言之,中国传统文化是"人文主义"的,而这种"人文主义"具有宗教性,而不是"反宗教"的。

　　《易传》云:"乾,天也,故称乎父;坤,地也,故称乎母。""天地之大德曰生。""天地变化,圣人效之。"因此而有了"天行健,君子以自强不息"、"地势坤,君子以厚德载物"的中华精神②,亦因此而有了儒家的"亲亲而仁民,仁民而爱物"、"民吾同胞,物吾与也"的高尚道德境界。"民胞物与"的思想见于宋代张载的《西铭》,而《西铭》之首句就是"乾称父,

---

① 杜维明先生在引述西方汉学家牟复礼(F. W. Mote)关于中国文化没有"创世说"时指出:"存有的连续性,是中国本体论的一个基调。"(《杜维明文集》第三卷,武汉出版社 2002 年版,第 222 页)

② 张岱年先生曾说:中华精神基本上凝结于《易传》的两句名言中,即"天行健,君子以自强不息","地势坤,君子以厚德载物"(《张岱年全集》第六卷,河北人民出版社 1996 年版,第 223 页)。

坤称母",这实际上是把人与万物的"一体"之爱建立在天地信仰的基础上。二程曾高度肯定《西铭》"意极完备,乃仁之体也"(《程氏遗书》卷二上)。朱熹在回答对《西铭》的质疑时也曾说:"人之一身固是父母所生,然父母之所以为父母者即是乾坤。若以父母而言,则一物各一父母;若以乾坤而言,则万物同一父母矣。……古之君子惟其见得道理真实如此,所以亲亲而仁民,仁民而爱物,推其所为,以至于能以天下为一家,中国为一人,而非意之也。"(《朱文公文集》卷三十六《答陆子美》)

杜维明先生说:"儒学本身不是宗教,但富有强烈的宗教精神。这性格不表现在对上帝的礼赞,而表现在以天地万物为一体的胸襟。这种胸襟从现代生态学的立场来审视,确有其特殊的意义。"[1] 说儒学"不是宗教",这是强调了儒学的"人文主义"的特质;说其富有"宗教精神"或"宗教性",实亦可理解为这是一种"特殊的宗教",即崇尚道德的人文主义的"宗教"[2]。它富有"宗教性",因而不是"反宗教"的。它不表现在"对上帝的礼赞",这里的"上帝"是指西方那种"惟一"超越性的"上帝",但它并不缺乏对"天地之大德"的信仰;它表现在"以天地万物为一体的胸襟",但这种"胸襟"实亦建立在以天地为人与万物的父母、以人为万物之灵的基础上。"民受天地之中以生","惟人也,得其秀而最灵",因而人有精神活动、道德意识,"天地之性(生)人为贵"(《孝经》),"人者,天地之心也"(《礼记·礼运》)。人为"天地之心",但人与万物都是天地所生,故而要"仁民爱物"、"民胞物与",这不是那种主张征服自然的"人类中心主义",而是在普世道德及生态伦理上有其特殊的意义。这应就

---

① 杜维明:《儒家精神取向的当代价值:20世纪访谈》,北京大学出版社 2016 年版,第 16 页。

② 梁启超曾说:"各国之尊天者,常崇之于万有之外,而中国则常纳之于人事之中,此吾中华所特长也。……凡先哲所经营想像,皆在人群国家之要务。其尊天也,目的不在天国而在世界,受用不在未来而在现在。……此所以虽近于宗教,而与他国之宗教自殊科也。"(梁启超:《论中国学术思想变迁之大势》,上海古籍出版社 2001 年版,第 11 页)

是杜先生所说的不同于"启蒙心态"的"另一种类型的人文精神"。

四

中国文化的"另一种类型的人文精神",如何与西方文化的启蒙精神"进行互补、互动"？杜维明先生也曾指出："只有接受西方民主自由思潮的洗礼之后,儒家传统才逐渐争取到对西方文化因启蒙心态而导致的弊病加以批判的权利和义务。"① "假如我们没有把西方启蒙运动以来那些最深刻的价值内化为我们的资源,成为我们的文化传统,我们不仅没有资格批评,而且我们还要很虔诚地学习。"②

杜先生肯定五四新文化运动"对儒家所作的批判,事实上对儒家传统有一种澄清或厘清的作用","肯定它的批判精神,肯定'批孔'的目的就是要对付封建遗毒",肯定"五四揭橥的大目标'民主'与'科学',到现在还是中国十分需要的,而这是儒家传统中最缺乏的"③。这里的"澄清或厘清",在杜先生的思想中就是要对儒家的"道、学、政"进行分析,"道"是儒家的道德理念,"学"是儒家的文化关切,"政"是儒家的入世精神。杜先生指出："孔子以道德理性和文化关切转化现实政权的入世精神,和秦汉以来依附王朝的御用儒者以三纲五常等伦理观念帮助统治集团控制人民思想的利禄之途是不相容的。……政权化的儒家和以人文理想转化政权的儒家,便成为传统中国政治文化中两条泾渭分明的路线。"④ 从

---

① 杜维明:《文化中国:扎根本土的全球思维》,北京大学出版社 2016 年版, 第 155 页。

② 杜维明:《文化中国:扎根本土的全球思维》,北京大学出版社 2016 年版, 第 75 页。

③ 杜维明:《儒家精神取向的当代价值:20 世纪访谈》,北京大学出版社 2016 年版, 第 56、58 页。

④ 杜维明:《灵根再植:八十年代儒学反思》,北京大学出版社 2016 年版,第 18—19 页。

杜先生的论述看,儒家文化并不是"王权主义",但是儒家的入世精神又使儒家与王权密切结合在一起。五四新文化运动对儒家所作的批判,实际上所针对的是那种依附王权、使儒学成为统治集团御用工具的"政权化的儒家"。

在"三纲五常"中真正和秦以后的王权结合在一起的实际上是"三纲"。杜先生指出:"现实上的儒家三纲之说,原来的根源是韩非子。父为子纲、君为臣纲、夫为妻纲,依我看,三纲是约束性很大的一种意识形态,因为父为子纲突出权威主义,君为臣纲突出专制主义,夫为妻纲突出男性中心主义。""传统文化中的'三纲'与'五伦',是代表两个互相矛盾冲突的方面。在今天,要发挥'五伦',必须抛弃'三纲'。'三纲'所要求的是君权、父权、夫权的专制,和民主不相容。"[①] 在杜先生的思想中,肯定自由、民主、人权的现代价值,也就必须抛弃"三纲",这也就是儒家传统经过自由、民主、人权的洗礼,实现"一种全面而深刻的价值转换"[②]。

杜先生说:"以前儒家传统里面像三纲、什么三从四德,绝对被自由民主人权的观念所取代了。那么经过转化以后儒家的生命力是不是更旺? 还是去掉三纲、三从四德之后,生命力就没有了? 答案显然是明显的。"在杜先生看来,"真正的儒家理想要在一个自由民主的社会里才能得到落实,儒家士君子的理想在传统的专制社会和现代的权威社会基本上是很难发展的"——这是杜先生的"一个基本的看法"[③]。在中国文化中,"去掉三纲"也就是要克服中国文化中的"王权主义",这是中国文化实现近现代转型的一个关键。只有如此,中国文化的"道德性"和"精神"的人文主义才能与西方启蒙所发展出来的人文精神进行"互补、互动"。

---

① 杜维明:《儒家精神取向的当代价值:20 世纪访谈》,北京大学出版社 2016 年版,第 129、93 页。

② 杜维明:《文化中国:扎根本土的全球思维》,北京大学出版社 2016 年版,第 155 页。

③ 杜维明:《文明对话中的儒家:21 世纪访谈》,北京大学出版社 2016 年版,第 163 页。

中国文化的"天地信仰"有其民族的特殊性。荀子说:"礼有三本:天地者,生之本也;先祖者,类之本也;君师者,治之本也。……故礼,上事天,下事地,尊先祖,而隆君师,是礼之三本也。"(《荀子·礼论》)由此,中国民间社会普遍形成了对"天、地、君、亲、师"的祭祀崇拜。与西方基督教文化的上帝信仰相比,中国文化的"天地信仰"存在着"超越性"不足的问题,这既是中国文化的一个特长,也是中国文化的一个短缺。例如,在西方基督教文化中"让上帝的事归上帝,恺撒的事归恺撒",而在中国文化中"天地信仰"是与"君、亲、师"联系在一起的。秦以前,君王是天之"元子",承担着"天工,人其代之"而"敬德保民"的使命;秦以后的历代皇帝,则大多"欲以如父如天之空名禁人之窥伺"(黄宗羲:《明夷待访录·原君》),在儒家思想中也有"王道之三纲,可求于天"(董仲舒:《春秋繁露·基义》)之说。这无疑给中国文化的政治观念和政治制度的近现代转型造成了困难。因此,若要"去掉三纲",克服中国文化的"王权主义",我认为在保留中国文化的"天地信仰"和"天人合一"的正当义理的前提下,也要有现代意义的"明于天人之分"这样一个维度。所谓"明于天人之分",并不是完全否认"天人合一"的天人相分,而是要明于天人在哪些方面应该有分(如荀子主要是反对"天人感应"的阴阳灾异,而他也说"天有其时,地有其财,人有其治,夫是之谓能参")。在现代意义下,"明于天人之分"的一个重要方面就是要解构"三纲"与"天道"的联系,明于它只是汉儒为了适应"汉承秦制"而提出的一个政治原则,它既不是儒家文化的"常道",更不是"天不变,道亦不变"的一个恒久教条。①在现代社会,"三纲"和"王权"已经失去了其合理性。因此,"天、地、君、亲、师"的祭祀牌位宜适时改为"天、地、国、亲、师"。中国传统的"天地信仰"和"天人合一"应与现代意义的"民主与科学"形成互补和协调。

---

① 参见李存山:《反思儒家文化的"常道"》,《孔子研究》2011 年第 2 期;《儒家文化的"常道"与"新命"》,《孔子研究》2016 年第 1 期。

　　展望中国文化的伟大复兴,我们现在所面临的仍是杜先生所说"如何继承、如何扬弃、如何引进、如何排拒"的四大问题。①

（作者单位：中国社会科学院哲学研究所）

---

① 参见杜维明：《文化中国：扎根本土的全球思维》，北京大学出版社 2016 年版，第 85 页。

儒家与人文主义[*]

李 明 辉

正如"哲学"、"宗教"等西方语词一样，"人文主义"（Humanismus/humanism/humanisme）一词在近代随着中国与西方的大规模交流而传入中国。即使在西方，这个语词也出现得相当晚。此词首度出现于德国教育学家尼特哈默尔（Friedrich Immanuel Niethammer, 1766—1848）于1808 年出版的《在我们时代的教育课程理论中博爱主义与人文主义之争论》（*Der Streit des Philanthropinismus und Humanismus in der Theorie des Erziehungs-Unterrichts unserer Zeit*）一书中。其后，德国史学家佛伊格特（Georg Voigt, 1827—1891）在其 1859 年出版的《古典的古代之重生，亦名人文主义的第一世纪》（*Die Wiederbelebung des classischen Alterthums oder das erste Jahrhundert des Humanismus*）一书中首度将 Humanismus 一词应用于文艺复兴时代。^① 此外，在 15 世纪末期的意大利已出现 umanista 一词，来指称教授古典语言与文学的教师。

---

* 本文为作者担任（广州）中山大学哲学系长江学者讲座教授期间的研究成果，原文发表于《中国哲学与文化》第十一辑（2014 年）。

① 参见 C. Menze u.a., Artikel, "Humanismus/Humanität", in Joachim Ritter/Karlfried Gründer (Hg.), *Historisches Wörterbuch der Philosophie*, Basel: Schwabe, 1971–2007, Bd. 3, Sp. 1217。

然而在现代的西方语言中，"人文主义"一词并无明确的定义，以致其应用范围也极不确定。英国史学家布洛克（Alan Bullock）便承认：人文主义并无一个统一的结构，有时还包含不同的，甚至相互对立的观点①，但他还是试图为人文主义提出一个宽松的定义。他将西方思想看待人与宇宙的模式区分为三种：第一种是超自然的（supernatural）或先验的（transcendental）模式，聚焦于上帝，将人视为上帝的创造之一部分；第二种是自然的或科学的模式，聚焦于自然，将人视为自然秩序的一部分；第三种是人文主义的模式，聚焦于人，从人的经验出发，来理解人自己、上帝与自然。② 按照这个定义，古代希腊与希腊化罗马时期的文化也可说是人文主义的文化。无怪乎有人将人文主义上溯到古罗马的西塞罗（Marcus Tullius Cicero，前106—前43），甚至上溯到古希腊哲学家普罗泰戈（Protagoras，前485—前415）的"人是万物的尺度"之说。

对本文的目的而言，我们毋须讨论"人文主义"一词在西方脉络中的复杂涵义。简言之，"人文主义"并不是一个学派，而是一个精神方向，它是由于人的自觉而对人的地位之重新肯定。严格而言，人文主义是近代西方文化的产物。一般学者在讨论"人文主义"时，至少会提到两个时期：一是15、16世纪文艺复兴时代的人文主义，二是18、19世纪之交德国的人文主义。前者包括彼特拉克（Francesco Petrarca，1304—1374）、萨路塔迪（Coluccio Salutati，1331—1406）、布鲁尼（Leonardo Bruni，1370—1444）、阿尔贝蒂（Leon Battista Alberti，1404—1472）、伊拉斯谟（Desiderius Erasmus of Rotterdam，1466?—1536）等人。后者则包括莱辛（Gotthold Ephraim Lessing，1729—1781）、

---

① 参见 Alan Bullock, *The Humanist Tradition in the West*, New York: W. W. Norton, 1985, p. 9。

② 参见 Alan Bullock, *The Humanist Tradition in the West*, New York: W. W. Norton, 1985, p. 16。

赫尔德 (Johann Gottfried Herder, 1744—1803)、席勒 (Friedrich Schiller, 1759—1805)、洪堡 (Wilhelm von Humboldt, 1767—1835)、施莱格尔 (Friedrich Schlegel, 1772—1829)、歌德 (Johann Wolfgang Goethe, 1749—1832)、荷尔德林 (Friedrich Hölderlin, 1770—1843) 等人。此即包尔生 (Friedrich Paulsen, 1846—1908) 所谓的"新人文主义"(Neu-Humanismus)[1] 或是吕森 (Jörn Rüsen, 1938—) 所谓的"古典人文主义"(Klassischer Humanismus)[2]。

属于启蒙运动然亦超克启蒙运动的康德 (Immanuel Kant, 1724—1804) 虽然不属于"古典人文主义",但是借由其"道德自律"(moralische Autonomie)、"人作为目的自身"(Mensch als Zweck an sich selbst)、"道德宗教"(moralische Religion) 等思想,却成为这股思潮的先驱。至于19世纪以后以各种名义出现的"人文主义",诸如"实用人文主义"、"技术人文主义"、"民族人文主义"、"现代人文主义"、"实在人文主义"、"社会人文主义"、"人格人文主义"、"社会主义人文主义"、"存在主义人文主义"、"耶教人文主义"[3],不一而足,由于太过错综复杂,笔者无意也无法在此讨论。

在文艺复兴时代及18、19世纪之交出现的人文主义均表现出对西方古代文化 (希腊、罗马文化) 的强烈兴趣,并且强调西方古典学对于人格陶冶的重要意义。与此相关联的是对以耶教为主导的中世纪文化之抗拒。它借由复兴古代文化而重新肯定人的地位,并摆脱中世纪以神为本的耶

---

① 参见 Friedrich Paulsen, *Geschichte des Gelehrten Unterrichts auf den Deutschen Schulen und Universitäten vom Ausgang des Mittelalters bis zur Gegenwart*, Leipzig: Veit, 1885。

② 参见 Jörn Rüsen, "Klassischer Humanismus—Eine historische Ortsbestimmung", in ders. (Hg.), *Perspektiven der Humanität. Menschsein im Diskurs der Disziplinen*, Bielefeld: transcript, 2010, S.273–315。

③ 参见 Walter Rüegg, *Humanismus, Studium Generale und Studia Humanitatis in Deutschland*, Genf: Holle, 1954。

教文化。因此,西方的人文主义自始便与宗教形成某种张力,甚至对抗的关系。不过,人文主义思潮也有助于耶教的改革,它不但启发了宗教改革家马丁·路德(Martin Luther, 1483—1546)的主要助手梅兰克通(Phillip Melanchthon, 1497—1560),也对耶稣会的教育方式产生了深远的影响,故有所谓"耶教人文主义"(Christlicher Humanismus)之说。但既然在耶教,人的地位不论如何崇高,依然从属于神,故"耶教人文主义"之说实有混淆视听之嫌。不过,它至少显示:在历史的发展过程中,人文主义与耶教之间并不全然是对立的关系。

在西方世界,孔子与儒家思想经常与"人文主义"一词联系在一起。究竟是谁首先以"人文主义"来指称孔子及其学派的思想,已很难确定。但可以确定的是:"人文主义"一词系于1920年代经由以白璧德(Irving Babbitt, 1865—1933)与穆尔(Paul Elmer More, 1864—1937)为主要代表的美国"新人文主义"(New Humanism)而传入中国。20世纪10年代后期开始,在美国哈佛大学任教的白璧德有一批杰出的中国学生,如吴宓(1894—1978)、梅光迪(1890—1945)、陈寅恪(1890—1969)、汤用彤(1893—1964)、胡先骕(1894—1968),并且深刻地影响了他们的思想。

众所周知,1919年中国爆发了名为"五四运动"的学生运动。其直接导火线是第一次世界大战的战胜国在《凡尔赛和约》中同意将战败国德国在中国的殖民地青岛割让给日本,而引发中国学生的大规模抗议。这场政治抗议运动随即发展成反对中国传统文化(特别是儒家文化)的"新文化运动",而出现"打倒孔家店"的激烈口号。这场新文化运动的两位主要领袖胡适(1891—1962)与陈独秀(1879—1942)后来分别成为中国自由主义的领导人与中国共产党的创建者。就在这样的背景之下,任教于南京东南大学的吴宓、梅光迪,与胡先骕、柳诒徵(1880—1956)等人于1921年共同筹办了一份代表文化保守主义的刊物《学衡》(英文名称为 *The Critical Review*),于次年元月创刊。他们宣扬白璧德的"新人文主义", 借以与"新文化运动"相抗衡。其后, 这批以文学家与史学家为主 (植物学家胡先骕是例外) 的学者便被称为"学衡派"。

1922 年 3 月出刊的《学衡》第 3 期刊登了一篇题为《白璧德中西人文教育谈》的文章。[①] 根据吴宓为此文所撰写的按语, 此文源自白璧德于 1921 年 9 月在美国东部的中国学生年会中之演讲。演讲的英文原稿刊登于《中国留美学生月报》第 17 卷第 2 期 (1921 年 12 月出刊), 题为 "Humanistic Education in China and the West", 其后由胡先骕译为中文, 即是此文。在这篇文章中, 白璧德盛赞孔子的思想, 将他视为东方人文主义的代表, 而将亚里士多德视为西方人文主义的代表。他甚至认为:"吾每谓孔子之道有优于吾西方之人文主义者, 则因其能认明中庸之道, 必先之以克己及知命也。"[②] 在文章的结尾, 白璧德还呼吁:

> 在中国国内各大学, 均宜有学者, 以孔子之《论语》与亚里士多德伦理学比较讲授。而美国各大学, 宜聘胜任之中国教员, 讲授中国历史及道德哲学等。如此则东西学问家可以联为一体。[③]

在这篇文章中, 胡先骕首度将 humanism 译为如今被广泛使用的"人文主义"一词。这也可能是以"人文主义"指称孔子思想的第一份中文文献。在"人文主义"这四个汉字当中,"主义"是 -ism 的翻译。"人文"二字则出自《易经·贲卦·象传》:"贲, 亨, 柔来而文刚, 故亨; 分刚上而文柔, 故小利有攸往。刚柔交错, 天文也; 文明以止, 人文也。

---

① 此文收入孙尚扬、郭兰芳编:《国故新知论——学衡派文化论著辑要》, 中国广播电视出版社 1995 年版, 第 39—48 页。
② 《国故新知论》将这段引文中的"人文主义"误排为"人道主义"。这个错误极为离谱, 因为白璧德根本反对"人道主义"(humanitarianism)。
③ 《学衡》1922 年第 3 期。

观乎天文，以察时变；观乎人文，以化成天下。"在这个脉络中，"人文"系相对于"天文"而言。徐复观在《原人文》一文中指出：《易传》中所谓的"人文"系指礼乐之教、礼乐之治而言。^①humanism 的另一个译名是"人本主义"，系吴宓所译。"人本"意谓"以人为本"。但后来吴宓本人也改用"人文主义"的译名^②，故"人文主义"一词比"人本主义"更为通行。

至于有人将 humanism 译为"人道主义"，则是混淆了 humanism 与 humanitarianism。白璧德在其《文学与美国的大学》一书第一、二章分别讨论"人文主义"与"人道主义"的不同涵义。他指出："（……）将爱与同情提升为至高而具足的原则，而这些原则不需要藉学说与纪律来补充，这多半是我们现代的人道主义时代所特有的。"^③他将"人道主义"区分为"科学的"与"情感的"两种类型，而以培根（Francis Bacon, 1561—1626）为前者的主要代表，以卢梭（Jean Jacques Rousseau, 1712—1778）为后者的主要代表，并且将两者均视为自然主义。^④至于人文主义者，则是"在同情的一个极端与纪律和选择的一个极端之间游移，并且根据他调停这些极端之情况而相应地人文化"^⑤。总而言之，

> 相反于人道主义者，人文主义者感兴趣的是个人之圆成，而不是提升全人类之方案；而虽然人文主义者多半考虑到同情，但是他

---

① 参见徐复观：《中国思想史论集》，台湾学生书局 1979 年版，第 235—238 页。
② 参见吴宓：《吴宓自编年谱：一八九四年至一九二五年》，生活·读书·新知三联书店 1995 年版，第 233 页。
③ Irving Babbitt, *Literature and the American College*, Washington, D.C.: National Humanities Institute, 1986, p. 76.
④ 参见 Irving Babbitt, *Literature and the American College*, Washington, D.C.: National Humanities Institute, 1986, p. 89ff。
⑤ Irving Babbitt, *Literature and the American College*, Washington, D.C.: National Humanities Institute, 1986, p. 82.

坚持同情必须藉判断来约束和调节。①

几乎与学衡派同时出现的另一些批判"新文化运动"的学者属于"现代新儒学"。这些学者不像学衡派一样,有共同的西方传承与刊物,而比较近似一个"学圈"(Kreis/circle),而非"学派"(Schule/school)。关于"现代新儒学"一词所包含的范围,过去在学界引起了不少争议,笔者无意重启争端。笔者在德文著作《儒家思想在现代中国》②一书中介绍了现代新儒家的八位主要代表人物,即梁漱溟(1893—1988)、熊十力(1885—1968)、张君劢(1887—1969)、冯友兰(1895—1990)、钱穆(1895—1990)、唐君毅(1909—1978)、牟宗三(1909—1995)与徐复观(1903—1982)。1949年后,现代新儒家在中国大陆失去了活动的空间。张君劢、钱穆、唐君毅、牟宗三与徐复观移居到香港、台湾及西方,继续宣扬儒家的学说与价值。此外,20世纪60年代以后在美国任教的余英时(1930—)、刘述先(1934—2016)与杜维明(1940—)也是将新儒学推向西方学界的关键人物。

就肯定人文价值、回归传统文化而言,学衡派与现代新儒家同属于文化保守主义,并且与西方的人文主义颇有亲和性。两者之间的主要差异在于:学衡派的成员以文学家与史学家为主,而现代新儒家的主要代表人物,除了钱穆与徐复观是史学家之外,其余都是哲学家。

此外,学衡派明确打出"人文主义"的旗号,而现代新儒家虽不反对将儒家视为一种人文主义,但是特别强调中西人文主义之不同。故后者在讨论以儒家为主的中国文化时,宁可以"人文精神"一词取代"人文主义"。例如,徐复观在其《中国人性论史·先秦篇》中虽然将先秦儒家思

---

① Irving Babbitt, *Literature and the American College*, Washington, D.C.: National Humanities Institute, 1986, p. 75.

② 参见 Ming-huei Lee, *Der Konfuzianismus im modernen China*, Leipzig: Leipziger Universitäts- verlag, 2001。

想的发展理解为殷商时代的原始宗教意识逐渐人文化的过程，但又特别强调：

> 中国文化，为人文精神的文化，现时固已成为定论。但此处得先提醒一句，中国的人文精神，在以人为中心的这一点上，固然与西方的人文主义相同；但在内容上，却相同的很少，而不可轻相比附。①

不过，他在《中国古代人文精神之成长》一文中也谈到"中国的人文主义"，并且强调：

> 中国文化，既不是以神为中心而展开的，也不是以自然为中心而展开的，最早便是以人的自身为中心而完成其发展；因此，中国文化，似乎不妨称为人文主义的文化。但一提到人文主义，便容易联想到欧洲十五世纪前后的人文主义。这种联想，很易使人发生误解。②

20 世纪 60 年代初，他甚至在一场题为《一个中国人文主义者所了解的当前宗教（基督教）问题》的演讲中自称为"中国人文主义者"③。

唐君毅有《人文精神之重建》（1955 年初版）及《中国人文精神之发

---

① 徐复观：《中国人性论史·先秦篇》，台湾商务印书馆 1969 年版，第 15 页。

② 此文原刊于《民主评论》第 11 卷第 14 期（1960 年 7 月 16 日出刊），后收入黎汉基、李明辉编：《徐复观杂文补编》第 1 册：《思想文化卷》（上），台湾"中央研究院"中国文哲研究所 2001 年版，第 142—155 页；这段文字见第 142 页。

③ 此文原刊于《人生》第 23 卷第 6/7 期（1962 年 2 月 1 日出刊），后收入黎汉基、李明辉编：《徐复观杂文补编》第 1 册：《思想文化卷》（上），台湾"中央研究院"中国文哲研究所 2001 年版，第 156—164 页。

展》（1958 年初版）二书。后一书的前三章详细讨论中国人文精神与西方人文主义之历史发展。前一书的第三部是《中国固有人文精神之阐述》，第四、五部是《中西社会人文精神之融通》。其"附录"中有一篇论文题为《人文主义之名义》。在这篇论文中，他虽然赞成将 humanism 译为"人文主义"，但又强调西方的 humanism 与中国的"人文主义"在各自文化中的地位并不相称：humanism 在西方从未居于主流的地位，而代表中国人文主义的儒家却始终居于主流的地位。① 在他看来，西方哲学中的"理想主义"（idealism）——依唐君毅的用语习惯，这显然是指从康德到黑格尔的德国理念论（Deutscher Idealismus）——最接近中国儒家的人文主义；因此，他建议将中国儒家的人文主义译为 idealistic humanism 或是 humanistic idealism。②

在讨论西方人文主义之历史发展时，唐君毅虽然肯定 18、19 世纪之交德国的"新人文主义"能直接把握一个"整全的人格之理念"，但又指出其缺点在于"只具有浪漫性的重美的艺术精神，而非能兼具哲学的批判精神，道德的实践精神，宗教的信仰精神"③。在这个脉络中，他评论道：

> 由十八世纪至十九世纪之理想主义哲学，则是能补此新人文主义之短的。而康德之哲学，则尤能兼知人之知识的主体，道德的主体，及审美判断与艺术的创造根原之主体的。然而由康德、菲希特至黑格耳之哲学，皆未能与新人文主义之思想融为一炉，而其本身虽或被称为人文主义，亦是西方哲学中最重视人之理性、人之精神之哲学，然他们皆通常被称亦自称为理想主义。④

① 参见唐君毅：《人文精神之重建》，台湾学生书局 1974 年版，第 592 页。
② 参见唐君毅：《人文精神之重建》，台湾学生书局 1974 年版，第 593 页。
③ 唐君毅：《中国人文精神之发展》，台湾学生书局 1974 年版，第 64—65 页。
④ 唐君毅：《中国人文精神之发展》，台湾学生书局 1974 年版，第 64—65 页。

由此可知，在唐君毅的心目中，从康德到黑格尔的德国理念论最能与中国儒家的人文主义相提并论。

牟宗三对于人文主义的看法在许多方面均与唐君毅的看法相呼应。牟宗三曾经发表《人文主义的基本精神》、《人文主义的完成》、《人文主义与宗教》三篇论文。[①] 在《人文主义的完成》一文中，他回溯西方人文主义的发展，分别探讨西塞罗 (Cicero) 时代、文艺复兴时代及 18、19 世纪之交德国的人文主义。在评论 18、19 世纪之交德国的人文主义时，他惋惜这股思潮虽然与从康德到黑格尔的德国理念论同时发生，也部分受到其影响，但却无法继承其基本纲领，而有所局限。这与唐君毅的上述观点相互呼应。在这个脉络中，牟宗三特别强调：

> 宗教的传统于道德精神文化理想上有其最崇高的启发力。在现在，我们既不能如文艺复兴时的人文主义与宗教为对立，亦不能如十八、十九世纪德国的人文主义只停留在浪漫的泛神论上。正宗的宗教精神之向里收敛与向上超越中所含的道德宗教之神性感与罪恶感有其人文上的崇高意义。此时的人文主义须予以综摄而消融之。这就是接上了宗教的传统。我们将不与任何伟大的宗教精神为对立。而任何伟大的宗教精神，亦将在人文主义的提挈消融中，渐渐消除其偏执，使其逐步反省其自己以充分调整开拓通达其自己。[②]

牟宗三所描述的不与宗教相对立的人文主义并不是所谓的"耶

---

① 前二文收入其《道德的理想主义》（台湾学生书局 1978 年版）；亦收入《牟宗三先生全集》第 9 册，台湾联经出版公司 2003 年版。最后一文见其《生命的学问》，台湾三民书局 1970 年版，第 72—80 页。

② 牟宗三：《道德的理想主义》，台湾学生书局 1978 年版，第 183 页；《牟宗三先生全集》第 9 册，台湾联经出版公司 2003 年版，第 236—237 页。

教人文主义",而是以儒家为标准的。彭国翔在其《儒家传统:宗教与人文主义之间》中将儒家传统定位于"宗教与人文主义之间",并且将儒家所代表的人文主义称为"宗教性的人文主义",以别于一般的"世俗的人文主义"①。这完全符合唐君毅与牟宗三对儒家传统的看法。

在《人文主义与宗教》中,牟宗三进一步将儒家界定为"人文教",并且强调人文主义与人文教之不同。他认为:"人文主义只是说明孔子人文教之思想上的立场,进路或态度。非以人文主义为宗教也。"②在这篇论文中,他也将这种"人文教"称为"道德宗教"。如同唐君毅一样,他在儒家的"天人合一"思想及三祭(祭天、祖先与圣贤)之礼中肯定儒家的宗教性,但这种宗教性与人文世界不可分。他以此分判儒家与耶教的基本差异:

> 基督教中之上帝,因耶稣一项而成为一崇拜之对象,故与人文世界为隔;而人文教中之实体,则因天、祖、圣贤三项所成之整个系统而成为一有宗教意义之崇敬对象,故与人文世界不隔:此其所以为人文教也,如何不可成一高级圆满之宗教?唯此所谓宗教不是西方传统中所意谓之宗教(Religion)而已。③

以现代新儒家的用语来说,儒家的宗教性预设内在性与超越性之统一(或者说,内在超越性),而耶教的宗教性则预设两者之分离。新儒家论天之"内在超越性",系认为天与作为现实存在的人与自然之间存在一种必然的张力,尽管实际上这种张力可能尽人一生的努力均无法完全消

---

① 彭国翔:《儒家传统:宗教与人文主义之间》,北京大学出版社 2007 年版,第 10—11 页。
② 牟宗三:《生命的学问》,台湾三民书局 1970 年版,第 73 页。
③ 牟宗三:《生命的学问》,台湾三民书局 1970 年版,第 76—77 页。

弭，但儒家至少承认在现实世界中完全消弭这种张力的可能性（成圣的可能性），而不必求诸彼岸或天国。因此，儒家的"天"一方面超乎人文世界；另一方面又不离开人文世界，故是"既超越又内在"，而与耶教的"上帝"是超越而不内在，适成对比。"内在超越性"的说法在学界引起不少争论，但因牵涉过广，此处只能点到为止。①

唐君毅与牟宗三对儒家的宗教性之看法为现代新儒家第三代的刘述先与杜维明所继承。刘述先一再强调儒家的宗教性。② 杜维明则借由对儒家经典《中庸》的诠释来凸显儒家的宗教性。③

笔者曾在《徐复观论儒家与宗教》一文中指出：关于儒家的宗教性问题，徐复观的看法与唐君毅、牟宗三的看法有微妙的区别。为避免枝蔓，此处不妨直接引述笔者的结论：

> 对徐先生而言，先秦儒学的发展是一个人文化的过程，儒学的本质在于以人文精神取代宗教意识。至于在先秦儒学（特别是《论语》）中所出现的原始宗教概念（如"天"、"天道"、"天命"），徐先生或者视之为历史的残余，或者对它们作理性化的诠释。而秦、汉以

① 关于这个问题，参见李明辉：《儒家思想中的内在性与超越性》，收入《当代儒学之自我转化》，台湾"中央研究院"中国文哲研究所 1994 年版，第 129—148 页；简体字版（中国社会科学出版社 2001 版），第 118—136 页。另见李明辉：《再论儒家思想中的"内在超越性"问题》，收入刘述先编：《第三届国际汉学会议论文集：中国思潮与外来文化》，台湾"中央研究院"中国文哲研究所 2002 年版，第 223—240 页；亦收入《中国儒学》第一辑，商务印书馆 2006 年版，第 49—64 页。

② 参见 Liu Shu-hsien, "The Religious Import of Confucian Philosophy: Its Traditional Outlook and Contemporary Significance", *Philosophy East & West*, Vol. 21, 1971, pp. 157–175；刘述先：《由当代西方宗教思想如何面对现代化问题的角度论儒家传统的宗教意涵》，收入刘述先编：《当代儒学论集：传统与创新》，台湾"中央研究院"中国文哲研究所 1995 年版，第 1—32 页。

③ 参见 Tu Wei-ming, *Centrality and Commonality: An Essay on Confucian Religiousness*, Albany: State University of New York Press, 1989。

后的儒学中所出现之思辨形上学 (如周敦颐的 "太极图说") 或宗教思想 (如汉儒的 "天人感应说"),徐先生一概视为歧出。①

借用彭国翔的用语来说,徐复观所理解的 "儒家人文主义" 属于 "世俗的人文主义",而非 "宗教性的人文主义"。

然而,在上文提到的《一个中国人文主义者所了解的当前宗教 (基督教) 问题》的演讲词中,徐复观的说法却有微妙的调整。这场演讲系他任教于台湾东海大学时面对校牧而发表的,具有宗教对话的性质。他在演讲中将性善说视为 "中国人文主义" 乃至整个中国文化的特点,并借此来质疑耶教的原罪说。他表示:

> 中国文化,在两千年以前,却早在人类生命的本身,已发现出性质完全不同,方向完全不同的一种深层心理。这个在中国文化之中所发现出来的深层心理,简单说,就是 "性善"。②

同时,他将性善说联结到宗教问题上。他说:

> 这种性善的善,保藏在生命的深处。这种深是深到无限的,而超越了自己生理的生命,因而感到这是由天所命。善的扩大,也是

---

① 李明辉:《徐复观论儒家与宗教》,收入冯天瑜主编:《人文论丛:2006 年卷》,武汉大学出版社 2007 年版,第 409 页。亦可参阅李明辉:《从康德的 "道德宗教" 论儒家的宗教性》,收入哈佛燕京学社编:《儒家传统与启蒙心态》,江苏教育出版社 2005 年版,第 228—269 页;李志刚、冯达文主编:《从历史中提取智慧》,巴蜀书社 2005 年版,第 1—49 页;李明辉、林维杰编:《当代儒家与西方文化:会通与转化》,台湾 "中央研究院" 中国文哲研究所 2007 年版,第 15—70 页。
② 徐复观:《一个中国人文主义者所了解的当前宗教 (基督教) 问题》,收入黎汉基、李明辉编:《徐复观杂文补编》第 1 册:《思想文化卷》(上),台湾 "中央研究院" 中国文哲研究所 2001 年版,第 162 页。

扩大到无限，而超越了时间空间的限制，因而感到天人合一，亦即是与神同在。所以性善的性，才是每个人通向神的世界的确实可靠的桥梁；同时，它自身也即是神的世界。①

他的结论是：

> 中国的人文主义和西方的人文主义，最大的不同之点，是在中国的人文主义的本质上，在它不受到宗教的排斥时，便没有和宗教对立的问题。②

上述的论调似乎与他的一贯立场有所出入，反而接近于"宗教性的人文主义"。这是否足以否定笔者在《徐复观论儒家与宗教》一文中对徐复观的相关论点之论断呢？不然。因为我们要考虑到东海大学是一所基督教大学，而这场演讲又是在与耶教对话的脉络下进行的，故徐复观特别强调儒家的宗教性应是当时的情境所造成的，不宜作过度的解读。因此，到了1980年，他在回顾1958年他与张君劢、唐君毅、牟宗三共同发表的《为中国文化敬告世界人士宣言》时依然明确地表示："我（……）认为中国文化原亦有宗教性，也不反对宗教；然从春秋时代起就逐渐从宗教中脱出，在人的生命中扎根，不必回头走。"③ 这也就不足为奇了。总而言之，徐复观的"世俗的人文主义"，作为个人观点，固可自成一说，但作

---

① 徐复观：《一个中国人文主义者所了解的当前宗教（基督教）问题》，收入黎汉基、李明辉编：《徐复观杂文补编》第1册：《思想文化卷》（上），台湾"中央研究院"中国文哲研究所2001年版，第163页。

② 徐复观：《一个中国人文主义者所了解的当前宗教（基督教）问题》，收入黎汉基、李明辉编：《徐复观杂文补编》第1册：《思想文化卷》（上），台湾"中央研究院"中国文哲研究所2001年版，第157页。

③ 林镇国等：《擎起这把香火——当代思想的俯视》，收入《徐复观杂文·续集》，时报文化出版公司1981年版，第408页。

为对儒家传统的诠释,恐怕不及唐君毅与牟宗三的"宗教性的人文主义"
有说服力。

（作者单位：台湾"中央研究院"中国文哲研究所；

台湾大学国家发展研究所；中山大学哲学系）

精神人文主义：意义及其扩展[*]

杨 国 荣

一

"精神人文主义"是杜维明先生近年提出的一个概念。从历史的角度看，"精神"与"人文主义"这两个概念都前已有之，但将两者结合起来而表述为"精神人文主义"，则表现为一种新的概念创造。法国哲学家德勒兹认为，"哲学是涉及创造概念（creating concepts）的学科"[①]。事实上，哲学的活动确乎难以离开概念的创造过程，一种新概念的提出，并不仅仅是术语的变化，在更实质的意义上，它往往同时表现为一种新的思想建构。

尽管在形式上，精神人文主义主要以"精神"来规定"人文主义"，或者说主要侧重于精神的维度，但其内涵又非纯然单一，而是表现为一种综合性的观念系统。按照杜维明先生自己的解释，其中包含着四个环节

[*] 本文为作者于 2019 年 10 月在北京大学举行的"第二届精神人文主义学术研讨会"上的演讲记录，原文发表于《孔子学堂》2020 年第 1 期。本文的研究同时纳入国家社科基金重大项目"冯契哲学文献整理与思想研究"。

[①] Gilles Deleuze and Felix Guattari, *What is Philosophy*? Translated by Graham Burchell and Hugh Tomlinson, Columbia University Press, 1991, p. 5.

或向度,分别是自我、社群、自然、天道。①

"自我"无疑是一个重要的观念,结合杜维明先生对自我的理解,我们可以注意到,"自我"既不是单纯的精神性的形态,也非仅仅表现为一种感性的存在,而是身和心之间的统一,这里体现的是对个体具体存在形态的肯定。"自我"同时又有别于角色,角色展现于一定的社会关系之中,其特点更多地体现于人在关系中所具有的某种功能,与之相联系,把"自我"归结为某种角色,在逻辑上容易走向以外在的关系、角色来消解自我。将"自我"本身提到重要地位、肯定"自我"具有不同于角色的主体意义,则意味着避免以上趋向。

与"自我"相关的是社群,后者具体表现为一定的社会共同体。"自我"本身存在于一定的社会共同体之中,正是在社会共同体中与他人共在和相互交往,赋予"自我"以现实的品格。仅仅注重自我、无视自我内在于其中的共同体,往往容易导向自我中心。相对于此,肯定社群的意义,意味着注重自我与他人的关联,其内在的指向,则是走出封闭的个体,在人与人之间的共在中成己(成就自我)、成物(成就世界)。言见于此,精神人文主义并不将自我视为封闭、孤立的个体,而是瞩目于自我之外的世界,注重个体与社会之间的沟通,关切人与世界的联系以及两者之间的互动。

由人我之间进一步扩展到天与人、物与我的关系,便涉及传统意义上的天或自然以及两者之间的关联。人既源于自然并内在于自然,又走出自然并与自然相对而成为自然的"他者",由此,自然与人的关系问题也随之发生。如何协调人与自然的关系,是人自身存在过程中无法回避的问题。历史地看,中国哲学很早已提出仁民爱物的观念,其中的"爱物"意味着将仁道的观念进一步引用于自然,它可以视为对待自然的总体原

---

① 参见陈来主编:《儒学第三期的人文精神》,人民出版社 2019 年版,第 234—235 页。

则。《中庸》提出"万物并育而不相害"，更具体地展现了对自然的相关理解。从对待自然对象的角度看，"万物并育而不相害"表明：自然中的每一个体、每一对象都有其存在的理由，它们可以共同存在，彼此相容而不相互排斥。从人与自然的关系看，这里所确认的是：自然作为与人相关的对象，同样有其存在的意义。两者从不同的方面，体现了理解和对待自然的价值取向。

从总的思维趋向来看，精神人文主义上承中国哲学的如上传统，同样强调人与自然、天与人之间的一致。在肯定人的创造力量的同时，杜维明特别提到，人是宇宙过程中的"协同创造者"："人不仅仅是创造物，而且就是宇宙过程的协同创造者（co-creator）。他们积极地参与到'大化'（大的转变）中来。一旦我们理解了天是一种创造力的象征，是一种我们自己创造想象的内在部分的时候，我们就必须为这个'天人的'相互影响负责任。用《周易》里的话说，宇宙从来不是一个静态结构，而是一个动态过程。在其不断的开展中产生新的现实，通过创造性地将充满矛盾的既存秩序转变成不断创新的适宜过程。人类用入世进取、自我修养或某一灵修形式来仿效天之创造力。天之创造力实现在人类中，同样也实现在其自身之中，它是开放的、动态的、转化的、无休止的。对人类而言，它同样是内在的。"① 在这里，人的创造力与自然（天）的创造力展现为相互关联的两个方面，作为宇宙的"协同创造者"，人并非仅仅以外在的形式作用于自然（天）。如何避免天人之间的紧张与对峙、如何引导两者走向和谐共在的状态，在此成为主要的关切之点。

较之自然，天道更多地涉及形而上学的层面。人总是具有形而上的关切，在中国哲学中，天道既是存在原理，也构成了终极关切的对象。不过，对中国哲学而言，形上层面的终极关切与生活世界中的日用常行并

---

① 杜维明：《儒家视域之创造力》，《否极泰来：新轴心时代的儒家资源》，北京大学出版社 2016 年版，第 254 页。

非彼此分离,《中庸》提出"极高明而道中庸",便确认了形上层面的终极关切与日常生活中庸言庸行之间的关联。精神人文主义同样注重沟通形上的天道与人的存在。从终极关切的层面看,人的存在首先与人心相联系,相应于此,在精神人文主义中,天道与人的存在之间的关联也被具体化为人心和天道如何相辅相成的问题。质言之,对精神人文主义而言,人在日常生活世界中的存在与形而上学关切之间的关系,乃是以人心与天道之间的统一为其现实形态。

二

以上所述表明,精神人文主义不同于单向度地偏于某一方面,其内容展开于多重维度。

从具体的内涵看,上述形态的精神人文主义涉及人与超验的对象、现实与超越之间的关系。"精神"首先指向超越的追求,在超越的追求这一层面上,精神人文主义同时隐含着宗教性。但同时,精神人文主义又包含"人文主义"的内涵,这里的人文主义至少包含两方面的涵义:其一,坚持以人为本位,而非以人去依归神、上帝等超越的对象。对人文主义而言,人始终是目的,人性和人的价值应当加以关注和确认,近代人文主义追求人的个性解放和自由平等,对人的感性存在和理性本质给予双重肯定,等等,从不同方面体现了以上价值取向。与之相联系,在人文主义看来,人不能消解自身的存在而仅仅单方面地归属于超越的对象。精神人文主义也体现了人文主义以上总的思想趋向,这一意义上的人文主义,不同于超验形态的宗教。其二,人文主义的注重之点,首先指向现实或此岸。从西方近代人文主义的演化来看,人文主义一开始便包含着疏离于天国的趋向;在中国传统的仁道观念中,仁道的关切、对人自身存在的关注、对生活世界中日用常行的亲和,往往有别于单向地尊崇超越之天或彼岸的存在,所谓"未能事人,焉能事鬼?"(《论语·先进》)、"敬鬼神而远之"（《论语·雍也》），等等，便表明了这一点。在这一方面，精神人文主义同样不同于关切彼岸存在的超验观念。肯定人文主义的以上观念在理论上具有如下意义：一方面，避免以超越对象的追求消解自我或走向人的退隐；另一方面，避免由此岸与彼岸、超越与现实的对峙而导致世界的两重化。从哲学层面来说，这同时意味着避免存在的玄虚化、抽象化。

当然，人文主义的关切固然既有别于单纯在精神层面讲超越，也有助于由此避免以上视域中的终极关切可能带来的负面结果，但从逻辑上说，仅仅执着于人文主义的立场，也可能导向狭义上的人类中心主义。有鉴于此，在谈到儒学的特点时，杜维明提出了超越人类中心主义的问题："儒家的思想特点是最高的人文理念，要在最平实的日常生活中体现，仅仅从'凡俗'的角度，是不足以理解'人文主义'的完整性的。所以我们提出，对于'人之为人'的理解不仅要超越人类中心主义，也要超越人类学意义上对人的理解，人要成为'完人'。"[①] 以"精神"和"人文主义"的结合为内涵的"精神人文主义"，事实上已包含了对以上趋向的扬弃。从引申的意义上说，坚持以人自身为目的、以人为本位而拒绝依归于超越的对象，体现的是人的视域，后者同时可以看作是"以人观之"。这里需要区分狭义上的人类中心主义与广义上的人类中心主义，"以人观之"从广义上说也属人类中心的视域，事实上，这一意义上的人类中心是人所无法摆脱的：人总是从自身的视域出发去理解和把握世界，即使肯定天人合一、自然与人的和谐，依然体现了人的视域。比较而言，狭义上的人类中心主义主要限定于某一共同体、某一历史时期人群的利益，由此导致以狭隘的、急功近利式的立场对待人之外的对象，单向地对自然加以征服、支配，其结果，往往是牺牲整个人类，包括不同代际的人群的利益。这种狭义的人类中心主义无疑需要加以扬弃。这样，一方面，需要

---

① 杜维明：《新人文与新启蒙》，《文明对话中的儒家：21 世纪访谈》，北京大学出版社 2016 年版，第 227 页。

在人文主义视域之下，坚持"以人观之"的人道观念，由上帝走向人，始终将人作为关注中心，以此扬弃依归超越存在对人的消解；另一方面，又应当避免狭隘的人类中心主义取向。

进一步看，精神人文主义同时涉及如何超越或避免人的物化这一问题。在近代的演化过程中，人文主义往往逐渐与世俗化的趋向相结合，事实上，近代化的过程在一定意义上总是伴随着世俗化的过程，拒绝超越的追求也每每与世俗化相联系。然而，世俗化按其内在逻辑常常容易趋向功利化，后者则可能进一步引向人的物化。在启蒙主义所开启的"理性时代"，便不难看到以上走向。基于以上背景，杜维明指出："我们都是启蒙主义思想派生的产物，从启蒙主义运动产生的制度和价值观中获得了莫大的恩惠。但是，另一方面，我们也有必要对其未曾意料到的负面影响予以细心的注意。如果说，在这个'理性时代'的遗产中有非常重要的物理的、心理的、精神性的要素，是在这些要素的推动下产生了世俗主义、物质主义、功利主义、实证主义、科学万能主义等现代社会最为强大的意识形态，那么，我们所关注的问题就是：怎样才能改变现代的闭塞状况，怎样才能集结这些世界宗教的精神资源？"① 世俗化、功利化和物化相互关联，无疑可能导致人文主义趋向某种负面的结果。相对来说，"精神"首先区别于物质或感性的存在，注重"精神"也相应地隐含着超越人的物化这一面。就此而言，作为"人文主义"和"精神"的结合，"精神人文主义"一方面通过以人文的关切制约精神化的进路，以此避免抽象的超越进路；另一方面又以精神的追求引导人文的走向，以此避免由世俗化进一步走向功利化以及人的物化。

精神人文主义同时关注不同文明之间的对话。杜维明强调精神人文主义是开放的、多元的，它面向世界的不同文明形态，并由此进一步展开不同文明之间的相互对话。在这一过程中，一方面，不同的文明可以逐

---

① 转引自陈来主编：《儒学第三期的人文精神》，人民出版社 2019 年版，第 241 页。

渐相互了解、沟通；另一方面，这些文明形态之间又可以彼此接受、吸纳对方的发展成果。这里体现的是开放的心态，它既不同于以封闭、独断的立场来维护某种传统，也有别于无条件地去接受其他文明的观念，包括价值原则。这种对话同时表现为对其他文明的"倾听"，通过这种"倾听"，可以形成理解不同文明的能力，并在更广意义上推动人自身的成就："所谓的对话方式，并不是单纯谋求同一性和均等性。它是一种'成为人'的多样而有效的方法。我们要通过与不同生活方式的接触，来练就'倾听'的技术，培养关爱他人的伦理观和发现自我的能力。"① 这种对话的前提，同时以现实的人为前提："真正的文明对话的基础必须是具体的、活生生的人之间的对话。儒家在这方面，通过它的世界公民的语言，能够发展出一种对话，通过容忍和各种机制来创造一种对话的文明。"② 这里既涉及前文提及的对真实自我（现实之人）的理解，也关乎不同文明之间的相互尊重。

冯契先生在20世纪末曾提出，中国哲学和中国文化不仅应当了解认识西方哲学，而且应当以积极的姿态参与世界性的百家争鸣，按其实质，文明的对话也可以看作是参与世界性的百家争鸣；事实上，文明的对话与世界性的百家争鸣之间具有内在的相关性与统一性。这种对话与争鸣不仅仅限定于不同文明、不同传统之间相互了解对方的理论内涵、文化精神，而且在更内在的层面指向具有世界意义的当代文化的建构。作为文化发展的当代形态，在对话与争鸣中形成的具有世界意义的文化将体现人类的共同关切，融合不同文明在发展过程中所积累起来的文化成果，同时又基于当代发展的历史需要和历史背景，从而包含多方面的理论内涵。精神人文主义通过展开文明的对话、参与世界性的百家争鸣，最终指向的，便是这样一种具有世界意义的当代文化形态。

---

① 转引自陈来主编：《儒学第三期的人文精神》，人民出版社2019年版，第241页。

② 杜维明：《儒学、儒教与文明对话》，《文明对话中的儒家：21世纪访谈》，北京大学出版社2016年版，第166页。

三

以上主要简略地阐释了杜维明先生提出的精神人文主义概念及其意义,以此为前提,同时需要关注精神人文主义的扩展问题。

从精神人文主义的扩展这一角度来说,重要的是引入"事"的视野。精神人文主义的追求与现实之"事"的展开过程,具有内在的相关性。宽泛而言,说明和把握世界总是涉及不同的角度和视域。历史地看,可以注意如下几种进路。首先是以"物"观之,在这一视域中,世界主要呈现为对象性的存在形态。肯定世界本于"物",无疑确认了世界的实在性,但在"物"的形态下,世界更多地表现为本然的存在形态,并以对象性为其内在特点:"物"作为本然的存在,主要表现为观照的对象,以"物"观之,侧重的是对世界的观照和说明,而不是对世界的变革。与以"物"观之相对的是以"心"观之,其特点主要在于以人的观念为出发点。这里的"心"泛指广义的意识或精神,包括感觉、理性、情感、直觉等等,以"心"观之则或者表现为世界向感觉、理性、情感、直觉等的还原,或者以构造思辨的世界图景为形式。从宽泛的意义上说,以"心"观之似乎既涉及对世界的理解和说明,也关乎对世界的变革,但在思辨的形态下,这一进路不仅趋向于消解世界的实在性,而且赋予变革世界的过程以思辨性和抽象性。随着哲学向语言学的所谓转向,从语言的层面理解世界或以"言"观之成为另一种趋向。这一意义上的以"言"观之一方面涉及对象性的世界,另一方面又以语言层面的描述和逻辑分析为把握世界的主要方式。以此为背景,人所达到的,往往只是语言,而不是世界本身。

按照其实质内涵,精神人文主义与"以心观之"具有更切近的关联,在某种意义上可以看作是"以心观之"的一种独特形态。作为"以心观之"的具体形式,精神人文主义诚然既不同于对象性的静态观照,也有别于诉诸语言的进路,但是主要仍然是从心性的层面来理解世界与人自身的存在意义。仅仅局限于这一层面，往往容易走向思辨、抽象之路。从中国哲学的演化看，自宋明以来，哲学的主流趋向每每表现为以心性为进路去理解与观照世界，就注重精神、观念与意识等方面而言，精神人文主义与以上进路显然有着更多的切合性与承继关联。如所周知，传统心性之学包含内在的抽象性、思辨性，精神人文主义在以精神为主要关注之点等方面，与之多少呈现相近趋向。

从更广的视野看，除了"以物观之"、"以心观之"、"以言观之"之外，对世界还可以有更深层面的理解方式，后者具体表现为"以事观之"。按照中国传统哲学的理解，这里的"事"也就是广义上的人之所"作"。作为人之所"为"或人之所"作"，"事"不仅以人把握和变革世界的活动为内容，而且也以人与人的互动和交往为形式。就"物"、"心"、"言"与"事"的关系而言，只有在做"事"的过程中，"物"才进入人的视域，并成为人作用的对象，也只有在这一过程中，"心"和"言"才能逐渐生成并获得多方面的内容。离开人所"作"之"事"，"物"仅仅呈现自在或本然的形态；外在于人所"作"的多样之"事"，"心"则难以摆脱抽象性和思辨性；同样，在广义的"事"之外，"言"及其意义也无法取得现实品格。

与"以心观之"的思辨推绎和思辨构造不同，"事"既基于现实，又指向现实。以作用于对象的活动为特点，"事"不仅展开为人与世界的实际互动过程，而且涉及人的能力的提升、人的本质在对象中的外化或对象化。从做"事"的主体方面看，这里同时关乎"身"与"心"及其相互关系。从事多样活动的过程固然基于"身"，但又离不开"心"：以"事"为形式的对象性活动，总是展开为身与心的交融过程。精神人文主义诚然也肯定自我是身与心的统一，但未能将这一意义上的自我理解为"事"的主体，也未能把对象性的活动与上述自我联系起来。

从"事"与世界以及人自身的存在的关系来说，一方面，现实的世界基于人所做之"事"。这里需要将现实世界与本然世界加以区分：本然世界是指还未进入人的知行领域中的存在，与之相联系，这种存在与人尚未发生实质性的关联；人出现之前的洪荒之世、康德所说的自在之物在一定意义上便属于这一意义上的本然世界。相对于此，现实世界是指进入人的知行领域中、经过人的作用、打上人的印记的存在。这种存在也就是人生活于其间的世界，它非凭空而生，也不是以本然的形式存在，而是通过人所做之"事"而建构起来。中国哲学所说的"赞天地之化育"、"制天命而用之"，实质上也就是这样一种广义的做事过程，正是在"事"的展开过程中，现实世界得以生成。在这一意义上，现实世界的生成离不开人所"作"之"事"。

从人自身来说，其存在同样无法与"事"相分。从最初的先民运用石器等工具展开的多样活动，到现代信息技术条件下更为丰富的人类活动，人逐渐走出自然，成为自然的他者，并进而与自然相互作用。在这一过程中，人的能力不断提升，人的观念世界、精神意识也逐渐获得其具体内涵。离开了多样的做事过程，便既没有现实的人，也难以形成人的观念世界。就此而言，不仅现实世界基于人所"作"之"事"，而且人自身也因"事"而在：正是在参与多样之"事"的过程中，人塑造自我、提升自我，并获得现实的规定。中国哲学所说的成己与成物，也涉及以上方面："成己"侧重于人自身的成就，"成物"则以现实世界的生成为指向，两者都展开于人所"作"之"事"。以人与现实世界的关系为视域，具有综合意义的"事"较之单一的"物"、"心"、"言"，呈现更为本源的性质，以"事"观之，也意味着从更为本源的层面理解世界和成就世界、理解人自身和成就人自身。

广而言之，人之所"作"首先包括古希腊以来亚里士多德以及康德所提出、马克思进一步加以丰富和发展的实践观念。历史地看，在西方的哲学传统中，对"实践"的理解经历了从伦理、政治领域进而扩展到科技、劳动等转换，政治、伦理领域的活动以人与人的交往为内容，劳动则既涉及人与人的关系（生产关系），又关乎人与物的互动。这一意义上的实践首先表现为社会性、群体性的活动，相形之下，生活世界中的日用常行，以及日常之行的个体之维,则似乎未能进入上述"实践"的视野。以中国哲学为视域,人之所"作"同时又涵盖了中国哲学传统所注重的"行",中国哲学传统中的"行"在侧重于伦理行为的同时,又与日用常行中的个体行为相联系。然而,无论是伦理行为,抑或日用常行,主要都限于人与人的交往,而缺乏人与物的互动等方面的实际内容。作为既包括西方哲学传统中的"实践",也兼涉中国哲学传统中的"行"的广义活动,"事"具有更广的涵盖性。从内容上说,"事"不仅涉及人所从事的观念性活动,包括科学探索、艺术创作、理论建构等等,而且也关乎人的感性和对象性的活动,从而与人的存在过程中多方面的所"作"所"为"相关联。

从以上前提出发更深入地考察精神人文主义,便可以注意到,精神人文主义将"精神"与"人文主义"结合起来,固然体现了独特的意义追求,但从成己与成物的具体进程看,还应进一步关注如何与现实之维人所"作"之"事"的相互融合问题。一方面,如果离开了人所"作"的现实之"事",精神人文主义往往会容易趋于抽象、思辨的走向;另一方面,现实之"事"也需要精神人文主义从价值观念上加以引导和制约,以避免世俗化、功利化以及人的物化等趋向。换言之,在人的存在过程中,既应以精神人文主义所内含的抑制超验化、功利化等价值取向对人所"作"之"事"加以引导,又需要以人所"作"的实际之"事"赋予精神人文主义以现实性、具体的品格。在此意义上,引入"事"的视域既可以视为精神人文主义意义扩展的前提,也为精神人文主义更深沉地展开提供了可能的空间。

(作者单位:华东师范大学中国现代思想
文化研究所暨哲学系)

伦理道德，如何造就现代文明的"中国精神哲学形态"*

樊　浩

引言：从文化自信到文化自立

伦理道德到底具有何种文明史意义？也许，任何固步于伦理道德内部或局限于一种伦理道德传统的抽象思辨都只能坐井观天，必须将伦理道德还原于人的精神世界及其诸哲学形态，把握伦理道德的精神哲学意义。世界文明史的精神图像，是伦理道德与宗教共同造就了人类精神世界，它们是人类精神生命的两大染色体，区别在于精神大厦的砥柱或是以宗教为重心，或是以伦理道德为重心，于是形成宗教型文化与伦理型文化两大精神世界，诞生或以出世的宗教或以入世的伦理道德为顶层设计的两种精神哲学形态，它们是人类精神世界的阴阳两极或两种文化性别。人的精神世界和人类文明史的真相，不是二者只居其一的相互隔绝，而是共生互动，在相互渗透中共同造就人类精神世界的绚丽多彩和生生不息。

---

*　本文为江苏省"道德发展高端智库"和"公民道德与社会风尚协同创新中心"承担的全国哲学社会科学重大招标项目"现代伦理学诸理论形态研究"（项目号：10&ZD072）和教育部十九大专项课题的阶段性成果，原文发表于《江海学刊》2018年第5期。

伦理型的中国文化是人类文明体系中自古至今唯一与宗教型文化相对应相辉映的文明类型。在文明史的开端，中国文化便以伦理道德为核心，特立地造就、日后又坚韧绵延了一种独特的精神世界、精神哲学形态和人类文明范型。遭遇全球化挑战，现代中国文明直面一个严峻课题：伦理道德，如何造就现代文明的"中国精神哲学形态"？这一追问的要义是：在现代民族之林，中华民族的精神世界是否依然是由伦理道德擎起的那座独特大厦？伦理型的中国文化能否以及如何在现代文明体系中继续独领风骚，与宗教型的西方文化比肩而立，平分秋色？

人们常谈文化自觉和文化自信，其实，文化自觉是为了文化自信，否则所谓"自觉"或是走向过度批判的文化虚无主义，或是走向自恋自赏的文化保守主义。然而文化自信还有更高远的目标，它必须透过民族的文化实践达到文化自立。伦理道德是中国文化的核心，伦理道德能否以及如何继续担当造就中华民族的精神世界的文化使命，能否以及如何在现代文明中坚守一种独领文明风骚的"中国精神哲学形态"，将不仅关乎文化自信，而且关乎文化自立，否则，文化自信将只是一种抽象的"伦理意境"，难以走向文化自立。

一、我们是否走进宗教辩护的视觉盲区？

伦理道德与中国精神哲学形态的关系，以及由此而达到的文化自信与文化自立，在哲学层面遭遇三大理论难题：第一，宗教与中国文明、与中国人的精神世界的关系；第二，一些经典形态的精神哲学体系乃至伦理道德体系为何最终借助宗教完成？第三，伦理道德在精神哲学体系中的地位及其形态意义。

（一）"有宗教"辩护的被动文化策略

很长时期以来，中国文化似乎陷于某种宗教诘难甚至宗教两难之中，应对宗教挑战的文化策略总体上比较被动：理论策略是关于有无宗教的文化辩护;实践策略是对于宗教文化入侵的文化防御。可以说,宗教这一敏感而长期聚焦的问题不解决,文化的自觉自信难以真正确立,必须寻找一种应对宗教挑战的能动文化理念与文化战略。

无论历史还是现实,中国都没有西方那种浓郁的宗教氛围和强大的宗教传统,这是毋庸置疑的事实。影响文化自信的不是对这一事实的承认或否认,而是关于它的解释和态度。西方一些学者如韦伯认为中国因为缺乏宗教传统,难以走向现代性的道路;某些西方每每批评中国人因为没有宗教信仰而"可怕"。其实,这些观点不仅出于对中国文化的偏见,更是对人类文明和人类精神世界的无知,是以宗教为标识的西方文明中心论的典型表现。"伦理型文化"—"宗教型文化"的区分,已经隐喻文化的不同内核以及伦理与宗教之间的相互替代的关系,以宗教尤其是以某一种宗教如韦伯所说的新教虚拟现代文明的所谓"理想类型",是西方文化霸权的理论表现,韦伯"理想类型"的文明实质是文化帝国主义,经过一个世纪的发展,它由文化帝国主义发展为文明帝国主义,当今这种文明帝国主义已经转化为所谓"全球化"的文化表达与文化战略。

然而,自五四以来中国学术关于宗教传统的研究,往往陷于"解释性辩护"—"辩护性解释"的被动策略,其理论有"代宗教"说与"有宗教"说。"代宗教"说的典型代表是梁漱溟。在《中国文化要义》中,梁先生提出了两个重要命题:"伦理有宗教之用","中国以道德代宗教"[①]。他认为:"文化都是以宗教开端,中国亦无例外";"说中国文化内缺乏宗教,即是指近三千年而言。""以此三千年的文化,其发展统一不依宗教做中心。""此中心在别处每为一大宗教者,在这里却谁都知道是周孔教化而非任何一宗教。"[②]梁先生呈现了一个历史事实,然而其论证中的"代"字和伦理有宗教之"用",很容易被误读,它似乎以承认宗教在世界文明中

---

① 梁漱溟:《中国文化要义》,学林出版社1987年版,第80、105页。
② 梁漱溟:《中国文化要义》,学林出版社1987年版,第100—101页。

的终极与顶层地位的普遍性意义为当然前提，在以宗教为西方文明标识的同时，也以它作为文明的必要结构和合法性参照，于是在日后的学术进展尤其是现代化进程中对西方学习和传统反思中，学术论证的方向悄然转向关于"中国有宗教和宗教传统"的辩护。20世纪八九十年代关于儒家是不是宗教的论争表面是关于儒家宗教属性的讨论，实质是以宗教为标准的关于中国文化现代合法性的辩护。于是，不知不觉中，便落入西方文化中心论的圈套或俗套。关于中国"有宗教"和"代宗教"的被动辩护，缺乏对于中国文化乃至人类精神世界真谛的彻底的文化自觉，将导致对以宗教为标识的西方文化中心论的隐性承认，必须走出宗教辩护的文化盲区，以一种更为能动的文化策略应对西方中心主义的挑战。这种能动策略的核心，就是透过伦理型文化的自觉自信，在哲学意义上把握以伦理道德为核心所建构的中国文化的精神世界及其精神哲学形态。

（二）精神哲学为何需要宗教？

一个难以回避的问题是：中西方一些经典的精神哲学体系乃至道德哲学体系，如康德、黑格尔体系和中国的宋明理学，为什么最后借助宗教才得以完成？仔细考察发现，西方精神哲学体系中宗教的文化使命是所谓"和解"，即此岸与彼岸、生活世界与精神世界的和解或相互承认，其精神哲学要义有二。其一，它是对伦理或道德的世俗局限性的扬弃；其二，宗教只是精神哲学体系和人的精神世界发展的否定性的环节，其最后完成不是在宗教中而是在哲学中达到，借助宗教完成然而又不是在宗教中完成，在这个意义上，无论西方精神哲学体系还是西方人的精神世界并不是宗教主义而是理性主义。

宗教的精神哲学地位在黑格尔的精神哲学、伦理学、精神现象学中得到一以贯之的体系性表达。在《精神哲学》中，黑格尔建立了"主观精神—客观精神—绝对精神"的精神哲学体系，宗教是绝对精神的否定性环节。精神哲学中客观精神的体系性展开就是《法哲学原理》，恩格斯认为它就是黑格尔的伦理学。问题在于，精神发展为何要从伦理道德的客观精神走向宗教和哲学的绝对精神？黑格尔认为，在道德中，精神获得主观自由；在伦理，即在家庭、市民社会、国家诸伦理性的实体中，精神获得现实的自由。但在最高伦理实体即国家中，精神又被分裂为此岸世界与彼岸世界、尘世王国与真理王国，它们的统一必须通过艺术、宗教、哲学三个环节达到绝对。宗教是精神显现自己的绝对环节，"正是在宗教中的绝对精神，它不再是显示它的抽象的环节，而是显示自己本身"①。宗教通过信仰和崇拜，达到两个世界的和解，也达到精神的自我解放。宗教的这一精神哲学意义在作为黑格尔整个体系导言的《精神现象学》中已经体现，只是由于伦理和道德的地位不同，演绎了精神发展的另一路径：在《精神哲学》和《法哲学原理》中由伦理走向宗教，在《精神现象学》中由道德走向宗教。其中，精神现象化或现实化自身的辩证过程是"伦理—教化—道德"，"道德"由"道德世界观"经过现存与合理的不断的"倒置"，最后进入"良心"的统一体，但良心既是"创造道德的天才"，又可能是以"一个人的心"僭越"所有人的人心"的道德暴力，还可能是只判断而不行动的"美的灵魂"，由此便陷入普遍性与特殊性相互冲突的伪善，于是必须通过"宽恕与和解"进入特殊性与普遍本质"相互承认"的绝对精神，"这种精神就是一种相互承认，也就是绝对的精神"。宗教尤其是以上帝崇拜为表征的天启宗教，就是特殊性与普遍本质统一的中介。② 艺术是绝对精神的自然环节，宗教是绝对精神的信仰环节，哲学是绝对精神的理性环节，最终，精神在哲学而不是宗教中回到自身。

宗教与伦理道德、与人的精神世界及其精神哲学形态的关系，在中国精神哲学的历史发展中得到另一种文化演绎。在西方精神哲学中，宗教是伦理道德的否定性或超越性环节；在中国精神哲学中，宗教融摄于伦理道德，是伦理道德建构的支持性环节。中国文明的人文转向开启于

① 黑格尔：《精神哲学》，杨祖陶译，人民出版社 2006 年版，第 378 页。
② 参见黑格尔：《精神现象学》上卷，贺麟、王玖兴译，商务印书馆 1996 年版，第 176 页。

西周时代"天命靡常，以德配天"的道德觉悟，中国文化对"天"的哲学地位一直虚席以待，在其历史展开中充满"乐观的紧张"。子产的"天道远，人道迩"，"畏天命，畏大人，畏圣人之言"；孟子的"尽心，知性，知天"；老子的"人法地，地法天，天法道，道法自然"，表明在伦理精神和道德智慧的主旋律下对于"天"的承认和悬设。有人说在中国文化中"天"是一个没有人格化的上帝，这种表述有失偏颇，应该说"天"是没有人格化的终极实体，是包含自然、伦理道德和宗教等复杂内容的"文化黑洞"。宋明理学是中国传统精神哲学体系完成，余敦康先生在揭示宋明理学哲学秘密时曾发出三个追问：第一，为什么理学家认真钻研孔孟儒学却普遍地感到不能满足，究竟孔孟儒学存在哪些缺陷不能满足他们的需要？第二，为什么理学家认同儒家名教理想，明知佛道是异端，却甘心接受异端洗礼？第三，为什么他们只有经过佛道思想的熏陶，才能重新找回失落的儒家道统？余敦康先生认为，这是由于内圣外王的分裂而导致的"名教之乐"的精神世界的失落。[①] 孔孟儒家的精髓是所谓"内圣外王之道"。儒学独尊之后的工具化倾向导致内圣的心性学与外王的经世学的分裂，并演化为精神世界的深刻危机。唐玄奘西天取经，是中国精神哲学史上的重大事件，它不仅是喜剧性的文化开放，也是中国人在经济上走向强盛之际精神世界出现巨大空洞的标志。然而，中国文化的主旋律，中国人精神世界的主轴和安身立命的基地，是入世的伦理道德而不是出世的宗教，于是，经过韩愈的"道统说"与李翱的"复性论"，中国精神哲学、中国道德哲学开始向儒学复归，"道统说"是回归儒家道统，"复性论"是复兴儒家心性传统，但这时的儒学，已经不是孔孟的古典儒学，而是经过汉代官方儒学异化和道家佛家洗礼之后的"新儒学"。宋明理学的最大贡献之一，就是借助道佛资源重建儒家心性之学或"内圣"的精神世界。

---

① 参见余敦康：《内圣外王的贯通——北宋易学的现代阐释》，学林出版社 1997 年版，第 266 页。

理学在道佛尤其是隋唐佛学的刺激下完成，但又摒弃了其宗教气息，建构起儒道佛三位一体，以儒家伦理道德为主干、道佛为支撑的自给自足的精神哲学体系，这种自给自足的精神哲学体系与自给自足的自然经济体系相匹配，主导中国人的精神世界和生活世界达千年之久。宋明理学所建构的儒道佛三位一体的"新儒学"，其直接背景是面对宗教挑战，将佛教消融于儒家伦理道德的主流正宗，以此重建的人的精神世界的努力，是捍卫和拯救人的精神世界的一场精神哲学运动。

（三）伦理道德与精神哲学

每一个民族作为文化上的"整个的个体"，都有自己的精神世界，这个精神世界的自觉理论建构，就是精神哲学。一个民族成为世界文明之林中的文化个体，在于其精神世界和精神哲学的特殊气质，具有文化生命意义并彰显其作为"整个个体"的特殊文化气质便是"精神哲学形态"。形态不仅是生命，而且是生命的特殊显现和存在方式，宗教或伦理道德在精神世界和精神哲学体系中的不同地位，是不同精神哲学形态的基本文化内核。将伦理道德与现代文明的中国精神哲学形态相关联，基于一个事实判断：伦理道德造就了精神哲学的中国传统形态；也提出一个课题：在全球化背景下，伦理道德能否、如何造就精神哲学的现代中国形态？

精神哲学是人的精神也是民族精神发展的理论体系，伦理道德是古今中外任何精神哲学体系的重要结构，原因很简单，精神的本质是个别性的人与其公共本质的统一，这种统一不仅在思维中达到，而且通过意志行为转化为现实，伦理道德是达到这种统一的现实精神。然而，在西方精神哲学体系及其传统中，伦理道德只是其中一个结构，唯有在中国传统中，伦理道德不仅是结构，而且是基础和顶层设计，是精神世界的范型，也许，这就是伦理型文化之"型"的真义。伦理透过"理"的认同建立个体性的人与实体性的"伦"的同一性关系，这便是"人伦"的真谛；道德透过"德"的努力，使个体与"道"合一，从而提升为主体，这便是"人道"

的真谛。这种入世而超越的品质，赋予中国伦理道德一种特殊精神哲学气质：不只是存在于精神世界之中，而是设计、支撑、主宰了整个精神世界，一句话，造就了精神世界，正因为如此，也造就了精神哲学的中国形态即中国精神哲学形态，其文化气派诚如陆九渊所说，"收拾精神，自作主宰，万物皆备于我"（《象山全集》卷三十五）。伦理道德在中国文明体系中肩负特殊文化使命，不只是一般意义上的人伦建构和德性建构，而是建构个体与民族的精神世界，包括个体生命秩序和社会生活秩序，因而伦理道德具有特殊的文明意义。

经受全球化和现代性的冲击，伦理型的中国文化在与宗教型的西方文化对话互动中，伦理道德造就现代文明的中国精神哲学形态，到底需要哪些哲学条件？在精神哲学意义上，三个条件不仅亟须，而且必须同时满足："伦理"的守望，"精神"的回归，"伦理精神"自信自立的理念与概念系统。

二、"有伦理，不宗教"

中国精神哲学形态是伦理型文化的精神哲学形态，伦理，是中国精神哲学形态的第一要义；对伦理的守望，伦理在精神哲学与人的精神世界中的本位地位，不仅历史上而且现代依然是中国精神哲学形态屹立于世界文明之林的首要条件。现代中国精神哲学由"伦理"的自觉自信所达到的"形态"自立，必须澄明两大问题：一是回应宗教挑战的"无宗教"还是"不宗教"？二是回应现代道德哲学挑战的"有伦理"还是"有道德"？由此才能洞察中国精神哲学的文化气派和文化底蕴。

（一）"无宗教"还是"不宗教"？

中国文化、中国人的精神世界、中国精神哲学，到底是"无宗教"，还是"不宗教"？中国文明的基本事实及其文化魅力，不是"无宗教"，而是"不宗教"。"无宗教"指向文化事实，"不宗教"指向文化选择与文化坚守。

中国文明不仅从老庄常说中异化了具有深厚哲学底蕴的道教，而且主动从印度引进外来的佛教，佛教在中国历史上曾经如此泛滥，乃至数度出现皇帝"不爱江山爱寺庙"出家做和尚的闹剧，然而即便有政治如此强力的助推，宗教终未成为中国文化的主流，这只能说明其"不宗教"的本性。中国文化和中国精神哲学的最大民族特色，是在"有宗教"甚至宗教十分繁荣的背景下没有也拒绝走上宗教化的道路。与之相对应的另一史实是：在宗教尤其是道教、佛教大行之际，中国文化总是以儒家伦理道德捍卫文化传统，拯救精神世界。这种捍卫与拯救，不只是一般意义上对宗教的拒斥批判，而是以伦理道德为基础对精神世界和精神哲学的能动建构。韩愈对中国学术史的贡献不多，其学术被蔡元培论定为"然其立说，多敷衍门面，而绝无精深之义"①。然而在佛教发展的顶峰的后唐时期以"道统说"排佛攘老，使中国精神哲学向宋明理学过渡，却是对精神史的巨大贡献。出入佛老，泛滥辞章是宋明理学的基本特色，佛教对理学的影响之大，乃至心学家陆九渊去世时，朱熹直接说"死了一个佛陀"，但陆九渊却是一个不折不扣的伦理学家而不是佛学家。无论佛教在中国如何盛行，终究没有成为中国人精神世界的主轴，不是因为中国人缺乏宗教情结和宗教智慧，而是因为另一条精神之路更适合中国人的安身立命，这就是儒家伦理道德。

"无宗教"可能是一种文化结构上的缺失，但在"有宗教"的背景下"不宗教"，才是真正的文化自信。中国精神哲学所达到的文化自觉和文化自信，不是"有宗教"，而是"有宗教而不宗教"。面临宗教尤其是西方基督教的严峻挑战，中国文明、中国人的精神世界的最终选择将依然是"不宗教"。

（二）"有伦理"还是"有道德"？

"不宗教"是文化自觉自信，"有伦理"才能达到文化自立。"有伦理"

---

① 蔡元培：《中国伦理学史》，商务印书馆 1999 年版，第 69 页。

在与宗教、道德关系的双重维度同时展开。在现代文明体系中，"有伦理"不仅是应对宗教挑战的"不宗教"，而且也是应对"无伦理"的道德主义挑战。与西方精神哲学传统不同，中国精神哲学在伦理与道德之间，不是道德，而是伦理处于更优先的地位，伦理道德一体、伦理优先，是精神哲学的中国传统。

在人类文明体系中，宗教最大的魅力在于终极关怀。张岱年先生认为，终极关怀有三种类型：皈依造物主的终极关怀、返归本原的终极关怀、发扬人生之道的终极关怀。它们分别是宗教的终极实体如上帝和佛主的终极关怀、哲学的本体如老庄"道"的终极关怀、儒家伦理道德的终极关怀。[①] 其实，在中国文化中，老庄"道"的哲学本体的终极关怀，根本上是一种道德的终极关怀，而儒家的终极关怀则主要是一种"伦"或伦理的终极关怀。在这个意义上，张先生所说的三种终极关怀分别对应三种精神形态或意识形态：宗教、道德、伦理。彼岸终极关怀是宗教型文化的特征，也是它的全部魅惑。需要审慎区分的是"道"的终极关怀与"伦"的终极关怀。金岳霖先生曾说，轴心时代，中西方都产生了一些最崇高的概念，在希腊是"逻各斯"，在希伯来是上帝，在中国是"道"，人们相信借此可以在精神上将自己提高到宇宙同一的高度。[②] 然而金先生没有指出，中国文明在"道"之外还有另一个"最崇高的概念"，这就是"伦"。"道"与"伦"是道家与儒家为人类文明所作出的独特哲学贡献，两个最高概念极易混同又不可混同。"道"与希腊"逻各斯"有相通的文化意义，是世界的本原或本体，然而中国智慧更高卓越的方面在于揭示了本体如何转化为主体，形而上的本体的"道"如何透过"德"造就现象世界的主体，这便是老子《道德经》的主题。"道"是"德"的根源和本体，"德"是"道"外化为现实的内在力量，是主体形态的"道"，于是《道德经》本质

---

① 参见张岱年：《中国哲学关于终极关怀的思考》，《社会科学战线》1993 年第 1 期。

② 转引自余敦康：《内圣外王的贯通——北宋易学的现代阐释》，学林出版社 1997 年版，第 533 页。

上便是《德道经》。"德也者，得也"，"得"什么？"得"道。在这个意义上，中国哲学的本体论从一开始就与西方相区分，它不是如泰勒斯的水，巴门尼德的存在那样是唯一的，而是"道"与"德"的阴阳合奏。① 不过，从老子开始，这种具有宇宙化生意义的"道德"概念便聚力于人伦日用，"德"被赋予"内得于己，外施于人"的知行合一的品质，于是道便由本体世界走向现象世界，成为人及其行为的合法性的"绝对命令"，道德也成为个体与本体、个体与主体之间关系的概念，兼具本体论与价值论的双重意义，所谓"天道"与"人道"。在这个意义上，返归本体的终极关怀就是道德的终极关怀。

而"伦"与"伦理"则不同，它从一开始就具有基于生命和生活的终极实体与终极关怀的意义。中国文化中的"伦"用黑格尔哲学的话语诠释，就是"单一物与普遍物"统一的精神实体，家庭、社会、国家是其三大形态，它们是个体与其公共本质或普遍本质的同一性关系，其中家庭血缘关系是自然的"伦"，也是最神圣、最坚韧的终极关怀。中国文化以"辈"训"伦"，意味着发生于家庭血缘共同体中的个人与整个共同体之间的同一性关系以及对这种关系的认同。个体生命来自"伦"的实体并在这个实体中得以完成，"伦"不仅是个体生命的根源，也使其具有终极意义的关怀，因而个体生命的合法性就在于安于"伦"的实体并在其中克尽自己的道德本务，所谓"安伦尽分"。伦理与宗教、道德的终极关怀不同。所谓伦理之"理"，就是由"理"归"伦"之路，所谓"居伦由理"，这种"理"不是彼岸信仰，也不是明"道"的理智，而是源于"伦"的良知，是附着生活气息和生命体温并且人人可以现世获得的终极关怀。

由此，终极关怀便具有三种精神哲学形态：宗教的彼岸世界的终极关怀、道德的形上世界的终极关怀、伦理的此岸世界的终极关怀。宗教

---

① 关于中国哲学的"道—德"本体论，参见樊浩：《"德—道"理型与形而上学的中国形态》，《北京大学学报（哲学社会科学版）》2010 年第 2 期。

的终极关怀存在于彼岸，通过信仰和崇拜达到；道德的终极关怀存在于形上本体，通过智慧和知识达到；伦理的终极关怀存在于此岸，须臾可得。诚然，伦理与道德的终极关怀都具有某种世俗性，一定意义上都是世俗而终极的关怀，但"道"的终极关怀虽然以个体的"德"为条件并且通过"德"实现，它不仅存在形上世界，而且终极关怀的完成是德福同一的"至善"。根据康德的理论，道德与幸福同一的至善最后必须借助"灵魂不朽"与"上帝存在"的公设才能完成，于是道德的终极关怀必须也只能在宗教的预设下才能完成。伦理则不同，它存在于世俗生活中，"含饴弄孙"就是最世俗并且人人可得的终极关怀，有"伦"在，就有终极关怀在。这种关怀既是世俗的，又是终极的，"慎终追远"，既指向生命始点的"终"，又指向生命无限绵延的"远"，于是"入世"而"超越"。

中国精神哲学和中国人的精神世界，呈现以伦理与道德为两个焦点所写意的椭圆形的文化轨迹，伦理与道德辩证互动造就了人的精神世界的现实合理性和精神哲学史的丰富生动。与康德精神哲学不同，它坚持伦理与道德的同一性，不像康德那样"致使伦理的观点完全不能成立，并且甚至把它公然取消，加以凌辱"①。与黑格尔哲学不同，它在伦理与道德之间始终坚持伦理的优先地位。伦理，成为中国人的精神世界也是中国精神哲学中最具魅力和现实性的终极关怀，造就了中国精神哲学的"伦理型"的文化形态。当今之世，现代中国精神哲学面临的最大挑战其实不是宗教，而是如何继续坚守伦理道德一体、伦理优先的传统。受西方文化影响，中国精神哲学无论在话语还是在结构方面很大程度上已经像康德那样"完全没有伦理的概念"，"道德"成为主导话语和绝对的问题意识，"伦理"守望已经成为关乎伦理型文化能否存续的根本问题。

（三）"学会伦理地思考"

综上，全球化背景下中国精神哲学形态的自立，不只是伦理道德与

---

① 黑格尔：《法哲学原理》，范扬、张企泰译，商务印书馆1996年版，第42页。

宗教关系中"不宗教"自觉自信，而且是伦理与道德关系中对于伦理的坚守。为此，中国精神哲学形态的自信自立，期待一次理论与实践上的伦理觉悟，这种觉悟的核心，是在精神世界和精神哲学中对伦理的守望，第一要义是如罗素所说的那种关乎人类种族绵亘的"学会伦理地思考"。

伦理与道德的相互关系及其伦理守望的典型表现，就是关于孝道的精神哲学诠释。从传统到现代，孝道都具有基础性的精神哲学意义，所谓"百善孝为先"。然而问题在于，"孝"因何"道"，何种"道"？当今的理解主要将孝当作一种道德规范和行为要求，于是历史上传承的那些诸如"卧冰取鱼"式的曾经感天动地的孝道故事，便不仅不合时宜，而且在小康时代根本无须，倡导孝道的某些活动也沦为祛除人文底蕴的具有喜剧色彩的文化游戏。其实，孝之为道，孝之成德，根本上是因为它是一种具有终极关怀意义的伦理的顶层设计。

宇宙中人不是唯一必定死亡的动物，但却可能是唯一意识到自己必定死亡的动物，向死而生是人生的真理，于是如何不死便成为人的终极追求和终极关怀。古典时代，西方诞生了彼岸终极关怀的上帝崇拜，中国诞生了贯通此岸彼岸的祖先崇拜，祖先崇拜在文化启蒙中转化为以孝道为核心的伦理型文化的终极关怀。孝道本质上是一种生命伦理，其真义是意识到自己的生命在父母生命的枯萎中成长起来，意识到血脉延传中生命的诞生即生命的消逝，于是产生返本回报的伦理觉悟。在这个意义上，孝之为道，是对待生命共同体的伦理敬畏；孝之为德，是关于生命的伦理真谛的良知良能。孝之所以成为中国哲学的根基，是因为它给予所有人以永恒不朽的可能与希望。中国文化追求永恒不朽的基本智慧是将"死"与"亡"相区分，所谓"死而不亡者寿"。如何才能"死而不亡"？古代有所谓"立德，立言，立功"的"三不朽"之说，然而这些都是精英群体的特权，对普罗大众来说，走向不朽之路就是自然生命的不息延绵。孟子说"不孝有三，无后为大"，为何"无后"是最大不孝？生命的基本事实是：只要"有后"即血缘生命延绵不息，作为生命造就者的前辈也就不朽，在家族血脉的延传中，祖先便"死而不亡"。用今天的话语诠释，因有共同的 DNA 遗传，祖先便万寿无疆。在这个意义上，以"孝"为人文精神的新生命的造就，不只是个人的自然选择，而是一种伦理上的义务，不只是物种再生产的义务，而且是使祖先达到永恒不朽的承认与承诺。于是"孝"之为道，便成为关乎终极关怀的最大伦理。伦理，是通向终极关怀的根本精神之路。

要之，在中国文明中，伦理不仅与宗教相对应，而且与道德相对应，伦理就是中国精神哲学的终极关怀。由此也产生一种忧患意识：伦理的危机，将导致整个精神世界和精神哲学形态的危机。这便是伦理觉悟之于当今中国的整个文化觉悟、文明觉悟的精神哲学意义。

三、"理性"精神与"伦理"精神

无论精神世界还是精神哲学都必须"是精神"，"有精神"。然而到底什么"是精神"？如何才"有精神"？中西方精神哲学形态从这里便开始分道扬镳。遭遇现代性挑战，"精神"遭遇被僭越的颠覆性危机，回归"精神"，回归中国的"精神"传统，是建构中国精神哲学形态的另一文化期待。

（一）两种"精神"和两种"精神哲学"

黑格尔《精神哲学》开篇的第一句话就是："关于精神的知识是最具体的，因而是最高和最难的。"[1] 为何"最高最难"？因为它"最具体"，它不仅是精神的种种形态，而且是世界的种种形态。精神哲学不只是一种抽象的理论体系，必须与民族精神发展史相一致，与个体精神发育史相一致，与人的精神世界相一致，这三个一致决定了精神及其哲学传统的历史具体性，其理论表现就是所谓"精神哲学形态"。

---

[1]　黑格尔：《精神哲学》，杨祖陶译，人民出版社 2006 年版，第 1 页。

如果以一句话概括中西方"精神"理念及其哲学形态的不同气质，那么可以说，西方"精神"理念的内核是理性，中国"精神"理念的内核是伦理；西方是"理性"精神，中国是"伦理"精神；西方是理性主义"精神"哲学，中国是伦理主义"精神"哲学。西方哲学的基本预设就是"人是理性的动物"，自亚里士多德开始，西方哲学就有一种主流的观点，认为"真正的存在被视作理性"，黑格尔继承了亚里士多德的传统，认为精神的根本目的，"就是要使世界成为理性的实现"①。黑格尔试图"创建一种能够从理论上说明人的全部生活的精神哲学体系"，认为精神之为精神，其根本规定就在于观念性，精神发展本质上就是一种扬弃外在性的观念化活动。② 正如马尔库塞所说："黑格尔哲学的核心就是理性主宰现实，人们认为是真善美的东西就应在他们的个人和社会现实生活中被成为现实存在的东西。"③ 与之相对应，中国哲学的基本预设是"人是伦理的动物"，孟子"仁也者，人也"的终极认同及其"人之有道……类于禽兽"的终极忧患，体现的都是"伦理动物"文化气质，所谓"精神"根本上是成为一个"人"的良知良能。毛泽东所说"人是要有一点精神的"，因为"有精神"才能成为"一个高尚的人，一个纯粹的人，一个有道德的人，一个脱离了低级趣味的人，一个有益于人民的人"④。显然，这是在"人之为人"或"如何成为一个人"的意义上理解和诠释"精神"。理性与伦理，是中西方"精神"理念的根本分殊。

然而，既为"精神哲学"，两种"精神"必有会通之处。在古希腊，标

① 赫伯特·马尔库塞：《理性和革命——黑格尔和社会理论的兴起》，程志民等译，上海世纪出版集团 2007 年版，第 49 页。
② 参见黑格尔：《精神哲学》，杨祖陶译，人民出版社 2006 年版，"译者导言"第 4—6 页。
③ 赫伯特·马尔库塞：《理性和革命——黑格尔和社会理论的兴起》，程志民等译，上海世纪出版集团 2007 年版，中译本序第 6 页。
④ 《毛泽东选集》第二卷，人民出版社 1991 年版，第 660 页。

志"精神"的词汇有"灵气（pneuma）"与"心灵（nous）"两个，后来逐渐分别向宗教与哲学两个方向演变，"灵气"走向上帝的终极实体，而"心灵"由心灵的认识能力走向唯智主义和理性主义，在近代两种传统又开始合流，所以在黑格尔体系中，精神哲学既以理性为目的和动力，宗教又是绝对精神的体现。在黑格尔体系中，"精神"有三个基本规定。其一，出于自然而又超越自然。"精神以自然为它的前提，而精神则是自然的真理，因而是自然的绝对第一性的东西。"[1] 其二，个别性与普遍性的统一，精神的本质是将个别性提升为普遍性，"精神不是单一性的东西，而是单一物与普遍物的统一"[2]。其三，思维与意志的统一，即知与行的统一。如果进行跨文化对话，那么中国哲学中的所谓"精"相似于古希腊的"灵气"（pneuma），所谓"神"相似于古希腊的"心灵"（nous）。王阳明以精神诠释良知，其精髓是知行合一。"夫良知一也，以其妙用而言为之神，以其流行而言为之气，以其凝聚而言为之精。"[3] 从内涵到话语方式与黑格尔都有相通之处。"凝聚"即道成肉身的"单一物与普遍物的统一"，具有某种"绝对"；"流行"即知行合一；而"妙用"之"妙"一方面是对自然本性的超越，另一方面是感知和践行道使"精"得以实现的知行能力。也许，当弗洛伊德的心理学在中国被译为"精神分析"时，已经表明两种"精神"传统，"精神"中所包含的"精"与"神"的两个结构已经在话语系统中相遇交切。

（二）"理性"与"心性"

黑格尔精神哲学体系存在几个显而易见的概念纠结，这便是"意识"、"理性"、"精神"，纠结如此之大，乃至可以说三大概念在彼此交叠中混淆，至少使读者混淆。《精神现象学》研究对象是"意识"，"精神现象学就是意识形态学，它以意识发展的各个形态、各个阶段为研究的具

---

[1] 黑格尔：《精神哲学》，杨祖陶译，人民出版社 2006 年版，第 10 页。

[2] 黑格尔《法哲学原理》，范扬、张企泰译，商务印书馆 1996 年版，第 173 页。

[3] 《王阳明全集》（上）卷二，上海古籍出版社 2012 年版，第 54 页。

体对象"①。在整个体系中,"精神"既是"理性"发展的结果,又是理性的一个环节,它们都是意识的不同形态。在《精神哲学》中,灵魂、意识、精神分别是主观精神发展的三个阶段即人类学、精神现象学、心理学的研究对象,其中意识与精神相互交叉甚至彼此替代。康德的哲学体系缺乏"精神"的概念,他的三批判都以"理性"为对象,已经表明理性在其体系中的核心地位,被黑格尔称作"客观精神"的伦理道德,在康德那里也是理性的一种形态,即与"纯粹理性"相对应的所谓"实践理性"。

中国没有也不应该要求中国有西方式尤其是黑格尔式的精神哲学体系,但这并不能说中国没有精神哲学传统。如果说黑格尔式的精神哲学体系以"理性"为气质特征,那么中国精神哲学、中国人精神世界的基础便是所谓"心性"。对中国文化来说,"理性"完全是一个舶来品甚至是一种文化殖民,构成中国精神哲学包括伦理道德基础的是心性传统,心、性、情、命、天及其相互关系,成为中国精神哲学乃至整个中国哲学最为博大精深的问题,几乎在任何严谨的理论体系中都被讨论。自孟子提出"四心说"和性善论,建构"尽心—知性—知天"的心性论,心性关系便成为中国精神哲学的基本问题。心性学的精髓是内圣学,汉以后尤其是到隋唐,中国文化和中国人的精神世界之所以遭遇深刻危机,根本上就是心性学的失落,表现为外王的事功压过内圣的心性修炼。李翱在思想史上最大的贡献,就在于提出"复性论"即复兴儒家心性学,以此与韩愈"道统说"相呼应,实现向宋明理学的过渡。宋明理学建立了博大精深的心性学体系,以"即心即性"、"心统性情"等命题解决了心、性、情、命的关系问题,从而完成了"立人极"的建立"新儒学"的哲学使命。在这个意义上,中国精神哲学体系从开启到完成,聚力点都是"心性",而不是西方式的"理性"。

---

① 黑格尔:《精神现象学》上卷,贺麟、王玖兴译,商务印书馆1996年版,"译者导言"第21页。

"理性"与"心性"的重要区别在于：理性基于自然，是认知之"理"；而心性则基于人性，是伦理之"理"。"心性"比"理性"具有更为超越的"精神"气质。黑格尔精神哲学的理念基础是"人是理性动物"，故其体系从人类学的"自然"开启；中国精神哲学的出发点是"人之异于禽兽者"的对人的超越，故从人性人心开始。虽然传统中国精神哲学似乎跳过"人"的自然过程，但它从"人之为人"即从"人之性"而不"物之性"出发探讨人的精神发展过程和精神世界建构，造就一种独特的精神哲学形态，即基于"心性"而不是"理性"的伦理型文化的精神哲学形态，作出了独特的精神哲学贡献。也许，世界学术史上从未有另一种文化传统对心性问题倾注数千年的哲学关注，这便是中国传统和中国形态，它赋予中国精神哲学以更纯正浓郁的"超越自然"的伦理型文化气质。

（三）伦理优先与道德优先

在任何精神哲学体系中，伦理道德都是最具现实性的构造，区别在于伦理、道德与精神哲学体系的关系。在黑格尔精神哲学中，伦理道德是精神的"客观精神"或社会形态，《法哲学原理》既是精神哲学中的客观精神结构，又是他的伦理学。在中国传统中，精神哲学是伦理道德"上达下求"而成的体系，上达是天人合一，下求是心性之学，不仅精神哲学乃至整个哲学传统都具有浓郁的伦理学气质。

然而，伦理与道德的关系在相当程度上构成诸精神哲学形态或人的精神世界的"形态"标志。这种关系的实质是：伦理优先还是道德优先？伦理精神还是道德精神？康德体系因"完全限于道德这一概念"[①]，其体系只是"理性"哲学而不是"精神"哲学。黑格尔建立了伦理道德一体的客观精神体系，然而在他的体系中伦理与道德的地位明显摇摆，在《精神现象学》中伦理先于道德；在《法哲学原理》中道德先于伦理，但伦理与道德的一体互动是他对精神哲学的重大贡献。伦理道德一体、伦理优先

---

① 黑格尔：《法哲学原理》，范扬、张企泰译，商务印书馆1996年版，第42页。

是中国精神哲学的传统，孔子"克己复礼为仁"从一开始便奠定了伦理优先的精神哲学的基调，日后的"五伦四德"和"三纲五常"，都是这一基调的展开。① 中国精神哲学中的"精神"首先是伦理精神，伦理优先使中国精神哲学始终守望"精神"，而拒绝向"理性"方向发展。

伦理之为"精神"的要义是什么？是"从实体出发"。"伦理"与"精神"在哲学意义上一体相通。黑格尔说过，伦理本性上是普遍的东西，这种普遍的东西只有通过精神才能达到。② 由"精神"达到"伦理"的要义是"从实体出发"，即透过实体认同达到伦理，它与"集合并列"的理性主义伦理观相对立。"集合并列"因其"原子式地进行探讨"而被黑格尔批评为"没有精神"③，不能达到个体性与实体性的统一。伦理精神与道德理性的最大区别在于"精神"与"理性"，二者都可能建构普遍性，但路径不同，前者是"从实体出发"，后者是"集合并列"。在现实世界中，"集合并列"所达到的"理性"普遍性，很容易陷入诸如制度约束、利益算计的祛魅而"没有精神"，回归"精神"必须守望"伦理"，在伦理道德的一体互动中坚持伦理之于道德的精神哲学优先地位。

（四）天人合一与神人合一

精神哲学的最高境界都是超越，用黑格尔哲学的话语表述，是此岸与彼岸、尘俗世界与精神世界、个体与实体的"和解"或"相互承认"。西方精神哲学的超越最后必须透过宗教的中介完成，康德的两大公设呈现了终极超越的彼岸意义，黑格尔以宗教为"绝对精神"的否定环节，是精神最后回到自身的必经阶段，在这个意义上，西方精神哲学是一种彼岸超越。中国精神哲学的终极超越在此岸完成，是一种"入世而超越"的

---

① 关于伦理道德一体、伦理优先的中国精神哲学传统，参见樊浩：《〈论语〉伦理道德思想的精神哲学诠释》，《中国社会科学》2013 年第 3 期。

② 参见黑格尔：《精神现象学》下卷，贺麟、王玖兴译，商务印书馆 1996 年版，第 10 页。

③ 黑格尔：《法哲学原理》，范扬、张企泰译，商务印书馆 1996 年版，第 173 页。

精神哲学。"人法地，地法天，天法道，道法自然。"（《老子》第二十五章）精神在人与天、地、道、自然的贯通中走向终极。中国哲学将天地并列，地是此岸，天是彼岸，人在天地间，以精神顶天而立地，天人合一的终极境界就是此岸与彼岸的合一。在中国文化的天道观中，"天"虽具有某种彼岸性，但它仍然不是终极，天之上有"道"，而形而上的"道"同样不是终极，"自然"才是终极，"自然"就是人所"在"的那个世界，包括生活世界与精神世界、此岸世界与彼岸世界。《中庸》建构了一个由"天下至诚"而达到"极高明"的人的精神发展之路。"唯天下至诚，为能尽其性。能尽其性，则能尽人之性；能尽人之性，则能尽物之性；能尽物之性，则可以赞天地之化育；可以赞天地之化育，则可以与天地参矣。"（《中庸》第二十二章）这是一个"己之性—人之性—物之性—天地之性"一体贯通的天人合一的精神世界和精神哲学的终极超越。这里的"天"虽然包含自然、宗教、伦理的多重意义，但无论如何"赞天地之化育"、"与天地参"已经是一个此岸与彼岸、个体与实体统一的精神世界，也是一个"入世而超越"的终极精神世界。这种走向终极的精神之路，似乎与黑格尔"艺术—宗教—哲学"的终极精神之路有某些契合，但在黑格尔体系中宗教是彼岸，由彼岸回到"精神"的概念本身，归根到底是一种经过彼岸回归本体的超越之路，而"入世而超越"才是中国精神哲学具有终极意义的"精神"气质和"精神"形态。

四、"伦理精神"文化自立的概念体系

综上，"伦理"与"精神"是中国人的精神世界和中国精神哲学形态两个最重要的文化元素，它们分别与"宗教"与"理性"的西方元素相对应，"伦理"与"精神"的一体贯通，形成精神世界与精神哲学体系的特殊中国形态和中国气派，这就是"伦理精神"形态和"伦理精神"气派，它与"绝对精神"或理性主义的西方精神哲学形态在世界文明体系中比肩

而立，交相辉映，现代文明的中国精神哲学形态，就是"伦理精神形态"，它是精神哲学的伦理型文化形态。由此便可以回答一个问题：伦理道德如何造就现代文明的中国精神哲学形态？以"伦理精神"造就现代文明的中国精神哲学形态。"伦理"守望，"精神"回归，"伦理精神"的创造性转化与创新性发展，不仅是中国精神哲学的文化自觉和文化自信，而且是在全球化背景下达到文化自立的必要条件。

然而，"伦理"与"精神"只是"伦理精神"的文化因子，"伦理精神形态"在现代文明体系中的文化自立，还期待形上层面的某种哲学革命。胡适说过："新思潮的根本意义只是一种新态度。这种新态度可叫做'评判的态度'。"① 饱受欧风美雨的冲击，现代中国亟须"一种新态度"，这种新态度的要义是关于中西方文明关系的"评判的态度"。正如胡适先生所说，这种新态度需要在"研究问题"的同时"输入学理"，对"中国精神哲学形态"的"问题研究"而言，这种"学理"首先对待中西文明及其相互关系"新态度"的新理念和新概念，关键在于，它们不是某一个理念或概念，而是建构"新态度"或新的"评判态度"的理念和概念体系。概言之，"伦理精神形态"文化自立的理念和概念体系就是："文明共生—精神生态—伦理共和"。

（一）文明共生

"文明共生"是人类文明诞生的原初图像，也是由文明基因所决定的现代文明的基本价值。历史还原表明，人类诸文明诸形态原初是在相互隔绝的状态下孕生，在彼此无知的状态下长期比肩而立，本无所谓高低优劣，都是从各民族的生命和生活中"长出"的文明和"长出"的文化，此即所谓"文化自生"。正如梁漱溟先生所说，"生活的样法即文化"② 轴心时代，诸文明形态诞生了某些"最崇高的观念"，如中国的"道"、希腊

---

① 胡适：《新思潮的意义》，原载 1919 年 12 月 1 日《新青年》第 7 卷第 1 号。
② 梁漱溟：《东西文化及其哲学》，商务印书馆 1999 年版，第 60 页。

的"逻各斯"、印度的"佛"、希伯来的"上帝"等，这些"最崇高的观念"之间的关系本是"理一分殊"，话语方式"分殊"，但精神旨趣"理一"，表达的都是人类在精神上走向无限的超越性，所谓殊途同归，一虑而百致。它们在日后漫长的自我发展中形成高度完备的文明体系，并自古典时代起便成为所在地域精神世界和生活世界的"轴心"，造就人类文明的万种风情，每一文明形态都作出了独特贡献。正因为人类文明由"轴心时代"走来，在"轴心思维"的驱动下，对待其他文明的态度很容易形成以自我为"轴心"的文化中心主义倾向，然而无论这种自然的文化倾向如何在任何民族中不同程度地存在，都不能改变文明共生和文化多样性的"理一分殊"的事实，唯一需要改变并亟须改变的是人们对待世界文明的文化态度。在精神世界，数千年的人类文明逐渐形成两大轴心，即以出世超越为"轴心"的宗教型文化和以入世超越为"轴心"的伦理型文化；由此形成两种精神哲学形态，即宗教精神下的理性主义的精神哲学形态和伦理精神的精神哲学形态。两种形态好似精神的阴阳两极或两种文化性别，在人类精神世界的生命共同体中辩证互动，交织为人类文明生生不息的无限活力。只是，它们已经由轴心时代原初状态下的"青梅竹马，两小无猜"，经过文化身份认同的现代性启蒙，在交汇碰撞中产生现代性危机。在"文明的冲突"的时代，人类不仅应该走出"轴心文明"，更应该告别"轴心思维"，保持"文明自生"的文明本真和文化初心，告别作为异化历史的"轴心文明"，进入"文明共生"的新时代。精神哲学必须首先完成"文明共生"的新启蒙，因为无论精神世界还是生活世界，"学会共生"已经不仅关乎一种文明而是关乎整个人类命运的文化觉悟。

（二）精神生态

"伦理精神形态"的文化自立如何可能？以"文化生态"为形上基础的"精神生态"可以为之提供理念。文化人类学发现，由于文明在相对隔绝的状态下孕生，因而具有悠久传统的任何一种文化尤其是成熟文化都相对自足甚至自给自足的生命体，自给自足意味着文化系统中内在个体及其民族安身立命的基本要素甚至一切要素，可以满足其精神世界和生活世界中自我调节的需要。中国文化不仅是梁漱溟所说的早熟的文化，而且是高度成熟的文化。宋明理学是中国传统文化的辩证综合，它所创造的儒道佛三位一体的哲学体系和精神构造，将儒家的入世、道家的避世、佛家的出世互补互摄，使中国人在任何境遇下都不会丧失安身立命基地：得意时是儒家，失意时是道家，绝望时是佛家；年轻时"知其不可为而为之"是儒家，中年"四十而不惑"是道家，老年"四大皆空"是佛家。三维结构使中国人的精神结构具有三角形的稳定性，它好似人生锦囊袋，"穷则独善其身，达则兼济天下"，在精神世界并由此在生活世界极富自我调节的力量。这种自给自足的精神生态与自给自足的自然经济相匹配，形成自给自足的精神世界和自给自足的生活世界。其实，中国传统精神哲学一开始就具有这样的特点，春秋时代的儒道共生已经孕生这一文化基因，它在汉唐的漫长文化试验中得到展开和抽象发展，在宋明理学达到体系性的辩证综合与理论自觉。扩而言之，任何一种发育相对成熟的文化体系都有同样的特点，否则便不能满足人的精神世界的基本需要。因此，在文化比较中如果某种文化因子很重要但在特定文化系统中并不具备，那么审慎的态度便不是激烈的文化批判或简单的文化改造，而是寻找和反思其文化替代。西方人常批评中国人缺乏宗教信仰，其实中国文化的秘密是"有伦理，不宗教"，正如梁漱溟先生所说，在中国"伦理有宗教之用"。当然，"文化自足"并不排斥文化开放和文化交融，但同样需要有正确的理念和态度。在全球化背景下，文化交融的本质是"兼容"而不"包容"。文化"兼容"是彼此之间的互镜，是开放心态下的相互借鉴，它以不同文化之间的平等和相互承认为前提。而文化"包容"则往往以居高临下的心态对待异质文明和异质文化，虽有文化开放，但却是以"一览众山小"的心态藐视甚至蔑视异质文化，"包容"是伦理外衣和道德做派下的文化中心主义和文化帝国主义。文化开放和文化学习的本质是移植，是新的文化要素在文化生态中的成活和再生，它犹如器官移植，必须建构文化的新的生命同一性或生态同一性，否则便会产生文化抗体或文化冲突。"文化自足论—文化替代论—文化兼容论"，构成"精神生态"理念的形上基础。精神哲学和精神世界是个体和民族的生命表达，"文化生态"以及由此衍生的"精神生态"的理念对精神哲学和人的精神世界的民族"形态"，具有更为直接的理论和实践意义。

（三）伦理共和

伦理共和的要义是多样性文化的共生共荣，它以文化共和为指向，因为表征对待世界的一种新态度，因而本质上是一种伦理共和。"伦理共和"是针对文化帝国主义或所谓"全球化"的对文化多样性的尊重与承认的"新态度"，其要义是"和则生物"的文化创造。当今对文化包括自身文化传统和异质文化的解读，常常囿于"文化了解"。"了解"的态度是对象化，止于知识；理解是生态的把握，态度是海外新儒家所说的那种"同情"和"敬意"。如果将文化传统和异质文化当作文本，那么根据解释学的理论，人们所把握的只是文本的"意义"，而不是"含义"，"意义"与解释者的"先见"如价值观、文化态度等密切相关，只有通过"理解"而不是"解释"才能达到。基于"精神生态"的理念，对人的精神世界及其精神哲学形态把握必须是"文化理解"，文化了解很可能导致碎片化的肢解，文化理解才能达到生命的贯通。理解是倾听，是同情，是敬意，而不只是对象化的反思与批判。理解需要对话。根据杜维明先生的观点，人类正由轴心文明走向对话文明。时至今日，轴心时代的遗产是轴心文明和轴心思维，轴心文明是基于轴心时代的文明根源而形成的文明异化，轴心思维是以自身文化为轴心为中心的思维，是一种自我中心主义的文化价值观与文化世界观。对话的要义是相互承认，借此才能由文化理解走向文化和解。伦理精神的中国精神哲学形态的文化自立，必须透过与其他精神哲学之间的文化理解和文化对话达到，在理解和对话中实现与自己的文化传统，以及与其他文化传统之间在精神世界的和解，最后在民族精神哲学形态和精神世界的文化自立中走向文化共和,这种文化共和的精髓,是诸文明、诸文化、诸民族之间的伦理共和。

（作者单位：江苏省社会科学院；东南大学人文社会科学学部）

"修道""尽性"以"成人"[*]

——儒家精神人文主义的人生意义观

郭 沂

现代化给人们的生活尤其是人的精神世界带来了极其强烈的冲击。进入现代社会以来,物质生活极其丰富,个性也得到了前所未有的张扬。然而,伴之而来的是人们对生命意义的怀疑和由此导致的精神的迷茫、错乱乃至崩溃。如何寻回人生的意义,将现代人从精神沉沦中解救出来呢? 我以为杜维明先生提出的不同于世俗人文主义的精神人文主义富有启发意义。可以说,上述种种现象无不是启蒙运动以来世俗人文主义的流行所导致的恶果,而传统儒家的精神人文主义则为医治这些现代病提供了一剂良药!

一、"成人":寻回现代社会人生意义的方案

早在 1941 年,德裔美籍哲学家弗洛姆就在其名著《逃避自由》中对世俗人文主义所导致的后果有所觉察。他敏锐地指出,尽管从现代意义上看,中世纪的个人是不自由的,每个人都被他在社会秩序中扮演的角色所束缚,可他不会感到孤独和孤立,社会秩序被当作自然秩序,个人作

---

* 原文发表于《齐鲁学刊》2019 年第 6 期,此为修订版。

为它的一部分而从中获得安全感和归属感。在文艺复兴和宗教改革两次浪潮的冲击下，人们在个人情感的表达和宗教信仰方面获得了自由；资本主义的发展又使人们在经济上、政治上获得自由。但自由的结果使个人失去了以往的安全保障，陷入了孤立无依的境地，它给人们带来的不是幸福，而是孤独、恐惧、焦虑、苦恼、惶惑，自由像沉重的负担压得人们不堪忍受，从而使人们害怕它，甚至通过虐待狂和受虐狂、破坏性、自动适应等方式逃避它。

人的生命可以分为生物生命、社会生命和精神生命三个自下而上的层面。弗洛姆将现代社会的精神迷茫归因于由社会秩序崩溃所导致的安全感和归属感的丧失，也就是说，是社会层面的问题，这自然有其道理。但我以为，更深刻的根源恐怕在于精神家园的崩塌，是精神层面出了问题。

那么应该如何解决这一令人困扰的问题呢？弗洛姆提出，唯一的选择是从消极自由进入积极自由。他所谓的积极自由，是指通过爱和工作等自发活动来实现自由而不孤独、独立而不失其为人类整体的一员的状态。窃以为，这仍然是社会层面的进路，远远没有从根本上解决问题。

让我们来看儒家的"成人"之说是如何解决这个问题的吧！何谓"成人"？"成"，《说文》云"就也"，相当于今语完成、完善、实现、成熟等。被"成"所形容的"人"何所指呢？古人已经意识到人的生命有两种基本形式，一是生物生命，二是精神生命，孟子分别称之为"小体"和"大体"。因此，"成人"也就相应地有两个基本含义：一是成熟的人、成年人，这是从生物生命来说的，谓人的身体、心智已经成熟；二是完善的人、完人，这是就精神生命而言的，谓人的精神境界、道德修养达至完美。就像人的生物生命和精神生命不可分离共同构成一个完整的生命一样，"成人"的两个含义也是紧密相连，共同铸就一个完整的"成人"。一条船的意义在于用来过河，一副体魄的意义则在于用来实现精神价值。所以，我们的体魄就像那条船，实现我们的精神价值才是人生的目的。

据《论语·宪问》载，有一次子路问什么是"成人"，孔子回答道："若臧武仲之知，公绰之不欲，卞庄子之勇，冉求之艺，文之以礼乐，亦可以为成人矣。"他为"成人"开出了五个条件："知"、"不欲"、"勇"、"艺"和"文之以礼乐"。这就是说，要把四位杰出人物最突出的优点综合起来，再加上"文之以礼乐"，才算得上"成人"，标准不可谓不高。从中不难看出，"文之以礼乐"是每个人都必须具备的条件。所谓"文之以礼乐"，指对人性的展现、文饰、美化、升华与限制。就是说，在将人性中美好一面显示出来的同时，要对人性中阴暗的一面加以文饰和限制。每个人来到这个世界，都犹如一块刚刚从山中开采的璞玉，谈不上美丽，经过雕琢才变得玲珑剔透，光彩照人。人们对礼乐的修行，正是对璞玉雕琢的功夫。所以，通过"文之以礼乐"，人才得以脱离生物的人，从而成为一个有修养的人、一个文化的人、文明的人。

二、"尽性"：通往"成人"的路径

那么，如何才能成为一个"成人"呢？我认为，儒家的路径是"尽性"。"尽性"一词首先见于代表孔子晚年思想的《系辞》，是孔子晚年人性学说的重要概念。[①] 孔子是通过宇宙论来探索人性的秘密的："易有太极，是生两仪，两仪生四象，四象生八卦，八卦定吉凶，吉凶生大业。"（《系辞》上）在这里，"易"为宇宙的本原。它是如何作用于天地万物的呢？孔子说："天地设位，而易行乎其中矣。成性存存，道义之门。"（《系辞》上）"易"中具有创生功能的"太极"生出天地以后，"而易行乎其中矣"，即"易"也随之存在于天地之中了。不仅如此，存在于天地之中的"易"，演变为天地之性，从而成为"道义"的门户。天地之"性"又是如何落实于

---

① 根据笔者的考察，今本《易传》中的《系辞》全文、《说卦》前三章、《乾文言》第一节之外的部分、《坤文言》全文，以及帛书《易传》全文，皆属孔子易说。（参见郭沂：《从早期〈易传〉到孔子易说——重新检讨〈易传〉成书问题》，载朱伯崑元主编：《国际易学研究》第三辑，华夏出版社 1997 年版）

万物的呢？孔子说："一阴一阳之谓道。继之者，善也；成之者，性也。""一阴一阳之谓道"是说天地的阴阳之"性"便是"道"。万物延续"道"即天地之"性"以为其"善"，成就"道"即天地之"性"以为其"性"。万物正是"继"、"成"天地之善性，才得以成自己之性。显然，这种作为道德本原的"性"，属于张载意义上的义理之性。中国历史上最早的性善论，就这样提出来了。

孔子认为，《周易》一书深刻地揭示了这个过程及其原理："昔者圣人之作《易》也，幽赞于神明而生蓍，参天两地而倚数，观变于阴阳而立卦，发挥于刚柔而生爻，和顺于道德而理于义，穷理、尽性以至于命。"（《说卦》）我认为，这里的"命"是指"易"所"命"天地和万物者，事实上就是"性"。"命"自根源而言，"性"就结果而言。换言之，虽然"性"、"命"所指相同，但在逻辑上，"命"先于"性"。另外，万物拥有其"性"以后，方可具备其"理"。因此，"穷理、尽性以至于命"并不是一个自然生成次序，而是一个认识次序，是说自穷极万物之理，到尽知万物之性，以至于洞察万物之命。可见，在孔子晚年思想中，"尽性"本来是一个认识论概念。

不过，孔子的孙子子思创造性地转换了这个概念。从《中庸》首章"天命之谓性，率性之谓道，修道之谓教"之论看，子思完全继承了孔子的性善学说。

子思认为，尽管通过"天命之谓性"，所有人的善性是一样的，但由于天赋智力有差异，所以人们的道德路径也不同。他说："诚者，不勉而中，不思而得，从容中道，圣人也；诚之者，择善而固执之者也。"我以为，这里的"诚"指性而言。"诚者"指"不勉而中，不思而得，从容中道"从而自然呈现诚性的就是圣人。那么与之相对的"诚之者"，即通过"择善而固执之"从而使自己呈现诚性者，就是贤人以下的普通人了。这里所谈的是圣人和普通人不同的道德路径。

在此基础上，子思提出了其"尽性"说："唯天下至诚，为能尽其性；能尽其性，则能尽人之性；能尽人之性，则能尽物之性；能尽物之性，则可以赞天地之化育;可以赞天地之化育,则可以与天地参矣。其次致曲,曲能有诚,诚则形,形则著,著则明,明则动,动则变,变则化。唯天下至诚为能化。""诚者"已然是圣人了,故"天下至诚",自然是指圣人,因而这段文字的上半段谈的是圣人的"尽性"。从行文看,所谓"尽性",就是全面、彻底地实现与生俱来的善性。因而,在子思这里,"尽性"不是一个认识论概念,而是一个功夫论的概念。圣人不但能够尽自己的性,而且还能够尽他人之性,进而尽物之性。万物由天地所化育,既然圣人能够尽物之性,那么说明他已经在协助天地化育万物了。圣人能够协助天地化育万物,就意味着他和天、地并列为三了。

与此相应,这段文字的下半段讨论普通人的"尽性"。"致",朱熹云:"推致也。""曲",郑玄云:"犹小小之事也。"从"诚则形,形则著"等表述看,这里的"诚"仍然指内在的诚性。"曲能有诚"是说小的善事也能体现善性。普通人通过"致曲",即致力于点滴善行的积累,促使体现诚性,从而达到诚性的"形"、"著"而"明"。"动"指影响周围的人,"变"是说使社会产生局部变化,"化"则是整个社会受到感召和教化,其实这个过程已经在"尽人之性"了。照理说,只有"天下至诚"即圣人才能够教化天下,因而普通人经过"诚则形,形则著,著则明,明则动,动则变,变则化"的过程,事实上已经达到圣人的水平了。看来,贤人以下通过不懈的"诚之"、"择善而固执之"、"致曲"等"尽性"功夫,最终也可以成为圣人,而圣人则是"成人"的最高标准。

三、"道":实现"尽性"之凭借

子思对圣人"尽性"的阐释和"成己"、"成物"之说是相辅相成的:"诚者,自成也。……诚者,非自成己而已也,所以成物。成己,仁也;成物,知也。"所谓"尽其性",即最大限度地"自成"、"成己";所谓"尽人之性"、"尽物之性",即最大限度地"成物"。结合"成己,仁也;成物,知也"的说法看,"尽性"实为大仁、大智,非圣人不足以当之,这又一次印证了"诚者"谓圣人。

那么,圣人又是何以"尽人之性"、"尽物之性"、"成物"呢? 这需要从他何以"尽己之性"、"成己"说起。我认为在《中庸》开篇三句教中,第一句即"天命之谓性"是就所有人来说的,是说任何人生来就拥有善性。第二句即"率性之谓道"是就圣人而言的。"率"字自郑玄至朱熹皆释为"循也",但笔者曾指出此处当用其本意,即先导也,引也。这句话"是说将'性'引导出来,便形成'道';或者说引导出来的'性'就是'道'"①。看来,"率性"是一个自内而外的过程。这个过程子思又表述为:"自诚明,谓之性。""诚"指诚性,自诚性而显明,是"性"的自然呈现。这是圣人"尽性"的方式。第三句即"修道之谓教"则是就普通人而言的。普通人由于天赋不如圣人那么高,所以不能将其善性自然呈现出来,只好修行圣人所制定的"道",这个过程就是教化。

"修道之谓教"一语似乎没有透露"尽性"的信息,也没有显示内外的向度。不过,"自明诚,谓之教"一语则解决了这两个问题。这个用于名词的"明",指"自诚明"的所"明"者,也就是"道"。"诚"仍然指诚性。这句话是说,从修行圣人所制定的"道"从而发现、呈现自己的诚性,这个过程就是教化。所以这是一个自外("道")至内("诚")的过程,而发现、呈现诚性,就是"尽性"。这是普通人"尽性"的方式。

值得注意的是,普通人所修行的"道"为圣人所制定,而正是通过"修道",普通人才得以"尽性",也就是说,是圣人帮助普通人"尽性"的。从圣人的角度,这便是"尽人之性"。至于"尽物之性"、"成物",是说如果天下人在圣人的帮助下皆能"尽性",则会善待万物,从而万物就能够"尽性"了。

从"自成"、"成己"、"成物"等表达方式看,一个能够"尽性"的人,

---

① 郭沂:《郭店竹简与先秦学术思想》,上海教育出版社 2001 年版,第 601 页。

可谓"成人"矣！因而，"成人"就是一个人"尽性"即充分呈现、实现、发挥自己的本性的过程，这就像一粒种子长成一棵大树的过程。就像这粒种子的意义是长成一棵大树一样，一个人的意义就在于"尽性"以"成人"。

后来孟子将性归结为"四端"："无恻隐之心，非人也；无羞恶之心，非人也；无辞让之心，非人也；无是非之心，非人也。恻隐之心，仁之端也；羞恶之心，义之端也；辞让之心，礼之端也；是非之心，智之端也。人之有是四端也，犹其有四体也。"（《孟子·公孙丑上》）可见，"恻隐之心"等"四端"就是性。在这个意义上，心即性也，因而孟子用"尽心"来代替"尽性"。他说："尽其心者，知其性也；知其性，则知天矣。"（《孟子·尽心上》）这其实是"天命之谓性，率性之谓道"的另一种表述，只是在"尽心尽性"问题上孟子取消了圣人与普通人的差别。孟子之所以将"性"即本心称为"四端"，旨在强调它只是仁义礼智的"端绪"，沿此"端绪"向外推广、扩充，便呈现为仁义礼智。他说："凡有四端于我者，知皆扩而充之矣，若火之始然，泉之始达"（《孟子·公孙丑上》）这里"若火之始然，泉之始达"的"扩而充之"，其实就是"尽心"的具体过程。当然，孟子所说的仁义礼智，皆属于子思所说的"道"的范畴。

如此看来，不管对圣人来说，还是对普通人来说，"道"都是一个关键因素。那么"道"又是何物呢？我以为，儒家所谓的"道"，就是现在人们所常说的"价值"。

儒家之"道"，涵盖面甚广。据笔者不完全统计，仅《论语》所见的价值范畴就有 63 个之多：仁、礼、义、知（智）、道、德、安、勇、贤、圣、孝、弟（悌）、慈、恕、说（悦）、乐、爱、敬、温、良、恭、俭、让、宽、信、敏、惠、和、美、善、慎、静、周、直、劝、庄、让、喜、恒、果、达、艺、文、质、孙（逊）、威、正、中、中庸、中行、恒、泰、刚、毅、木、讷、耻、时、矜、群、贞、谅、厉。

依其性质，它们又可以大致地分为不同的类型，其中若干范畴可以归为不同的类型，有的甚至涵盖全体，称得上整体性价值范畴。笔者曾经指出,人类价值的最高层面为信仰价值,其次是精神价值,而后者又包括道德、艺术和道术三个方面。① 据此,《论语》中的价值范畴已经涵盖了信仰价值和精神价值诸方面。这些价值必然反映在人的心境,影响人的心理状态,由此形成的价值范畴我称其为心境价值范畴。一方面这些价值需要用一定的形式加以表现,另一方面也必然反映于人们的言谈举止,由此形成的价值范畴可谓之仪表价值范畴。可以说,心境价值和仪表价值是整体性价值、信仰价值、精神价值、道术价值的综合反映。这样一来,《论语》所见价值范畴包括以下七类:

第一类,整体性价值范畴:道、德。

第二类,信仰价值范畴:安。

第三类,道德价值范畴:仁、义、孝、弟(悌)、慈、恕、圣、贤、信、勇、爱、敬、良、恭、俭、让、宽、惠、和、良、善、慎、周、直、劝、让、正、恒、果、孙(逊)、耻、群、贞、谅。

第四类,艺术价值范畴:乐、美、艺。

第五类,道术价值范畴:圣、贤、知(智)、敏、艺、达、中、中庸、中行、恒、时。

第六类,心境价值范畴:仁、孝、弟(悌)、慈、恕、爱、说(悦)、乐、温、勇、恭、慎、静、果、喜、恒、耻。

第七类,仪表价值范畴:礼、乐、庄、文、质、孙(逊)、威、泰、刚、毅、木、讷、矜、厉。

以上七类价值范畴,涵盖了人类精神生活的各个方面。它们有的为孔子所首创,有的属于孔子所继承的传统价值。但无论如何,正如子思所说,所有价值范畴皆成于圣人之手,而芸芸众生则是靠修行这些价值范畴才得以"成人"。当然,能够身体力行这些价值范畴的"成人"一定

---

① 参见郭沂:《"价值"结构及其分层——兼论中西价值系统的区别与融通》,《南国学术》2018 年第 3 期。

是幸福的人、精神健全的人，他的人生一定会富有意义。

值得注意的是，虽然以孔子为代表的先秦儒家所建立的价值系统已经富丽堂皇了，但在其后的历史过程中，由于种种原因，它会受到冲击、破坏以至衰落。在这种情况下，往往会出现一批以传承道统、弘扬儒风为己任的儒者挽狂澜于既倒，扶大厦之将倾，重建儒学，从而赋予这套价值系统以新的生命力。秦汉之际，在暴秦焚书坑儒的政策的打击下，道统中断，是以董仲舒为代表的汉儒综合各家尤其吸收阴阳五行理论，改造儒家哲学，儒家之"道"得以复兴。魏晋以降，在佛教的冲击下，儒学再次走向衰落，逐渐被边缘化，是宋明儒者"泛滥于诸家，出入于老释"，然后"返求诸六经"，重建儒家哲学，儒家之"道"得以传承。近代以来，欧风美雨席卷神州大地，儒学又一次面临灭顶之灾。当代儒者的任务是，充分理解和吸收西学之精华，像往圣先贤那样重建儒家哲学，和世界其他各大文明的学者一道，共同促成新的精神人文主义。唯其如此，儒家之"道"才能重放光辉，人生的意义才能在现代社会得以确立！

（作者单位：首尔国立大学哲学系）

"儒家人文主义"的知识检证[*]

任 剑 涛

在现代学者的眼中,如何看待儒家的精神传统? 如何理解儒家人文主义? 如何确立儒家人文主义知识坐标? 这涉及儒家人文主义的历史定型与现实转向。这是需要在知识学上进行复杂检证的学术论题。沿循西方人文主义的规范严谨,审视儒家思想的人文主义属性,恐怕是相关论者不得不应对的理论难题。在神文、人文与物理的三个知识坐标中,对儒家人文主义进行交互检证,是儒家人文主义命题保有底线公度性的前提条件。

一、何谓"儒家人文主义"

儒家人文主义可以说大约在 60 年前开始成为一个流行命题,这与 20 世纪 50 年代港台、海外新儒家的翻译和著述有着密切的关系。如今,再来厘清儒家人文主义,那么就需要进行一番探索和考辨。

在知识上,儒家人文主义需要重新确立、理解、确认,这种可公度性

---

* 本文为作者 2018 年 6 月在中国艺术研究院艺术与人文高等研究院"艺术与人文高端讲座"系列所做讲演的记录整理稿,原文发表于《江淮论坛》2019 年第 2 期。

(commensurability) 是 20 世纪八九十年代西方科学哲学中所强调的核心概念,在知识上可以说已经给予确证。在知识上要杜绝把可公度性变成不可公度性 (incommensurability)。所谓"不可公度性",就是各说各话,不能在一个平台上展开对话。关于这一点,美国著名科学哲学家托马斯·库恩在其晚期阐述的理论核心命题中,通过他的一篇纲领性论文,论述了可公度性的知识建构的决定性意义。因为更关键的是,可公度性与我们现代全球化世界中文化间的可比较性、可理解性和可交流性有着密切关系。①

因此,儒家人文主义需要建立可公度性基础上的知识坐标,这就要求我们所有的文化话题必须打破东西界限。在东西方学者之间,在全球范围不同文化背景之间,推动学者之间开展广泛对话,确认文化间可以比较、可以交流的公度特性,在寻求一个可公度性的知识坐标基础上,促成新型的全球文化。简言之,儒家人文主义的核心命题,就是要让儒家人文主义在全球化时代跨文化的知识群体中都能得到理解。

库恩的早期思想在《科学革命的结构》一书中得到系统阐述。将其与后期思想贯通来看,这本书强调的是,一个研究群体的范式对另一个群体来说是具有不可公度性的。但科学革命的基本模式是曾经被视为主流的群体的研究范式,被非主流群体的范式所取代。② 到了晚期阶段,他

---

① 参见托马斯·库恩:《可公度性、可比较性、可交流性》,王飞跃译,《世界哲学》2004 年第 3 期。

② 科学哲学家库恩指出:"有时,一个应该用已知规则和程序加以解决的常规问题,科学共同体最杰出的成员们做了反复的研究以后,仍未能获得解决。在别的场合,为常规研究而设计制造的仪器未能按预期方式运行,由此而揭示出一种反常,虽经一再努力,仍不能与共同体预期相一致。通过这些方式或其他方式,常规科学一再地误入迷津。到了这种时候,即到了科学团体不再能回避破坏科学实践现有传统的反常时期,就开始了非常规的研究,最终导致科学共同体做出一系列新的承诺,建立一个科学实践的新基础。这乃是一个非常规时期,其间科学共同体的专业承诺发生了转移,这些非常规时期在本文中被称之为科学革命。科学革命是打破传统的活动,它们是对受传统束缚的常规科学活动的补充。"(托马斯·库恩:《科学革命的结构》,金吾伦等译,北京大学出版社 2003 年版,第 5 页)

的说法有了巨大的变化，不再强调范式之间的转换，而强调研究的相互理解、理性交流和可公度性。他指出，可公度性是挪用数学的概念。圆周率与直径是不可公度的，但不等于说这三边无法通过数学的定理转换成理论上可以比较的问题。将之转换为一个社会科学理论命题，就是不同的双方或多方之间，只要可比较，就可以保证不可公度的双方甚至多方达到最低限度的相互理解和相互交流，发现最低限度的可公度性。如果没有达到最低限度的可公度性，也就无法达到相互之间的可交流性与可理解性，最后一定只是各说各话，相互对立，既无法交流，也无法比较，更无法理解。所谓建立儒家人文主义的知识坐标，就是为了实现儒家与儒家之外的相互交流、理解与可公度。

历史地看，在古代儒家自成体系的背景条件下，无须断定在现代知识类型体系里它到底属于哲学还是属于宗教，抑或属于文化或文明等等。传统儒家不专属于哪一种现代学科，它不以任何现代学科为学科归宿。在古典儒家体系里，它基本上是自成社会、文化、传统的一个文明架构。但是，当西方文明跟中国文明开始碰撞之时，现代的专业分科知识，对儒学造成了结构性冲击，促使儒家它在形成的现代形态中，从不同侧面凸显其现代学科体系的具体学科归宿。

在某种意义上，我把儒学与西学碰撞的事情，看作一种接近于佛教传进中国，处在魏晋时期的那种博弈情形。那就是传进的佛学，需要与传统儒学"格义"①，才能够被士人群体所理解和接受。由于西方的分科学术极为发达，远不是传统儒学的混一建构所可以消化，因此"格义"的尝试比较魏晋隋唐时期有过之而无不及。现在儒家研究使用的很多重要概念，就此都具有舶来的性质。在这个意义上，儒家的哲学性质更具有合理性。因为哲学注重概念、判断与推理，能够将儒家思想清晰化、现代化、理性化。

① 参见张雪松：《"格义"新探》，《中国社会科学报》2018 年 12 月 11 日。

　　我们在谈儒家人文主义的时候,大多数的涉题文献都强调传统儒家"观乎天文,以察时变;观乎人文,以化成天下"(《周易·贲卦·象传》)。但是,此"人文"非彼"人文"——这句话里的"人文",完全指的是儒家礼乐教化体系,是这一教化体系的代名词。与我们今天所使用的"儒家人文主义"这一合成性的概念,是两回事情。后者所指的是现代人文主义,其特性是重人不重神、重人的价值而不重自然界与神的价值,它凸显的是"人为自己立法",对神圣秩序和物理秩序建构不同趣味,三者是完全不相同的精神结构。①

　　从新文化运动以来,由于白话文的兴起,古典语言文化转化为现代语言文化,来自西学的重要概念,楔入我们生活的各个层面,渐渐被我们所理解和接受。儒学也是这样,它的对外传播,必须要经过跨语言和文化的翻译过程,才能够为西方文化、西方人士所理解、所接受。反之亦然,西方文化的诸多概念、判断和推理,也才能被以儒家人文主义为背景的中国人所理解、所接受。在中外双方和古今史家相互碰撞的时候,怎么让古典语言文化能够与现代语言文化无缝对接,必须同时以中西双方能够成功对接为前提。从这个意义上讲,我们高度肯定"儒家人文主义"的命题,这个承接现代人文主义理念,并用以定位儒家基本精神的概念,对于理解古典语文体系中的儒家所具有的重要意义。

　　由于这样一个命题所包含的极其复杂的翻译含义,也就是在古典语言翻译成现代话语的时候,中国语言要翻译西方语言,西方辞藻要翻译成中国用语。因此,势必对"儒家人文主义"发生不同的理解。比如说,对 20 世纪 50 年代翻译西方人文主义作品的徐复观而言,他作为港台新儒家第二代的代表人物,依托于他的翻译,创作了相应的儒家人文主义

---

①　参见阿伦·布洛克:《西方人文主义传统》,董乐山译,生活·读书·新知三联书店 1997 年版,"绪论"第 1—4 页。

的专门著作，尤其值得人们注意的是《中国人性论史（先秦篇）》。但是他并没有着重从中西文化比较的角度讨论何谓人文主义。这样的讨论主要由他的同道牟宗三和唐君毅二人完成。牟宗三主要从哲学上确立"儒家人文主义"的精神内涵，确定其基本努力的目标，并借助比较文化的研究，确信西方人文主义传统乃是具有严重缺失的体系，而儒家人文主义完全超越了西方人文主义。唐君毅特别强调，由于西方人文主义是想对治或反抗某种文化上的偏蔽而兴起，儒家人文主义却没有这样的负担，因此西方人应当谦恭地理解和接受儒家人文主义。① 此外，牟宗三强调，在西方学术思想传统里人文主义不是主流。它不过是世俗时代，也就是西方现代最基本的命题。因此西方人文主义不仅不是主流，而且还处于蛰伏状态，时隐时现。在中世纪，主流是神学，人文主义始终没有彰显出来而完成自身系统。直到文艺复兴以后，它才成为领导西方文化前进之骨干。② 可以说，徐、唐和牟抓住了西方复杂的人文主义的真实处境。大陆新儒家蒋庆走得更远，完全拒绝从人文主义的角度定位儒家精神特质，将其视为宗教。杜维明的看法，可以说是徐、唐、牟与蒋庆的中间主张。他强调儒家是一种精神人文主义。③ 作为人之所以为人的"仁"的核心价值，其贯通个人修养与社会活动，它不将人视为物化之人。这样的人文理念肯定是一种精神性人文主义。精神性人文主义的价值在于既能够成就人的内在价值，不被外物异化，也能够提高处理外在世界事务的能力，并为之提供坚实的精神支持，让人可以过上一种内外圆融的和谐生活。

---

① 参见唐君毅：《中国人文精神之发展》，广西师范大学出版社 2005 年版，第 1—71 页。

② 参见牟宗三：《人文主义与宗教》，《生命的学问》，广西师范大学出版社 2005 年版，第 61—68 页。

③ 参见杜维明：《建构精神性人文主义——从克己复礼为仁的现代解读出发》，《探索与争鸣》2014 年第 2 期。

二、儒家人文主义的三个坐标

确定儒家人文主义的精神定位以后,我们就可以看到,儒家人文主义既然是在西学背景下对儒家作出的现代定位,那么对人文的准确理解就变得非常重要了。

我们强调,不能简单以西学来理解儒学。但以西学为背景提出的"儒家人文主义"命题,却需要对其两个指向加以明确:一是人文主义这一现代概念的西方原始含义是什么?二是用人文主义来定义儒家精神特质究竟着意于什么?前者关系到儒家人文主义这一合成词的现代含义清理,后者关系到儒家人文主义定位的现代导向问题。

在历史意义上讲,西方人文主义源远流长。它被论者具有充分道理地区分为三个阶段,一是西方古典的人文主义,二是意大利开启的现代人文主义,三是当代的新人文主义。[①] 但是这个历史脉络并不是我们关注的核心问题。在某种意义上,苏格拉底三代师生建立的神文、人文、物理体系也不是我们关注的核心,因为它只是人文主义的一个思想源头。不过理解人文主义的基本导向在这里已经基本清楚。在三个坐标中,人文主义并不把神文和物理统纳入人文的范围。如果在人文主义的坐标中,让三个坐标高度合一,将神文与物理变成人文坐标中的陪衬要素,那么人文主义就得不到准确的理解。在历史与特质的相关性上,更为关键的是,人文主义的现代属性具有首要性。一般而言,意大利人文主义是标准意义上的现代概念,是人们理解现代人文主义的原型。

人文主义的三个坐标,可以在关联性上得到解释。

第一,在人的坐标中处理人和神、人和自然的关系。人文与神文相对而言,人学与神学比较而立。在神文坐标中,上帝创造了世界的一切。

---

① 参见前引阿伦·布洛克《西方人文主义传统》有关章节。

即便现代人文主义也无法完全离开神文而得到理解。像法国哲学家雅克·马里坦便使用过一个"神为中心的人文主义"的概念。[①] 在神学的范围内发展人文主义，是西方思想界一种强势的思想进路。人既然是由神所造，理解人文，就必须要对"神造"与"人为"有一个精准认识。这就催生了现代科学以及哲学。在神文的背景下，人文才得以彰显。神学家因此构造出以神意统合一切的人文主义。但即便如此，西方并没有把人文、神文、物理三者直接合一。

在儒家三纲八目的人文主义体系中，重在德性培养与扩展，修身是为根本[②]，其间是不存在神文、人文与物理高度关联的人文论题的。在三者关联的坐标中，人文主义不妨崇拜至上神，因此与神本主义牵扯在一起。但人文主义终究是以崇尚人性为标的。即使人们充分意识到意大利人文主义很想挣脱中世纪神学，但是所有的重要人物从来就没有试图挑战和颠覆神文。只不过人文主义兴盛以后，神文与人文划界而立。进而，在神造世界的立说之下，人们致力精准研究神所造之自然物，形成自然科学。因此，西方人即使高度崇尚人性，但人性、人文、人道作为人文主义的价值坐标，总是以安顿神和物两者紧密联系在一起。科学主义曾经被视为只崇尚客观真理，实际上这是一种误解。离开了神造世界与人的理性认知，科学简直就不知所谓。[③] 可见，人文主义的三个坐标应该是我们充分理解现代人文主义不可避免的交叉参照，人们不能以西方人文主义作为单一指标来理解何谓人文主义。

儒家人文主义，可以是在神文背景下人文主义重建的结果，也可以

---

① 参见雅克·马里坦：《神为中心的人道主义》，徐怀启译，《现代外国哲学社会科学文摘》1960 年第 12 期。

② 《大学》的八条目，"格物、致知、诚意、正心、修身、齐家、治国、平天下"，关键的环节在于修身，这是从个人功夫进至社会—政治功夫的转捩点。

③ 西方有学者认为："对作为创造者的上帝的信仰是现代科学的一个基本先决条件，因为它使自然法则的思想成为可能。"（戴维·伍顿：《科学的诞生：科学革命新史》下册，刘国伟译，中信出版社 2018 年版，第 634 页）

是在世俗精神引导下人文主义再造的产物。面对现代社会的疾速发展，日益世俗化的浩荡潮流，港台、海外新儒家的第三代，比如说杜维明先生，就特别强调儒家精神性人文主义的特质，这就是前一种尝试的代表。大陆新儒家试图将港台、海外新儒家的儒家人文主义之哲学定位扭转为儒教定位，是一种比杜维明走得更远的做派。但儒家人文主义只能在世俗化的框架中得到坐实。我们从前述三个坐标可以看到，无论是神文主义、人文主义、自然科学或者是科学的自然主义，它们的复杂互动，是理解现代人文主义的基本框架。仅仅限定在世俗人文主义范围内试图确认何谓人文主义，常常是不得要领的。什么是人文主义，因为在源头上非常复杂，在流变上就更是错综。在我看来，与其纠缠儒家"是"何种人文主义，也就是将全副精力用来确定儒家实在是人文主义而不是其他，不如确立一个反思性的人文主义立场。换句话说，就是我们怎样以三个坐标的交叠措置，展开一种从人文中看神文、看物理，从神文中看人文、看科学、从物理中看神文、看人文，这样的反思性平衡，才能让我们理解什么是现代人文主义。就此而言，无论是儒家人文主义的自我确认性还是自我颠覆性，在知识探究上都还有很多工作可做。

第二，从科学视角审视人文主义与神文主义。科学家们也有长期迷惑不解的问题，这正是建构经典力学的牛顿居然虔信上帝存在的缘故。奥地利物理学家薛定谔在《自然与希腊人　科学与人文主义》一书中，先是存疑，然后肯定回答，科学究竟对社会会发生什么积极作用。这对我们理解科学与人文和社会的关系具有帮助作用。一方面，薛定谔认为科学对人文与社会没有确定无疑的帮助作用。另一方面，在自然、人、社会的关联机制中，他指出尽管科学不能直接帮助人解决自身所有的认识问题，但科学一定能够增进人类对自身的认识。[①] 就此而言，今天儒家不能

① 参见埃尔温·薛定谔：《自然与希腊人　科学与人文主义》，张卜天译，商务印书馆2015年版，第84—86页。

接受镜像神经元生物学对人性善和恶认识的帮助，就有些滞后于现代知识的进展了。借助镜像神经元生物学的测定，自然无法完全解释人性善恶问题，但人们能够提高对人性善恶的认知精确度。儒家长期认定，不能将道德换算成科学问题。这一主张也有其道理，但重视道德作用的人文精神，不应构成排斥科学对人文化成辅助效用的理由。同时，薛定谔还认为，虽然科学不能显著增加人类解决难题的能力，但科学之能够增强人类解决难题的能力也是确定无疑的。比如说人类对社会自身事务的筹划，只要对人的生物性特征和社会物理性基础有清晰的认识，在组织社会活动的时候就不会硬生生地超越自身的能力而去强求，但可以顺应物理以求实现人的某些目标。进而，科学并没有显著提升人类幸福感的作用，但科学有助于改善人类对幸福的认知和寻求幸福的行动。可见，科学和人文主义不是对立的，我们不能把物理与人文作为截然分离的两个东西对待；而且科学与人文主义是可以积极互动和相互促成的。

当我们借助人文主义定义儒家精神品质的时候，确实必然涉及"天人之辨"。"天"在古代儒家体系中是高于"人"的。但这样的"高"，到底是本体的高还是认知的高，需要澄清。蒋庆强调，在儒教经典中，最高本源与最高主宰都是人格之天。[1] 在较少的自然之天指涉以外，古典儒家几乎提及的天均是人格之天。孔子是如此，孟子也是如此。所谓"天与之"之天正是人格之天无疑。这与确信儒家人文主义的牟宗三正好相反。按照牟宗三的说法，儒家面对宗教、哲学和科学，均系于道德主体所开发而出。儒家的人文含括神文与物理，不将他们离析开来对待。人文主义之为一切建构、一切成就所本的全蕴，是非常圆融的。显然大陆新儒家要

---

[1] 蒋庆断然指出："儒学的基础是儒教，因为儒教就是中国的宗教。""在一般中国人眼中，'天'就是人格的'天'，即'天'就是作为人格神的'皇天上帝'，'天'凭自己的意志与喜好来化生万物与主宰万物，而不是靠'元'与'气'来兴起万物与主宰万物。"（刘怀岗：《专访蒋庆：中国无哲学，儒学是宗教——从天、元说起》，https://www.rujiazg.com/article/138311.html，2019 年 1 月 20 日）

打破这一圆善立论,构造一个由神统摄的儒家思想体系。这无异于完全重造古典儒家。

在牟宗三他们那里,儒家人文主义成为一个综摄的系统,它不与一切包含真理与价值的文化体系相对立,却能与之相及相融,并成为引导文化生命向上发展的基本原则。各种流于一偏的文化体系,都需要在儒家人文主义这里找寻昂扬向上的健康生命。这在一切非儒家文明体系里是不存在的东西。然而,规范意义的人文主义是不是人类自足主义?显然不是。在某种意义上,自足之人的自我设限,让圆善论的论证成了问题。同时,圆善论是可以论证的,但却是不可能实践的。因为自足之人只是理想之人,不是现实之人;圆善是一理想境界,却在现实中不可能实现。如此设定儒家人文主义立场,等于就将儒家人文主义悬空了。

现代的人文主义的行为方式与自足之人的设定是错位的。人就其身体而言首先是物理之人,就其精神寄托而言是在神统摄之下,对人的不同侧面加以认知才能整合成一个"人"的完整概念。而且,这个"人"是行动性导向的,而不是观念性导向的;是境遇性指向的,而不是境界性指向的。从这一意义上讲,儒家境界立意确实很高,但在现实中境遇很难实行。人总是境遇中人,而不是境界中人,没有在神、人与物的交叠定位中获得真实之"人",这个"人"、"人文主义"就失去了现实性品格。

在某种意义上,人格之天是神的拟人化还是人的拟神化,需要辨别清楚。前者走向宗教,后者走向政治。前者需要真"神",后者是拟制之"神"。蒋庆自己就讲,儒家之天具有的是准人格神意义,它不是一般意义上的宗教的高级人格神。[1]众所周知,儒家重视天听与民听、天视与民视关系,董仲舒建构的是天人相副、天人感应与天人谴告系统。但因为中国缺乏宗教组织建制,似乎不能被认作是宗教。在某种意义上,中国的基督教研究者提醒我们,我们中国重视的是万物自化之"道",西方重

----

① 参见前引蒋庆访谈。

视的是上帝之"言",二者的基本趣味大不相同。① 作为活生生的人,人自身具有某种消解罪恶、提高境界的能力,无须借助外在力量。但人确实需要依靠外在力量的帮助和推动,才有望准确理解自身,不至于将人格直接升级为神格,导致人的僭越。当下大陆新儒学要朝神学这个方向走,是需要审慎思考和谨慎判断的。

第三,在神、人与物的交叠坐标中审视人文主义。古典儒家是具有一种交叠审视人的问题的思维取向的。三纲八目的体系,就体现了这一点。如果说"三纲"主要着意于德性的自我修为与外推,以及展现其理想境界的话,那么"八目"就是在交叠的结构中审视人与物、人与人、人与社会、人与天下的递进关系。不过,由于八目的层次区别,放在首位的"格物"是具有"致知"功利性的,中间位置的"修身"是核心节目。"自天子以至于庶人,壹是皆以修身为本"(《礼记·大学》),可见道德修身的极端重要性。在这样的背景条件下,格物的目的是借助事事物物发现儒家道德的大作用,以便实现"豁然贯通"的道德修目的。这就有将其功利化、手段化的危险。对王阳明境界这么高的儒家中人来说,通过物理的观察,试图把物理收摄于自身,发现儒家天理。但其格竹失败的故事表明,格物对修身建制就是多余。阳明格竹,大病一场,是颇有象征意义的。一方面,阳明没有设想通过制作观察物理的工具而延长身体五官的观察能力,将物理的微观世界、中观世界和宏观世界的具体结构和功能加以解释;另一方面,阳明也没有设想神造万物的理念,将神文、人文与物理交付给神爱统摄。在古典儒家特别强调认识有见闻之知与德性之知之分的情况下,决然主张"德性所知不萌于见闻"(《正蒙·大心》)。德性觉悟的主张,就将神圣的启迪、物理的认知排除在外了。理学与心学的分流发展,其实对理解儒家人文主义是很重要的:理学可谓循规蹈矩,严守儒家

---

① 参见刘小枫主编:《道与言——华夏文化与基督教文化相遇》有关各章,上海三联书店 1995 年版。

三纲八目的正脉。而心学则诉诸一己之心，将一心顿悟视为必须确立的"大者"，但这已经具有明显的禅家特色，内涵颠覆儒家道德修养设计的危险。

三、"儒家人文主义"的公度性

神、人、物的关联性是理解人文主义的重要前提。必须承认，人文主义的确定性含义究竟是啥，不是没有分歧，而是分歧巨大。在某种意义上，世俗性人文主义与精神性人文主义、以人为中心的人文主义与统合性人文主义、工具性人文主义和目的性人文主义等等区分，既启发人们不可将人文主义简单确定为某种牌号的人文主义，也指示人们必须在多重人文主义界定中寻求对人文主义的大致定义。对现代儒家人文主义来讲，这个命题首先要自证儒家自身的价值，并不需要考虑人文主义的关联性概念，其反思性特点、反思性平衡的含义是比较弱的。理解儒家人文主义，自然不必拘泥于三个坐标中的任何一个，也不必拘泥于地方性知识的人文主义，且不拘泥于排斥性的人文主义。在这一点上，我们不能让儒家人文主义论说，成为完备性学说（comprehensive doctrines）[①] 之间的争执——一旦将儒家人文主义视为完备性学说，就会将其固化，将其与其他人文主义完全区隔开来，而无法实现知识上的可公度性目标。只有将儒家人文主义视为一笔流动性的文化遗产，将之安顿在反思性人文主义的理性平台上，其重视人的价值和人性化制度设计的现代基本精神品质，才能得到最大限度的彰显。这才是中国和西方以及其他的人文主义

---

① 完备性学说是约翰·罗尔斯在《政治自由主义》一书中使用的概念，主要指那些从宗教、道德与哲学视角建构的自成体系的学说，它们之间的排斥性特点非常显著。在罗尔斯看来，完备性学说之间是很难就立宪民主政体达成共识的，除非人们超越其完备性学说，才能在政治领域中达成立宪民主政体建构的共识。（参见约翰·罗尔斯：《政治自由主义》，万俊人译，译林出版社 2000 年版，"导论"第 2—18 页）

可以相对从容的谋划人类意义上的人文主义的高点站位。

儒家人文主义是一笔复杂的遗产。这种复杂性，一者，是因为概念的外来性，外来概念的本土化就是一件极为复杂的理论工作。二者，也是因为儒家人文主义的历史演进非常复杂，很难以某一儒家思想家作为代表。因此必须在繁复的儒家思想史上清理出一个源流线索。三者，儒家人文主义的命题本身具有显而易见的应对中国现代转轨需要的命题意图，因此它的现实意图与历史面目就有了一个双关平衡的需要。

清理这笔复杂的遗产，受到当下人们研究目的的制约。张扬儒家人文主义，到底是要寻求历史的自洽，解决我们在现代转型发生以前，古典儒家与古典社会的相容性呢，还是要致力解决现代中国的出路，即儒家人文主义可以为中国的现代转型提供什么样的资源呢？有人试图打通二者，在解决历史自洽性的时候直接给出中国问题的现实出路。这是一种以历史方案解决现实问题的进路。此路殊难走通。因为历史方案解决的历史问题，现实问题的解决需要相应的现实方案，从来没有一个方案可以超出古今的悬殊情景而贯通地发挥效用。我们有必要承认，在一条时间轴线上可以贯通看待一个文化体系，但这条时间轴线上的空间结构变化，尤其是现代社会结构的巨大变化，是我们断裂地针对问题解决问题的强大动力。必须承认人文主义的精神建构与它的经验品质之相互吻合的关系。循此，可以确信，"儒家人文主义"只是一种为了寻找中国或者是人类的现实出路动用传统儒家资源的现代产物。在现代复杂的背景下，我们试图确认儒家人文主义究竟能有什么作为，是为人类定价值？还是为民主树信心？抑或是为论者争地位？还是为学界立公心？如果其目的在于后者，那么儒家人文主义讨论的可公度性知识准则就被引导出来了。倘若立意在前者，那么儒家人文主义的价值主导，不过增加了诸神之争的不可公度性特征而已。要判断儒家是否在引领人类未来人文发展中发挥领导作用，为时尚早。这样的争辩，其实永远是不可能有结论的。因为，它只能在人类未来的发展中，通过不同文化体系间的激烈竞争，来显示哪一种人文主义可以现实地发挥引领人类发展的健康作用。

克制一点讲,确立儒家人文主义的知识坐标,其实就是要努力建立一种可公度性的标准。换言之,具有可公度性标准的儒家人文主义建构,必须经得起三元坐标的交互衡量,即必须经得起神文、人文和物理相互贯通的知识上的细微检验和宏观论证,并得到国际社会科学共同体的承认。同时,在神、人、物之间,儒家人文主义的知识坐标的确立,是其人文主义定性能够得到有力论证或受到颠覆的知识条件。这一条件能否确证,直接影响儒家人文主义命题的存亡。

换言之,儒家人文主义实际上应该被合理地看作是一个意义有限的命题。无论从哪个角度论证,抑或是否定这一命题,意义都是有限的。论证的有限性在于,这一命题并不能担负起论者试图由此化解儒家遭遇的所有现代转型难题;否定的有限性在于,这一命题只要在中西学界有人持续加以论证,否定就只能是一种没有多少意义的表态而已。就此而言,由于在中西学界事实上长期存在儒家人文主义的争辩,且这类争辩并不为否定者所动,因此可以说儒家人文主义自有其继续存活的理论生命力。这也就给"儒家人文主义"的命题以最底线上的公度性认可。

(作者单位:清华大学社会科学学院政治学系)

殷周之际的宗教变革与人文精神*

赵 法 生

黑格尔曾经在《哲学史讲演录》中说:"一提到希腊这个名字,在有教养的欧洲人心中,尤其在我们德国人心中,自然会引起一种家园之感。"对于华夏民族而言,我们永远的故园是宗周礼乐文明。站在殷周之际的角度眺望华夏文明史,所谓汉唐盛世,不过是礼乐文明历史长河中的两朵浪花而已。自从王国维《殷周制度论》面世,一直到现代港台新儒家,宗周文明的精神特质一直是学界挥之不去的热点,其间虽中经众多学者的考证探研,它依然如同那个难以捉摸的斯芬克斯一样,在幽暗的历史深处,谛听着后人的评说,并发出谜一般的微笑。西周文明的独特魅力,在于宗教信仰与人文精神的双重跃进与提升,如何解读二者之关系,实乃西周思想研究的关键所在。百余年来弥漫于中国思想界的反宗教思潮,使得学界着力开发西周文明中的人文和理性成分,而对于西周宗教的意义及其与西周人文精神的内在联系,未免有所忽视。鉴于宗教在西周文明的重要影响,忽视了这一面向,我们不但无法搞清楚其人文精神的由来,也无法把握西周文明的整体性格与精神特质。

---

* 原文发表于《文史哲》2020 年第 3 期。

一、殷周之际宗教变革的紧迫性

王国维指出："中国政治与文化之变革，莫剧于殷、周之际"[①]，"殷、周期间的大变革，自其表言之，不过一姓一家之兴亡与都邑之转移；自其里言之，则旧制度废而新制度兴，旧文化废而新文化兴"[②]。他还断言："周之制度、典礼，乃道德之器械，而尊尊、亲亲、贤贤、男女有别四者之结体也。"[③] 他以《召诰》为例指出："《康诰》以下九篇，周之经纶天下之道胥在焉，其书以皆以民为言。《召诰》一篇，言之尤为反覆详尽，曰命、曰天、曰民、曰德，四者一以贯之。……且其所谓'德'者，又非徒仁民之谓，必天子自纳于德而使民则之……故知周之制度典礼，实皆为道德而设。"[④] 显然，他已经注意到了殷周制度变革与其宗教思想的内在联系。不过，由于本文是一篇史学论文，对于西周的制度与其思想之间的关系只是点到为止，尤其是命、天、德、民究竟如何一以贯之，并未揭示，然这却是西周思想的关键所在。郭沫若则对于周人的宗教信仰提出怀疑："周人根本在怀疑天，只是把天来利用着当成了一种工具"，"周人之继承殷人天的思想只是政策上的继承，他们是把宗教思想视为了愚民政策，自己尽管知道那是不可信的东西，但拿来通知素来信仰它的民族，确实很大的一个方便"[⑤]。前人对于郭氏所谓周人对于天的怀疑问题已经多有辩证，

---

① 王国维：《殷周制度论》，《王国维集》第 4 册，中国社会科学出版社 2008 年版，第 124 页。

② 王国维：《殷周制度论》，《王国维集》第 4 册，中国社会科学出版社 2008 年版，第 125 页。

③ 王国维：《殷周制度论》，《王国维集》第 4 册，中国社会科学出版社 2008 年版，第 135 页。

④ 王国维：《殷周制度论》，《王国维集》第 4 册，中国社会科学出版社 2008 年版，第 135 页。

⑤ 郭沫若：《中国古代社会研究》，河北教育出版社 2000 年版，第 320 页。

指出那不过是"天命无常"的意思，即上天不会无条件地保佑某一家天下，这与殷商宗教相比实在是一大进步。另外，郭氏并没有从宗教学意义上分清楚殷商宗教与西周宗教的基本差异。傅斯年的观点与郭沫若相反，他指出，周人认为"惟有修人事者方足以永天命，自足以证其智慧之开拓，却不足以证其信仰之坠落……敬畏上帝乃周人之基本思想……盖亟畏上天，熟察人事，两个因素化合而成如是之天人论，此诚兴国之气象"[1]。傅氏之"亟畏上天，熟察人事"，抓住了西周思想的两个关键点，但并未对二者关系作出进一步说明。徐复观侧重于揭示西周文化所包含的人文精神，特别强调忧患意识和敬的观念，他说："宗教的虔敬，是人把自己的主体性消解掉，将自己投掷于神的面前而彻底皈归于神的心理状态。周初所强调的敬，是人的精神……凸显出自己主体的积极性与理性作用。"[2] 可是，将《尚书·周书》中关于敬的论述加以对照，就会发现，其中敬的对象绝大多数都是天与命，周人的敬的意识其实是来自天命的激发，如果完全将其视为与宗教相对立的主体理性作用，从而忽视了西周人文精神与宗教变革之间的深层联系，所谓敬与忧患等思想本身都难以得到合理说明。

实际上，殷周之变包含着一场深刻的宗教革命，它的目标是既有传统宗教瓦解的情况下，探寻新的至上神，重建宗教权威和社会信仰，从而为正在发生的社会变革寻找精神动力，这场宗教革命在政治、文化、法律、道德领域引发了一系列深刻变革，对中国文化的品格与特性产生了决定性影响。某种意义上，新的宗教观是西周文明的普照之光，失去这道光，我们将无由窥见西周文明的全体大用，无法对西周文明乃至中华文明的精神品格作出深入的说明。

从诗书记载看，这场宗教革命的主导者无疑是周公，根据《尚书大

---

① 傅斯年：《性命古训辨证》，《中国现代学术经典·傅斯年卷》，河北教育出版社1996年版，第96—97页。

② 徐复观：《中国人性论史（先秦篇）》，上海三联书店2001年版，第20页。

传》："周公摄政，一年救乱，二年克殷，三年践奄，四年建侯卫，五年营成周，六年制礼作乐，七年致政成王。"处于天地巨变中并日理万机的周公等人，为什么要急于创立一种新的宗教呢？他们从殷周之变中发现了什么？又是什么震撼了他们的心灵？

西周开国者们面临三大任务：重塑政治合法性、完成民族整合、重塑权力结构，这三项任务之完成都以宗教变革为前提，甚至可以说，这三项任务本身首先就是宗教问题。在当时，政治合法性首先基于宗教合法性，所谓"国之大事，在祀与戎"（《左传·成公十三年》），祭祀甚至排在战争之前，这从《左传·襄公二十六年》所载"政由宁氏，祭则寡人"可见一斑。其次，民族整合要进行宗教的整合和至上神的重塑，部落战争首先是神灵之间的战争，如果不能以自己的最高神取代对方的最高神，则统一与整合遥不可及，战争与冲突永无宁日。由于有周本为殷商属国，一向尊崇殷商的至上神帝并祭祀殷商祖先，这使得宗教变革成为一项极其困难又急迫的任务。再次，重塑社会政治结构，同样急需一种新宗教的精神指引，以统一本民族的信仰与精神。西周政治变革之最大举措在于分封制，它是将周人成功的宗族治理经验与殷人的国家治理经验相结合，通过模拟宗法血缘关系以推扩地缘关系，进而形成继统、赐命、征伐、巡狩、封禅、刑法、朝贡、盟会等系列制度，这一套制度，如果没有精神信仰贯注于其间，就会沦落为一套纯粹虚文而迅速失效。所以，戎马匆匆中的周公等人之所以急于要完成一场宗教革命，是因为它在某种意义上决定着正在进行的社会与政治革命的成败。

此时此刻，殷商在经历着政治溃败的同时，也在经历着宗教崩溃，社会面临着巨大的信仰真空，从文献记载看，殷人在政治失败之前已经遭遇了自身的宗教失败。《礼记·表记》载孔子的话说："殷人尊神，率民以事神，先鬼而后礼"，殷人建立了包括帝、自然神和祖神在内的庞大的神灵系统，以及世界上最为复杂隆重的祖先祭祀制度，但是，武王大兵压境，殷人的上帝与众神竟然沉默不语，甚至纣王派去抵御周人的部队前途倒戈，使得自信"我生不有命在天"的纣王徒唤奈何，他已经被自己的上帝抛弃。实际上，此时的上帝与众神本身也处于自身难保的状态。《泰誓》中周人所宣布的伐纣理由，包括"弗敬上天"，"降灾下民"，"弗事上帝神祇"，"遗厥先宗庙弗祀"，"牺牲粢盛，既于凶盗"，罪责以宗教方面居多。连正常的宗庙祭祀都不能维持，连祭祀的牺牲祭品都被老百姓偷窃，殷末宗教之衰败可见一斑。殷人的宗教已经与他们的政权一起走到了尽头。

　　殷人的宗教崩溃，引发了全面的信仰危机，也留下了巨大的信仰真空；小邦周推翻了大殷商，却面临着殷人的反叛和内部的分裂，所以，周公在平定管蔡之乱时发布的《大诰》开篇就说："天降割（害）于我家，不少延"，表明了周人严重的危机意识。没有巨大的压力，就没有伟大的宗教与思想的诞生，神灵总是在人最为急迫和深切的吁求中降临。殷周之变震撼了周公等人的心灵，令他们重新思考终极世界的意义，探索改朝换代背后的决定力量以及社会治乱的根本原因，在他们的追问省察中，一个全新的至上神浮现出来——天。在周初所有诰辞中，周公以强烈的忧患与危机意识，反复阐述着天命、敬德与保民的主题，那正是殷周宗教革命的主旨。他时而引证古史，时而直指当下；时而循循劝导，时而大声疾呼，其恳切真诚，披肝沥胆之心态，跃然纸上，令人动容。与殷人的帝相比，周人的天是一个全然不同的上帝，因为二者根据不同的原则行事，在天的命令中，闪现着中华民族最早的道德理性精神的光芒。

二、西周伦理宗教的精神内涵

（一）中华民族道德性至上神的诞生：从帝到天

　　殷周之际的宗教变革，首先体现在至上神的转变，即从帝到天的转变，如何处理帝与天的关系，则是这一个宗教变革的关键所在。帝是殷代神谱中神通最为广大的神，陈梦家从十六个方面总结了帝的权能，包括令风、令雨、降馑、降祸、降食、降若、帝若、受佑、受年等，先王先公死后可以"宾于帝"，帝还拥有一个朝廷（"帝廷"），且有臣子供其驱使，卜辞中有帝之五工臣和帝使风之类的记载。甲骨卜辞内容显示，帝对于人的惩罚多于奖赏，赏罚也没有任何道德理性依据。作为殷商属国，周人不但因袭了殷商的文化，也因袭了殷商多神宗教体系，包括殷商宗教中的至上神"帝"。[①]《大诰》说："予惟小子，不敢替上帝命。天休于宁王，兴我小邦周，宁王惟卜用，克绥受兹命。今天其相民，矧亦惟卜用。呜呼！天明畏，弼我丕丕基"，表明周人也尊崇帝，也通过龟卜探测帝的旨意以断定吉凶。《大诰》是周公平定三监叛乱前，对于诸侯国君及贵族的训辞，它开头说"天降威，用宁王遗我大宝龟，绍天明"，"明"是命之假借字，"绍天命"即是卜问天命。[②]用文王留下来的宝龟卜问天命，结果是"朕卜并吉"，这一结果成了周公说服列国贵族东征的主要理由，"宁王惟卜用"，文王惟根据龟卜指示行事；"矧亦惟卜用"，所以我们也要遵从龟卜结果行事。龟卜天命，下面又说"予惟小子，不敢替上帝命。天休于宁王，兴我小邦周"，显然，天命就是帝命，本篇中周公又说"亦惟十人迪知上帝命越天棐忱"，越是"与"、"及"的意思。[③]上帝与天并列，它们是两个还是一个呢？《多士》说："惟天不畀允罔固乱，弼我，我其敢求位？惟帝不畀，惟我下民秉为，惟天明畏"，这里说明不是周人非要夺取殷商的天下，而是因为"惟天不畀"，即天不再降命于殷商，后半句接着又说"惟帝不畀"，可见帝与天所指实为同一对象，即最高的主宰神。《康诰》说："惟时怙冒，闻于上帝，帝休，天乃大命文王"，文王的德行升闻于上帝，上帝高兴，天才降命于文王，同样说明上帝就是天。《召诰》称"皇天上帝，改厥元子"，便直接皇天与上帝合一，说是皇天上帝改换了它的长子。既然

---

① 参见傅斯年：《性命古训辨证》，《中国现代学术经典·傅斯年卷》，河北教育出版社 1996 年版，第 81 页。
② 参见顾颉刚、刘起釪：《尚书校释译论》第 3 册，中华书局 2005 年版，第 1267 页。
③ 参见顾颉刚、刘起釪：《尚书校释译论》第 3 册，中华书局 2005 年版，第 1279 页。

二者所指为一,周人何以不干脆只称天而不称帝呢?这其中有着周公等人更为深远的用意与思虑,一方面通过帝的引入来强化天的权威,另一方面通过天与帝并称来改造帝的意涵。

《康诰》8个"天"字,2个"帝"字;《大诰》18个"天"字,2个"帝"字;《多方》中20个"天"字,4个"帝"字(其中"帝乙"不指上帝);《多士》中17个"天"字,11个"帝"字(其中有"帝乙");《召诰》19个"天"字,2个"帝"字;《酒诰》7个"天"字,一个帝为"帝乙",非指上帝;《洛诰》中有4个"天"字,没有"帝"字。对比发现,周初诰辞中"天"字出现的次数要远远多于帝,表明"天"才是周人意欲突出强调的至上神。周人所以要"天"与"帝"并称,意在通过这种异词同指的方式,让"天"继承了"帝"作为至上神的权威,同时又通过对于权威内涵的新解读,实现着至上神的创造性转换。在殷墟卜辞中,以"帝"的自然功能为主,从未显示出道德和价值理性,而《诗》、《书》中的"帝",通过与"天"同时并举,帝命被解读为天命,实际上已经"天"化了,成了一个具有道德意义的至上神。如果说,殷周之际的政治革命是在"血流漂杵"(《尚书·武成》)式的武力征讨中完成的,殷周之际的至上神的转换则和平有序,周人在不知不觉中完成了对于传统至上神的解构,完成了中国宗教史上最具有革命意义的一次变革,即从自然宗教到伦理宗教。[①] 经过此一变革,周人成功地将"帝""天"化,并同时将"天""帝"化了,从而产生了中华民族性的伦理性至上神"皇天上帝"。

甲骨文中只发现了"天邑商"一个天字,尚未发现以天为至上神的思想,关于天的思想是继承于殷商还是自己的创造,学者有不同看法。陈梦家认为"商人称'帝命',无作天命者,天命乃周人的说法"[②],郭沫若认

---

① 恩斯特·卡西尔认为从自然宗教到伦理宗教是各国宗教发展的普遍规律(参见恩斯特·卡西尔:《人论》,甘阳译,上海译文出版社2004年版,第138—140页)

② 陈梦家:《尚书通论》,中华书局2005年版,第207页。

为"关于天的思想周人也是因袭了殷人的"①，徐复观认为"周初天、帝、天命等观念，都是属于殷文化的系统"②，傅斯年则根据《召诰》中"皇天上帝，改厥元子，兹大国殷之命"，断定"人王以上天为父之思想，至迟在殷商已流行矣"③。后三家强调周文化与殷文化的联系，但似乎对于天与殷商之帝在本质意义上的差异注意不够。断言周人天命观起源于殷商，目前不但缺乏必要文献证据，而且混淆了殷周宗教思想之本质不同。即使将来能够发现殷商有以天为至上神的文献资料，也未必说明殷商已经有了西周那种至上道德神的理念，后者显然是周公等人的创造。

另外，郭沫若认为，周人"凡是极端尊天的话都是对着殷人或殷的旧时的属国说的，而怀疑天的话则是对着自己说的……周人根本怀疑天"④。可是，通过上面对于周初诰辞中天与帝字使用情况的分析，我们发现事实恰好相反。《多方》和《多士》是专门针对殷商遗民的训辞，"帝"字出现的次数最多，《多方》中 20 个"天"字，4 个"帝"字，是《周书》中天字出现次数最多的诰辞；《多士》中 17 个"天"字，11 个"帝"字。这两篇不仅"天"字出现多，"帝"字出现也多，显示了将"天"与"帝"沟通合一以说服殷人的意图。反过来，周人对于自己人的诰辞，则是多谈天而少谈帝。《康诰》、《大诰》和《召诰》只有 2 个"帝"字，《酒诰》没有上帝的意义上的"帝"字，《洛诰》则干脆没有"帝"字，说明周人对于本民族主要是谈天命而不是相反。另外，如前所述，周人以天为至上神，并赋予它新的意义，但并没有否定其人格性，天全面继承了帝的人格性与权能，陈梦家认为周之"配天"观念脱胎于殷人之"宾帝"。⑤ 虽然在殷周之际，天在改朝换代中的政治作用被充分强调，但它同样继承了殷商之帝

---

① 郭沫若：《中国古代社会研究》，河北教育出版社 2000 年版，第 318 页。

② 徐复观：《中国人性论史（先秦篇）》，上海三联书店 2001 年版，第 17 页。

③ 傅斯年：《性命古训辨证》，《中国现代学术经典·傅斯年卷》，河北教育出版社 1996 年版，第 81 页。

④ 郭沫若：《中国古代社会研究》，河北教育出版社 2000 年版，第 320 页。

⑤ 参见陈梦家：《殷墟卜辞综述》，中华书局 1988 年版，第 573、581 页。

降福降祸的功能，它也能够"命哲，命吉凶、命历年"（《召诰》）、《大禹谟》说"小人在位，民弃不保，天降之咎"，《汤诰》言"降灾于夏，以彰厥罪"，《伊训》说"皇天降灾"、"作不善降之百殃"，《大诰》言"天降割（害）于我家"，《酒诰》和《君奭》都说"天降丧于殷"，这类说法在周代铭文中也反复出现。[①] 尤其是在西周末期的怨天思潮中，《诗经》中出现了不少关于"天降丧乱"的诗篇，所谓"天降丧乱，灭我立王"（《诗经·大雅·桑柔》），并对天发出表达失望、怨恨、愤怒与哀告等种种情感，表达了此时人们的心声。如果他们果真不信天帝，这样的声音就不会出现。显然，周人的天是一个决定宇宙、社会、人生问题的主宰神，周人对它充满敬畏。《周书》和《诗经》中大多数作品，谈到天时都充满戒慎恐惧的敬畏感，感情色彩强烈，这在那个宗教主宰的时代也属于必然，所以周人不信天之说恐难成立。傅斯年收集了《诗经》中敬畏天帝的资料，认为："周初人敬畏帝天，其情甚笃，已如上所证矣。其心中之上帝，无异人王，有喜悦，有暴怒，忽眷顾，忽遗弃，降灾降祸，命之讫之，此种'人生化上帝观'本是一切早期宗教所具有。"[②] 此说甚是。

因此，西周的天不仅是个道德性的至上神，也是一个继承了殷商之帝的主宰权能的人格神，这两点对于我们判定天的属性以及殷周宗教革命的内涵与意义至为重要。由此而来的问题是，作为主宰者的天与帝的根本不同何在？西周的人文精神又是如何开出的？这与德和民的思想密切相关。

（二）德：天命有德与以德配天

周代诸王中，对于西周立国贡献最大的是文王，他在世时已经三分天下有其二，以至于"大国畏其力，小国怀其德"（《尚书·周书·武成》）。

---

① 参见陈来：《古代宗教与伦理：儒家思想的根源》，生活·读书·新知三联书店1996年版，第213页。

② 傅斯年：《性命古训辨证》，《中国现代学术经典·傅斯年卷》，河北教育出版社1996年版，第96页。

不仅如此,文王身上有一种与众不同的政治品德,给周公等人留下了难以磨灭的影响。所以,《诗》、《书》反复叙说颂赞文王,试图通过他求解天命的秘密,结果便是"德"的发现。如果说民的发现找到了外在的天命,德的发现则是找到了周人自己身上的天命。

关于西周"德"字之训诂意义,学界有各种解释,徐中舒认为,甲骨文中"値"字即是德之本字。[①]《说文》以"外得于人,内得于己,从直,从心"释德,恐怕属后来观念。其实,在《诗》、《书》中,德所体现的上与下即天与人的涵义更重,所谓内与外的意义倒是难觅踪迹。从《康诰》"朕心朕德,惟乃知"看,"德"字尚没有与心灵打通,没有内在德性的涵义,它主要是德行,落在行为上,故《广韵·德韵》"德,德行,悳,古文",较为贴近西周"德"字本义。即使甲骨文中已有"德"字之起源,也没有《诗》、《书》中德的思想,德的思想之形成无疑应归于西周。"德"字在《诗》、《书》中大量使用,涵义和用法也颇为多样,它有时用作形容词,有时用作名词。《康诰》中的"绍闻衣德言",《诗经·狼跋》中的"德音不瑕"等,"德"字表示美善之意。作为名词的德,又有两种不同的用法,有时表示无价值色彩的行为,《康诰》"用康乃心,顾乃德,远乃猷",《酒诰》"越小大□,小子惟一",以上"德"字,屈万里都解释为"行为"。[②]此种用法的德并没有价值意义,故常在前面加上定语予以界定,比如"作稽中德"(《尚书·酒诰》),"酗于酒德哉"(《尚书·无逸》),"尔尚不忌于凶德"(《尚书·多方》),"桀德,惟乃弗作往任,是惟暴德"(《尚书·立政》),"醉而不出,是谓伐德"(《诗经·宾之初筵》),这些"德"字的价值意义由前面的定语来规定。"德"字这种表达无价值规定行为的用法,在《尧典》中已经出现,如"否德"、"俊德"等。但是,构成西周思想核心的德,不是指这种无价值规定性的德,而是另一种德:文王之德。

---

① 参见徐中舒:《甲骨文字典》,转引自陈来:《古代宗教与伦理:儒家思想的根源》,生活·读书·新知三联书店1996年版,第290页。

② 参见屈万里:《尚书今注今译》对两句话之释文,台湾商务印书馆1978年版。

分析文王所作所为,这一特指的德包括以下内容:①恭敬天命,昭事上帝:"维此文王,小心翼翼,昭事上帝。"(《诗经·大明》)"在昔上帝割申劝宁王之德,其集大命于厥躬。"(《尚书·君奭》)②惠保庶民,不侮鳏寡:"不敢侮鳏寡,庸庸,祗祗,威威,显民,用肇造我区夏。"(《尚书·康诰》)③勤勉政事,不遑暇食:"文王卑服,即康功田功。徽柔懿恭,怀保小民,惠鲜鳏寡。自朝至于日中昃,不遑暇食,用咸和万民。文王不敢盘于游田,以庶邦惟正之供。"(《尚书·无逸》)"王曰:尔惟旧人,尔丕克远省,尔知宁王若勤哉。"(《尚书·大诰》)④明德慎罚,怀远柔近:"乃丕显考文王克明德慎罚。"(《尚书·康诰》)《左传·襄公三十一年》称"纣囚文王七年,诸侯皆从之囚,纣于是乎惧而归之,可谓爱之。"⑤礼贤下士,贤能归附:"礼下贤者,日中不暇食以待士,士以此多归之。"(《史记·周本纪》)在今天看来,这些不过是普通勤政惠民的行为,但正是这些看似寻常的行为赢得了民心,导致了周朝的逐渐崛起并最终克殷。王国维说:"殷周之兴亡,乃有德无德之争"①,文王正是周德之典范。文王之德代表了一种新的精神力量。傅斯年认为,"周之代商,绝不代表物质文明之进展",也"未必在宗法制度也",那么其特征究竟何在?他认为在"人道主义之黎明"②。傅斯年评论说:"一切固保天命之方案,皆明言在人事之中……事事托命于天,而无一事舍人事而言天,'祈天永命',而以为'惟德之用',如是之天道即人道论,其周公所创耶?"③傅斯年以"天道即人道论"解说周公之天人论,这只是其中的一个方面;其实,周公的天人论还有另一个重要方面,即"人道即天道论"。在周公那里,这两方面是相须为用、密不可分的。周公不仅"无一事舍人事而言天",另一方面,他

---

① 王国维:《殷周制度论》,《王国维集》第4册,中国社会科学出版社2008年版,第136页。

② 傅斯年:《性命古训辨证》,《中国现代学术经典·傅斯年卷》,河北教育出版社1996年版,第89—90页。

③ 傅斯年:《性命古训辨证》,《中国现代学术经典·傅斯年卷》,河北教育出版社1996年版,第88页。

也是"无一事舍天而言人事"。以德为例,周初彝器《史墙盘》铭曰"上帝降我懿德",《左传·昭公八年》提到"《夏书》曰:'皋陶迈种德,德乃降'",《大禹谟》也说"皋陶迈种德,德乃降,黎民怀之"。可见,德乃天帝所降,所以周文王的政治行为,被说成是"天德"(《吕刑》:"惟克天德,自作元命,配享在下"),是有周受命的动因,周公告诫康叔:"惟乃丕显考文王,克明德慎罚……惟时怙冒,闻于上帝,帝休,天乃大命文王",由于文王的德行上达天帝,天才授命于他。《周书》、《左传》、《国语》都谈到德可以发出一种特殊香气:《酒诰》说"弗惟德馨香,祀登闻于天",《君陈》说"至治馨香,感于神明。黍稷非馨,明德惟馨尔",《左传·僖公五年》说"黍稷非馨,明德惟馨香",《国语·周语》记载了内史过的话:"国之将兴,其君齐明、衷正、精洁、惠和,其德足以昭其馨香,其惠足以同其民人,神飨而民听,民神无怨。"看来,德发出的香气可令民神无怨,并能上达天听,使天授命。《左传·桓公二年》:"夫德,俭而有度,登降有数。文物以纪之,声明以发之,以临照百官,百官于是乎戒惧,而不敢易纪律。"百官何以"不敢易纪律"?李泽厚认为:"德字有个大眼睛,令人想起三星堆出土的那个大眼睛的巫师巨人……这个'德'具有足可戒惧的神圣性,其中有祖先神明的大眼睛在"[1],还说德是"'巫君合一'所拥有的神法魔力即巫术法力演变而来的具有神力的圣王的道德品格"[2]。周公目睹了周朝崛起的全过程,当他为此巨变寻找终极性解释时,却发现那导致巨变的源头其实就在他父亲的一言一行中,正是这种德赢得了人心。长久以来,人们一直是抬头来寻找和仰望天意,可是,周公发现,天意的体现者就在地上,天命与人事由此而打通了,这是中国精神史上最重要的变革。它不仅将天命引向了人事,开创出人文价值;同时也将人事提升至天命

---

[1] 李泽厚:《由巫到礼 释礼归仁》,生活·读书·新知三联书店 2015 年版,第56—57 页。

[2] 李泽厚:《由巫到礼 释礼归仁》,生活·读书·新知三联书店 2015 年版,第57 页。

境界，获得了超越性意义。这是一个双向互动过程，所谓天人合一正是在这一双向互动过程中实现的。所以，周公不仅是华夏礼乐文明的奠基者，也是儒家天人之学的开创者。

在《周书》之前文献，已有许多关于政治德行的记载，比如《尧典》表彰帝尧"钦明文思安安，允恭克让，光被四表，格于上下。克明俊德，以亲九族。九族既睦，平章百姓。百姓昭明，协和万邦。黎民于变时雍"；《舜典》说舜"浚哲文明，温恭允塞，玄德升闻，乃命以位"，又有"直而温，宽而栗，刚而无虐，简而无傲"的德行要求；《皋陶谟》将《舜典》中的四德发展为九德，"宽而栗，柔而立，愿而恭，乱而敬，扰而毅，直而温，简而廉，刚而塞，强而义"；《洪范》提出敬用五事，"一曰貌，二曰言，三曰视，四曰听，五曰思。貌曰恭，言曰从，视曰明，听曰聪，思曰睿。恭作肃，从作义，明作哲，聪作谋，睿作圣"，并将此五事与五休征相结合。上述德行内容与《周书》中的文王德行内容有相近之处，但是，对于二者的言说与诠释却大有不同，《周书》以前所记载的这类德行从未与帝意相联系，从未获得超越性意义，它们似乎只是人的行为，与天意无关。唯一有些例外的是《洪范》篇以五事配五休征，包含着德行可获吉佑的观念，但是，五事仅仅是对于人言行的规范要求，与爱人惠人意义上的德行尚不能等同，所以还难以与以德配天的成熟思想相提并论。周公曾经在《多方》和《多士》等诰辞中反复讲解了夏朝和殷商如何以德受命和失德坠命的过程，这已经是用他自己的天命观诠释历史，而夏商两代的价值观念，与此具有本质性不同，直到殷周革命之前，人的行为本身是不具备神圣意义的，圣与俗被划分为两个互不关联的世界，这意味着真正意义上的道德观念尚未产生，在中国思想中，道德并不能简单地等同于善行，此种善行必须有天命或者天道的超越性意义，所谓的德，必须是得之于道，方可称之为道德。如此说来，真正意义的中华道德意识，的确是在《诗》、《书》时期才得以诞生。在此之前，上帝的意志与社会伦理规范并没有直接联系。然后，随着自然性上帝到伦理性天帝的转变，随着德与民本的思想的出现，天意不但与民意打通，与德行也打通了。天命获得了人文价值的规定，而人文与道德获得了天命的意义，神圣与世俗的隔离墙，终于通过一次伟大的宗教革命被打穿了。

这场宗教革命是一场真正的精神革命，对于西周的政治、文化与社会生活普遍带来了巨大影响。对于政治领域而言，德以天命的形式赋予了政治以新的合法性基础。对于殷人而言，政治合法性的意识是不存在的，仿佛帝和众神就是他们家族的，为上帝保佑的殷商统治也是永恒的，这自然是由于长期垄断教权所产生的幻觉。"'帝'（殷商）在意识形态中的地位在周初被结合天意与人事的'德'所取代"[1]后，周人意识到政治的合法性是有条件的，天的授命也是有条件的，这就是德。所以，政权本身无法为自己提供合法性证明，更无法确定自己受命的时限，他们的王朝不过是天命皆以显现作用的一种工具而已。也就是说，天下是天下人的天下，而非一家一姓之天下，非少数人可以把持的天下，这使得周公等人在家天下时代具有了超越于家族之上的天下观，并从根本上改变了周人对于天帝、政治与自身的看法。因此，周人从天命观中，产生出一种前所未有的谦卑恭敬，产生了一种强烈的要自我约束的内在冲动，由此才有了王国维所称赞的西周开国者们的胸襟气度以及傅斯年所肯定的西周思想中的兴国气象。当周公等人进行殷周之际的制度典礼设计时，此一理念必定在他们心中占据了举足轻重的地位，在制度典礼中践行德的理念以永葆天命，于是如王国维所言："制度典礼者，道德之器也。"[2]这就意味着政治不是目的而是手段，权力只有工具价值而不具有终极价值，此一理念是殷周宗教革命在政治领域最重要的成果之一。

天命之德，作为殷周宗教革命的主要精神价值，贯穿在周礼的各个

① 张广直语，转引自郑开：《德礼之间：前诸子时期的思想史》，生活·读书·新知三联书店2009年版，第271页。

② 王国维：《殷周制度论》，《王国维集》第4册，中国社会科学出版社2008年版，第135页。

方面。《诗经·大雅·韩奕》记述了韩侯受命的过程，此非初封而是朝觐周天子时的再授命，是周礼的组成部分，许倬云就此评论说："金文与《诗经》记载相互比证，极为相像，都有册命，都追溯祖德，都勉励受命者夙夜从事，都有衣服、旌旗、车马之赐"①，其中追溯祖德，"缵戎祖考之德"以受命，是策命所体现的核心信仰，而"彝器"、"车马"、"旌旗"、"服色"，不过是精神体现认同的器物符号。在周初文献与铭文中，"昭德"、"丕显先祖之德"是常用语汇，显示了相似的精神趋向。与周人敬天法祖的信仰相适应，《诗经·大雅·卷阿》提出"有孝有德"，德以对天而孝以对祖，二者都具有宗教意义，故《诗经》中的孝多与享祭祖先联系在一起，《周颂·臣工·雝》曰"于荐广牡，相予肆祀，假哉皇考，绥予孝子"，《周颂臣工·载见》曰"率见昭考，以孝以享"，但享的目的又在于"夫享，所以昭德也"，孝通过享祭而与德建立了关联。西周还特别强调"追孝"：《尚书·文侯之命》"追孝于前文人"，《诗经·文王有声》"遹追来孝"，《侤而钟》"以追孝先祖"等②，追孝的思想重点不在于牺牲的祭祀而在于绍述祖德的精神意义。另外，《国语·周语》说"言孝必及神"，以及《论语·泰伯》说"致孝乎鬼神"，又将祖灵崇拜与鬼神信仰联系在一起，提升了孝道的宗教意义。

不仅赐命礼和孝道，德也渗透到周代各项礼仪中，成为礼的基本精神。《左传·僖公二十五年》说"礼乐，德之则也"，《国语·周语上》说"成礼义，德之则也"，《左传·僖公三十年》也说"备物之飨"的礼仪是为了"以象其德"，说明礼乐乃是德的表达形式。《周易·豫·象》曰"先王作乐以崇德，殷荐之上帝，以配祖考"，更将乐与德、上帝和祖考联系起来，揭示了乐的深层宗教意蕴。一些专家考证后认为《仪礼》十七篇所记载的礼包括冠、婚、丧、祭、乡饮酒、相见在西周春秋的确实

---

① 　许倬云：《西周史》，生活·读书·新知三联书店1994年版，第173页。
② 　转引自郑开：《德礼之间：前诸子时期的思想史》，生活·读书·新知三联书店2009年版，第83页。

行过。① 冠礼的意义，《韩诗外传》卷八解读为"十九见志，请宾冠之，足以成其德"②；据《礼记·昏义》，"昏礼者，将合二姓之好，上以事宗庙，而下以继后世也"，《国语·晋语四》则认为"合二姓之好"就是"合德"。至于乡饮酒礼和射礼，根据《礼记·射义》，也是要从中"观德行"、"观盛德"，祭祖礼所包含的"所以昭德也"的意义已如前述。可见，德已经渗透进各种礼仪之中，与其建立了直接或间接的联系，成为诸般社会交往礼仪背后的共同精神。甚至经过礼义规范的身体，也成为德之载体，身体也因此而获得了神圣的意义："抑抑威仪，维德之隅"，德之光辉可谓有容必照，无远弗届。

德对于祭祀制度的影响也有鲜明体现，殷人祭祀祖先之礼至为繁复隆重，据王国维考证，自帝喾以下的先公、先王、先妣，都有专祭，不分远近亲疏；先公先王之昆弟，不管在位与否，祭礼略同，周而复始地祭祀从上甲到康丁31王与20位法定配偶，完成一轮需要36旬甚至37旬之久，平均长度相当于一年，故称之为周祭。③ 祭祀的礼品极为丰盛，据甲骨文记载，一次祭品可达500头牛，还使用大量人殉（一般为战俘），最多的一次祭品竟然达"千牛千人"④。周人则根据亲亲尊尊原则确立了庙数制度，《祭法》所谓"天子七庙，诸侯五庙"，不再像殷人那样不别亲疏远近轮流祭祀众多先祖，而是实行四时正祭即每季度第一月祭祀，先妣也不再单独祭祀而是配享，人殉在周代已被废止，偶有发生也会受到社会的一致谴责，祭祀牺牲也大为简化。根据《召诰》记载，成王决定营建东都洛阳，派周公前去考察并祭祀天地神祇，这样的大事，如果是在殷商，肯

① 参见陈来：《古代宗教与伦理：儒家思想的根源》，生活·读书·新知三联书店1996年版，第249页。

② 转引自郑开：《德礼之间：前诸子时期的思想史》，生活·读书·新知三联书店2009年版，第93页。

③ 参见常玉芝：《商代祭祀制度》，中国社会科学出版社1987年版。

④ 张焕君：《制礼作乐——先秦儒家礼学的形成与特征》，中国社会科学出版社2010年版，第87页。

定需要数量众多的祭品甚至人殉，可是，周公于"越三日丁巳，用牲于郊，牛二。越翼日戊午，乃社于新邑，牛一，羊一，豕一"，郊天之礼只用两头牛，祭社之礼只用牛、羊、豕各一头。《洛诰》记载："戊辰，王在新邑烝，祭岁，文王骍牛一，武王骍牛一"，因为在以德配天的观念下，根据"黍稷非馨，明德惟馨香"的说法，天地神祇最喜欢祭品已经不是牛羊或者人殉而是德了。

以法律而言，殷人以尊神重刑著称，《泰誓上》所宣布的商纣王的诸般恶行中，就有"罪人以族，官人以世"，"残害于尔万姓。焚炙忠良，刳剔孕妇"等暴行。所以，《康诰》反复强调明德慎罚的重要，但同时又说："元恶大憝，矧惟不孝不友。子弗祗服厥父事，大伤厥考心；于父不能字厥子，乃疾厥子。于弟弗念天显，乃弗克恭厥兄；兄亦不念鞠子哀，大不友于弟。惟吊兹，不于我政人得罪，天惟与我民彝大泯乱，曰：乃其速由文王作罚，刑兹无赦"，王国维曾经比较殷周刑罚："殷人之刑惟'寇攘奸宄'，而周人之刑则并及'不孝不友'。"[1] 本来是主张明德慎罚，在处罚"不孝不友"方面却比殷刑更重，是何缘故？王国维认为这是由于"周制刑之意，亦本于德治、礼治之大经，其所以致太平与刑措者，盖可赌矣"[2]。但问题还可以进一步提问，周人何以将制度典礼作为道德之器械？这其实与道德本身的属性密切相关，周公所言德，不同于孔子之后的德，它首先是天命而非人性，是祈天永命的依凭。其次，周公在《康诰》中将不孝不友作为"天惟与我民彝大泯乱"的表现，可见民彝也关乎天命。《左传·文公六年》赵孟提及四德："置善则固，事长则顺，立爱则孝，结旧则安。为难故，故欲立长君，有此四德者，难必抒矣"，孝为四德目之一。随着宗法制度的完善和庙数制度的形成，以及前述孝的宗教意义的加强，

---

① 王国维：《殷周制度论》，《王国维集》第 4 册，中国社会科学出版社 2008 年版，第 136 页。

② 王国维：《殷周制度论》，《王国维集》第 4 册，中国社会科学出版社 2008 年版，第 136 页。

孝在西周社会的地位更加重要。德与刑相对，既重德自然轻刑，但是，唯有在涉及与德本身有关的刑罚方面却是例外，因为违背德即是违背天命，理应重罚。由于孝友是构成宗法伦理的基础，"不孝不友"（《尚书·康诰》）属于破坏德之根基的行为，自然要"乃其速由文王作罚，刑兹无赦"了。所以，从整体上看，周人刑法处置减轻了，但在与德有关的处罚上却是加重了，这正是"天命有德"的宗教观念对于西周法律的双重影响所致。

明德慎罚的训诰为周代刑法注入了新精神，元代陈栎在注释《吕刑》"罔不惟德之勤，故乃明于刑之中"时说："刑之本必主于德，而刑之用必合于中。德与中为《吕刑》一篇之纲领"①，由此可见周德对于刑法之重要，而以法律手段维护德，也就成了法律的重要功能，这实际上开启了中国法治史上以礼入法之先河。

综观《诗》、《书》、《左》、《国》等典籍，天命有德与以德配天也是周王室处理与诸侯国政治关系的主要思想依据，春秋时期依然如此，齐桓九合诸侯而一匡天下，晋文公有攘夷之大功，依然高举尊王旗号，自然与对周德的认同不无关系。据《国语·周语中》载，晋文公定襄王于郏后，曾经提出"请隧"的违礼要求，让自己的葬礼能够享受周王的待遇，襄王回答说："叔父若能光裕大德，更姓改物，以创制天下，自显庸也，而缩取备物以镇抚百姓，余一人其流辟旅于裔土，何辞之有与？若由是姬姓也，尚将列为公侯，以复先王之职，大物其未可改也。叔父其懋昭明德，物将自至，余何敢以私劳变前之大章，以忝天下，其若先王与百姓何？何政令之为也？若不然，叔父有地而隧焉，余安能知之？"这一段话以天命有德作答，义正词严而又暗含警告，结果是"文公遂不敢请，受地而还"，可见以德配天观念对于维系有周政治制度之重要。

以上通过德对于政治、伦理、祭祀、礼仪和刑法的影响，可以见出，

---

① 顾颉刚、刘起釪：《尚书校释译论》第 4 册，中华书局 2005 年版，第 2105 页。

作为天命内涵的德，的确如同一道普照的光，为西周社会的各个领域带来了人文精神的曙光。

（三）天民合一：天命观所孕育的民本思想

中华文明以天人不二为特征，这在巫文化时代已然如此。不过，巫是通过巫术仪式沟通神明，实现神人合一[①]；殷王通过龟卜以叩问帝命，通过大规模的献祭取悦于神灵。但是，到了西周，天人沟通的方式发生了一次革命性变革，面对殷周易代的巨变，周公等人追寻天意的目光从自然转向了历史。在小邦周取代大殷商的历史转变中，给周公等人印象最深的民心向背的巨大作用。《公羊传·僖公四年》说"古周公东征则西国怨，西征则东国怨"，甚至殷人用以抵抗周朝的军队也阵前倒戈。那些曾经被与畜生一道成批量宰杀作为祭品的平民，突然间爆发出了排山倒海的力量，此种景象必定给周公等人以巨大的思想冲击，也给他们带来了深深的恐惧和忧虑，因为他们不知道这股力量是否以及在什么时候也会在他们脚下爆发出来。这显然是世界上最伟大的力量之一，周公将它与天意联系在一起，将民意视为天命的显现，从而产生了西周的民本思想。

一说起民本，人们便会想起《荀子·王制》中的"水则载舟，水则覆舟"，其实，这种说法代表了古代宗教时代之后的民本观念，政治策略的意味较为浓厚，而西周时期的民本观念则不同。西周的民本思想固然是一种政治理念，但它与以德配天和祈天永命的思想紧密相连，首先是一种宗教观念。甲骨文中没有发现"民"字，说明普通民众尚未正式进入殷商的思想视野。但是，这种情况到了西周有了根本改变，民不但在周初诰辞中大量出现，地位更有了飞跃性提升。《召诰》说"王厥有成命，治民今休"。《泰誓中》说"天矜于民，民之所欲，天必从之"；又说"天视自我民视，天听自我民听"，天子只有通过民意才能了解天意，民意成了天意

---

① 参见李泽厚：《由巫到礼 释礼归仁》，生活·读书·新知三联书店 2015 年版，第 13 页。

的表达形式,这便将民提高到了与天等同的神圣地位。金文中有"受民受疆土"之说①,《梓材》"皇天既付中国民越厥疆土于先王",是天将民和疆土授予周天子,民被排到了疆土之前,因为民意已经成为天意的晴雨表,民众成了上帝的代言人。这种对于民的定位,是西周伦理宗教的重要思想之一,不但史无前例,与轴心突破前后的对民的态度也有明显不同。《皋陶谟》提出"在安民","安民则惠,黎民怀之",《盘庚上》要求"施实德于民",《盘庚中》说"古我前后,罔不惟民之承"。由此可见,重民的传统可谓源远流长,周公的民本思想当是继承古代重民思想而来。但是,西周前的重民表现在安民惠民,以获取民众拥戴,比如"安民则惠,黎民怀之",惠,《释诂》云:"爱也",故伪孔传释为"惠,爱也。爱则民归之"②。怀,《释诂》云:"思也",能安民则民思之。其中民是被关心安抚的对象,并没有更高层次的意义。天命论下的民本思想,天命观下的民本论的实质是天民合一论③,使得西周的政治关系和政治理念发生了深刻变化,原来从未进入政治视野的草民黔首,现在被提高到与天帝同等的意义,似乎成为眼前活生生的上帝,甚至令天子王公生出了战战兢兢的心态,这的确是史无前例的。

天民合一思想从根本上改变了社会的政治关系结构,将殷商文化中帝与王的线性关系,改造为天帝—民—天子三角关系,民的地位可谓一步登天,变得比天子还要重要。既然民意被视为天意的展现,它就同时具有了目的性意义,而不仅仅是劳动或者的统治工具而已。殷商的帝王自信可以永远获得上帝的护佑,可西周天子自认为是受天委托来管理天下,天之受命将根据民意民心及时调整,或与或取。由于"民情大可见,

---

① 参见侯外庐:《中国思想通史》第 1 卷,人民出版社 1957 年版,第 81 页。
② 顾颉刚、刘起釪:《尚书校释译论》第 1 册,中华书局 2005 年版,第 399 页。
③ 李存山先生指出:"中国文化所信仰的'天'并没有自己独立的意志,而是以人民的意志为意志,此即'天民一致'的思想。"(李存山:《对中国文化民本思想的再认识》,《孔子研究》2016 年第 6 期)天民合一的说法参见陈来《古代宗教与伦理》(生活·读书·新知三联书店 1996 年版,第 184 页)。

小人难保"(《尚书·康诰》),天命的趋向也就随着民意的变化而不断调整,因此而有了周人"天命无常"、"命不易哉"的觉醒,并由此产生出深深的敬畏心与恐惧感。在这种天命观下的民本观念中,天、民和天子构成了一种特殊的分立制衡关系,作为宇宙万物之主宰,天是最高宗教权威,也是最高的立法者,王朝的兴衰最终决定于天命;但天之决策所依据的乃是民心之向背,民是天帝在现实社会中的代言者与体现者,天帝将密切观察民意呼声,作为自己决定授命还是坠命的依据;天子掌握行政权力,其实只是天的行政代理人却不是代言人,天子于是从殷商时代的天意之无条件的代表者,下降为可以随时根据民意加以更换调整的天的受托人。在此种模式下,国君对于民的关系不仅仅是官民双方的关系,而首先是国君与天的关系,政治关系由此被提升到宗教信仰的层次,天与民的内在联系,比天与国君的联系更为内在和深刻,根据《孟子·梁惠王下》所引《尚书》逸文:"天降下民,作之君,作之师,惟曰其助上帝宠之。有罪无罪惟我在,天下曷敢有越厥志?""惟曰其助上帝宠之",赵岐注曰:"以助天光宠之也",上天所宠的是百姓而非天子,于是,在三者关系中,天子被同时被置于宗教与现实的双重监督制约之下,成了最为弱势的一方。当代人或许可以批评此种对于行政权力的制衡之一厢情愿,它也的确无法与现代社会中的分权制衡体系相提并论。但是,从历史眼光看,宗教信仰是影响人类行为最大的力量之一,这一基于伦理宗教的民本思想极大地提高了民的地位,只要天命信仰依然存在,这种对于由对天的敬畏而来的对于民的敬畏,就不能不对政治行为产生深刻影响。

在《尚书》各篇中,我们随时可以看到对于民意就是天意的提醒,以及那种发自内心的对于民众的敬畏与关切,《泰誓》说"天佑下民","天矜下民",《康诰》中要求对于黎民百姓"如保赤子",可谓情深意切。周公告诫成王要知稼穑之艰,是因为国君只有切身体察民众生活的艰辛痛苦,才能了解民众的心意,并因此听懂上帝的心声,以免被上天无情抛弃。《梓材》提出"无胥虐,至于敬寡",《康诰》要求"克明德慎罚,不敢侮鳏寡"，《无逸》要求"能惠保庶民，不敢侮鳏寡"。对于孤弱的同情以及"若保赤子，惟民其康"的呼吁，固然有对于孤儿寡母的人道同情，但是，《周书》中所表现的那种对于民的战战兢兢的心态，诰辞中提及庶民时屡屡出现的"不敢"，明确地昭示着此种态度之后的宗教背景。周公等人是在探寻天命的历程中领悟到民众的意义，没有这种宗教思维的背景，西周思想中的民绝不会有如此之地位。

天命论下的天民合一，是迄今中国的平民所曾获得过的最高的地位，这种地位说到底是通过自然宗教向伦理宗教的转移而实现的，"天民"地位的维系与天命信仰密不可分，主要取决于国王作为天命信徒的虔敬程度，一旦天命信仰出现危机，民众通过天帝的中保所获得一切神圣意义将如同白日海市蜃楼一般消散，民众就会重新从天上的云端坠落到冰冷的地上，不得不从天民再度复归为草民，至多成为维系家天下长治久安的工具而已。就此而言，西周的天民合一也必然是后无来者。只有现代民主制度，才通过现实的分权制衡和民众的选举权，将平民变"天民"的理想变成了现实，也将民之所欲天必从之的王道理想变成现实。

三、宗教深化与人文精神

德与民本思想，以及由此引起的一系列思想变化，的确表明西周文明中已经孕育出中国最初的人文精神，那么，早期人文精神与宗教之间究竟是何关系？徐复观提出："周人建立了一个由'敬'所贯注的'敬德'、'明德'的观念世界，来照察、指导自己的行为，对自己的行为负责，这正是中国人文精神最早的出现"[1]。又说："在忧患意识跃动之下，人的信心的根据，渐由神而转移向自己本身行为的谨慎与努力。"[2] 人文精神的最

---

[1]　徐复观：《中国人性论史（先秦篇）》，上海三联书店 2001 年版，第 21 页。

[2]　徐复观：《中国人性论史（先秦篇）》，上海三联书店 2001 年版，第 20 页。

早出现是客观事实，可是，敬德是否表明人自己指导自己的行为，只对自己的行为负责呢？是否意味着人的信心的根据，"渐由神而转移向自己本身行为的谨慎与努力"？由于西周之德显著不同于孔子后的德，德首先是天命而非人自身的德性，徐复观的上述说法仍然值得推敲，它至多包含着部分的合理性，敬德首先意味着对于上天负责，正是对于天的责任意识中才引发了人自身的责任意识，而信心的根据首先也在于天命。其实，周初诰辞表明，周公等人并没有表现出许多自信和信心，倒是表现出无处不在的焦虑与谦卑，担心其行为难以达到以德配天的要求。徐复观的上述结论，与他没有明确区分伦理宗教和自然宗教的不同有关，如前所引，他说："宗教的虔敬，是人把自己的主体性消解掉，将自己投掷于神的面前而彻底皈归于神的心理状态。周初所强调的敬，是人的精神……凸显出自己主体的积极性与理性作用。"[1] 这是将宗教的虔敬与人文精神置于了对立的两端，在自然宗教中的确如此，在伦理宗教中却未必如此，下面我们进一步考察西周宗教发展与人文精神发生之间的内在联系，以证明西周人文精神的出现，恰恰是宗教发展和宗教深化的产物。

方东美在分析中国古代的精神历程时，曾经引用查理·柯瑞纳的观点，认为古代文明最初经由宗教信仰而整合为一个完整的文化系统，科学、哲学、道德、艺术通过宗教被整合为一个"大全"，甚至国家都不得不屈从于宗教之下，国家本身就是宗教，这种整合使得古代文明获得了完整统一与精神生命。[2] 但是，现代社会则是各个领域出现"日益增长的分离和独立，直到最终出现的完全文化解体和混乱的危险威胁着我们的时代。内在的统一和重新发现完整的文化乃是目前要务。所谓的'极权主义'国家已经感受到了这种必要性，他们转向专制体制和警察国家以保

---

① 徐复观：《中国人性论史（先秦篇）》，上海三联书店2001年版，第20页。
② 参见方东美：《中国哲学之精神及其发展》，匡钊译，中州古籍出版社2009年版，第35页。

障高压下的缺乏内在根据的表面统一"①。查理·柯瑞纳此说揭示了古代文明的特征与现代文明的困局，前者通过将不同领域纳入宗教旗帜之下而建构了最初的文化统一性，却使得各个人文领域丧失了独立发展的空间；后者实现了各人文领域的独立发展和长足进步，却使得世界面临着意义失落的挑战。如何在分工发达的现代社会重建意义世界，的确是现代文明所面临的重要挑战。方东美认为，中国古代从尧帝时代开始"已经迎来了理性文化的曙光。此后神性与人的本质就大白于天下。狂怒和猜忌的概念与至上神无涉，其与普通人的关系不像暴君不当地治理其国家；自我否定和自我毁灭意图在思想中也不曾与人联系起来。天因其神圣性而被人永远尊崇，人具有与天之精神类同的尊严本性。"②尽管有《尚书·虞夏书》的文献，但甲骨卜辞表明，将理性宗教曙光追溯到尧帝时代显然为时过早，真正完成了宗教理性化转型和文明统一性建构的是殷周之际的宗教改革。它是如何完成了此种统一性建构的呢？

有学者注意到中国古代文明与巫文化之间的联系，马克斯·韦伯指出："中国这种天人合一式的哲学宇宙创成说，将世界变成一个巫术的园地"③，"这个巫术园地之得以保存，是因为儒教伦理本就有与其亲和的倾向"④，这一论断似乎忽视了儒教伦理与早期巫术精神之间的区别。李泽厚认为："巫的特质在中国的大传统中，以理性化的形式保存、延续下来，成为了解中国思想和文化的钥匙所在。"⑤那么，巫术精神特征究竟

---

① 方东美：《中国哲学之精神及其发展》，匡钊译，中州古籍出版社 2009 年版，第 36 页。
② 方东美：《中国哲学之精神及其发展》，匡钊译，中州古籍出版社 2009 年版，第 51 页。
③ 马克斯·韦伯：《中国的宗教：儒教与道教》简译本，台北新桥译丛 1989 年版，第 265 页。
④ 马克斯·韦伯：《中国的宗教：儒教与道教》简译本，台北新桥译丛 1989 年版，第 294 页。
⑤ 李泽厚：《由巫到礼 释礼归仁》，生活·读书·新知三联书店 2015 年版，第 10 页。

是什么,它与西周文明精神之间又具有怎样的联系呢？巫术的本质特征在于交感。卡西尔指出,现代人总是将我们的生活分为实践活动和理论活动两大领域,其实,这两大领域之下还有一个更为基本领域,"原始人是不会忘记这一点的,他的全部思想和全部感情都仍然嵌在这种更低的原初层中。他在的自然观既不是纯理论的,也不是纯实践的,而是交感的。"① 由此而产生出生命一体化的世界观。② 但是,这种交感并不意味着人自身力量的泯灭与消融,即使最为原始的巫术中也是如此。卡西尔认为:巫术"仪式的履行给他以一种新的它自己的力量感——他的意志力和他的活力。人靠着巫术所赢得的乃是他一切努力的最高度凝聚,而在其他普通场合,这些努力是分散或松弛的……它教会了人相信他自己的力量——把它自己看成是这样一个存在物:他不必只是服从于自然的力量,而是能够凭着精神的能力去调节和控制自然力"③。可见,古老的巫术仪式包含着人类自我意识的最早的觉醒与人的自我力量的肯定,尽管此种肯定还处于原始萌动之中。

从巫术到宗教是人类精神的一大转折,交感意识依然是宗教信仰的重要基础,不过,它在自然宗教和伦理宗教中具有显著差异。自然宗教中的超自然力量是没有善恶标准的,卡西尔指出:"没有任何宗教曾会想过要隔断甚至放松自然与人之间的联系,但是在伟大的伦理宗教中,这种联系是在新的意义上被系住并拉紧的。我们在巫术和原始神话中看到的那种交感联系并没有被否认或破坏,但是,自然现在是被从理性方面而不是从情感方面来探究了。……世界变成了一个大道德剧,而自然和人不得不在其中扮演他们的角色。"④ 交感的特征由此发生了根本变化:"正是这种普遍的伦理交感形式,在一神论宗教中,战胜了自然的或巫术

---

① 恩斯特·卡西尔:《人论》,甘阳译,上海译文出版社 2004 年版,第 115 页。
② 参见恩斯特·卡西尔:《人论》,甘阳译,上海译文出版社 2004 年版,第 115 页。
③ 恩斯特·卡西尔:《人论》,甘阳译,上海译文出版社 2004 年版,第 129 页。
④ 恩斯特·卡西尔:《人论》,甘阳译,上海译文出版社 2004 年版,第 139—140 页。

的生命一体化的原始感情。"① 因此,普遍的伦理交感形式中包含着人类自身力量的真正觉醒:"在所有这一切中,我们都感受到了人类的英勇奋斗,这种奋斗要摆脱巫术力量的压抑与强制;同时也看到一种新的自由的理想。因为在这种只有靠着自由,靠着自立的决定,人才能够与神灵交往。靠着这样的一种决定,人成了有神性的人。"②

殷周宗教革命经历着相似的精神历程,中华信仰经历了从自然宗教交感到伦理宗教交感的变化,正如卡西尔所说,如同在西方伦理宗教中一样,天人之间的联系并没有因为伦理宗教被削弱,实际上,它在一种新的意义上被系得更紧了。所谓更紧,不仅是指天人之间的盲目联系变成了自觉的联系,而且体现在道德性天命所照亮的区域进一步扩大,扩展到人的心灵世界及人与人关系的诸多方面,包括政治、伦理、礼仪、祭祀、法律。这种天人交感的广大与深化,其实是一种宗教的深化过程,是新的人文精神在新宗教中孕育、诞生和开拓发展的途径,是天人合一的深入发展,对于天人双方都具有深刻影响。如同卡西尔所说,在将人变成自立、自由的人的同时,也使得人"成了有神性的人",因为"在这里,只有靠着自由,靠着自立的决定,人才能够与神灵相交往"③。可见,在伦理宗教中,人文精神的开出与宗教的深化是如此密不可分地联系在一起,是同一个进程的两个方面,以至于如果我们否定了宗教深化本身,也就等于否定了人文精神。关于宗教发展与神秘主义的联系,卡西尔认为:"人类从道德义务走向宗教自由,不是靠某种造反来成就的,甚至就连柏格森也承认这一点。"从历史上讲,他认为应当是"真正宗教之精神的神秘主义精神并没有中断其连续性"④。这一分析符合宗教史的历史事实,也表明,那种将西周人文精神简单视为对于宗教约束的摆脱的看法,是过

---

① 恩斯特·卡西尔:《人论》,甘阳译,上海译文出版社 2004 年版,第 141 页。
② 恩斯特·卡西尔:《人论》,甘阳译,上海译文出版社 2004 年版,第 140 页。
③ 恩斯特·卡西尔:《人论》,甘阳译,上海译文出版社 2004 年版,第 140 页。
④ 恩斯特·卡西尔:《人论》,甘阳译,上海译文出版社 2004 年版,第 142 页。

于简单了，它并没有洞悉殷周宗教演变的本质。实际上，在西周伦理宗教中，对于天命的信仰越虔诚，由此激发的道德意识就越是庄严和坚定，宗教信仰和人文精神形成了一种正相关关系。牟宗三说："仿佛在敬的过程中，天命、天道愈往下贯，愈显得自我肯定之价值。表面说来，是通过敬的作用肯定自己；本质地说来，实在是天道、天命的层层下贯而为自己的真正主体中肯定自己。"[1]牟宗三此说，相比较徐复观的说法，更能揭示西周宗教中天命信仰与人文价值之间的关系，也对于天命价值有更为深切的体验。

由此分析，可以发现西周宗教深化之真正涵义。由于从帝到天的转化，经由"德"的媒介，促成了天对于社会事物的眷顾，使得天人交感的范围决定性地扩大了，扩大到君主的道德、社会伦理、民彝的制订、法律的实施、祭祀的仪式等。经过此一扩大，原来那个并不完全的交感世界得以在深化中完全，天人之间建立了全面的交感关系，一个整全的交感的信仰世界由此而诞生。卡西尔认为，沉浸于宗教祭祀和巫术舞蹈中的古代人，深信人与人以及自然中的一切事物都是融为一体的："宗教没有力量，也不可能压制或根绝这些最深的人类本能。它必须完成另一个任务——利用这些并把它们引向一个新的航道。对于'整体交感'的信仰是乃是宗教本身最坚实的基础之一。"[2] 在西周宗教中，此一天人交感的源头正是周公等人所体验到的天命，在此种交感之下，自然宗教下几乎所有黑暗的区域均被照亮，所有分割的社会层面都被连接起来，支离破碎的社会首次被组织成为一个有机的整体。此一天人交感的黏合剂最先由宗教所启发出来，其中又包含着人类道德理性的某种觉醒，它名字就叫作德。天德的神圣之光，首次照射进了世俗社会的各个层面，甚至连人的身体都首次显现出神圣的意义。[3] 德源自上天，照亮的却是大地，是

---

① 牟宗三：《中国哲学的特质》，上海古籍出版社 2007 年版，第 15 页。

② 恩斯特·卡西尔：《人论》，甘阳译，上海译文出版社 2004 年版，第 138 页。

③ 参见后文关于威仪观的论述。

社会的所有方面，成为贯穿一切社会领域的价值准则。

由于中世纪的基督教对于人性和人文的过度压抑，使得西方近代人文主义是在批判反抗基督教的过程中出现的，二者的对立与紧张不言而喻。但是，中华古代文明人文精神的初创路径与此不同。在汉语经典中，"人文"一词最早见于《易传》："观乎天文，以察时变；观乎人文，以化成天下。"《郭店楚简·语丛一》说："易，所以会天道、人道也。"中国古代思想始终从天道中寻找人道的源起，从天文中寻找人文的根基，从天人之际寻找价值的源头。宇宙中最伟大的精神力量，不是单纯的天命，也不是单纯的人文，而是天人之际的交汇与碰撞，它既使人生发出对于天命敬畏，同时又发现了自身所具有的领悟和实现天命的潜力；神依然具有无上的权威，却不再是与人完全异质的存在，人本身可以与天命天道相参，于是天道与人道、宗教与人文之间首次打通，天人之间的正相关关系因此而生成。因此，西周人道主义之黎明，是天人之间交汇和天人之际沟通的产物，是伦理宗教孕育激发的结果，忽视其中的任一方面都是不合理的。

指出中西方宗教在自然宗教向伦理宗教的转化上遵循了大致相同的路径，并不意味着殷周宗教革命的结果与西方一神教完全一致。两相比较，不仅所产生的至上神特征不同，天意显现的方式不同，天人之间联系的形式也不同。首先，犹太一神教的上帝的人格化极其鲜明，中华至上神的人格化色彩不但开始就不太鲜明，且处于不断下降过程中。华夏民族的至上神很少说话，不像基督一神教经典中那样，人类可以聆听到大段的上帝的独白。中华文明在其理性化过程中注定将逐渐失去那个人格化的天帝，儒教也必然演变为一种没有人格化上帝的人文宗教，这无疑将对民族精神与心态产生重大影响。其次，发现天意的途径不同。基督宗教中的神意，或者由上帝本人宣布，或者来自先知们转达。但是，由于华夏的天帝偏向于沉默寡言，甚至连作为周人受命代表的周文王都没有留下带有启示的话语。那么，是谁参透了上天的旨意并把它宣告于天下？是周公。中华伦理宗教的法则，实际上是文王行之，周公述之，所以，《中庸》称赞:"武王、周公,其达孝矣乎! 夫孝者:善继人之志,善述人之事者也。"其中隐含着对于周公等人发明文王之德与创立西周宗教的高度赞许。周公从文王的行为中发现了天命的秘密,并由此探颐索隐,稽古钩沉,打开了一个崭新的信仰世界。这里面无疑包含着他本人的深邃和卓绝的宗教体验。卡西尔指出:"没有伟大的创造精神,没有那些感到自己被上帝的精神所激励并且被指定去揭示上帝意志的先知们,宗教就绝不可能找到自己的道路……宗教并不来自本能也不来自理智或理性。它需要一个新的原动力,需要某种特殊的直觉和灵感。"① 推动殷周宗教革命重要灵感,正是来自周公对于殷周革命既往历史的省察与觉悟。他从民心向背所体现的巨大力量中领悟到了民意即是天意,他从孤儿寡母的呼告中听见了上帝的声音,他由此发现了天命的真正内涵是德,于是大声反复地疾呼"疾敬德",他对于康叔诰戒,几乎到了耳提面命的程度。当他将自己亲历的革命与古代历史联系起来,并对于既往的宗教与历史反思之后,一个全新的上帝从历史深处同时也从他的脑海中浮现出来,并颁发了新的天命,这正是"周虽旧邦,其命维新"的真正意义。天意只在某些特定历史关头向世人显现,而且只会向特定的圣贤们显现。周公的宗教直感与体验,贯穿于周初诰辞中,成为其中最为打动人心的部分。他本人的宗教直觉与灵感与他对于政治社会经验与洞察,发挥了关键作用,周公因此成为西周宗教的真正创立者,成为影响中国历史文化最为深远的卡里斯马式的人物之一。再次,由于伦理宗教的转型是通过政治途径进行的,这导致了它本身的局限,使天成为一个不完全的道德性至上神。卡西尔指出,在西方,随着一神化的伦理宗教的建立,"从现在起,人的日常生活实践中,没有一个个别步骤在宗教和道德意义上被看成是无关紧要和中立的"② 。但是,西周宗教尚没有实现此种普遍性,天的主

---

① 恩斯特·卡西尔:《人论》,甘阳译,上海译文出版社2004年版,第142—143页。
② 恩斯特·卡西尔:《人论》,甘阳译,上海译文出版社2004年版,第140页。

要职责是决定政权转移与政治伦理，它极大地提高了民的地位，却没有直接颁布与大众生活相适应的训诫律令。它对于大众的影响是间接的，是通过王公贵族实现的，就信仰层面而言，西周宗教中的天帝主要是王公贵族的上帝而不是普通人的上帝。同时，由于不关注死后去向，无法为普通人解决安身立命的寄托，这一问题只能通过祖神信和其他民间信仰来解决。普通人的信仰，依然停留在自然宗教时代，普通大众的神依然是多神教的自然神而非道德神。即使是周王室本身，也同样继承了殷商宗教中龟卜传统、祖神崇拜以及对于自然神灵的信仰祭祀。通灵巫术依然顽强地存在于民间，以至于形成了"有天下者祭百神"的奇观。也就是说，这一场宗教革命是不完全的，新的道德性至上神没有统一信仰的版图，将全体国民纳入自己的统领之下，而是将自己主要限定于政治领域，并与那些历史悠久的祖神和自然神信仰同时并存。这决定了中华宗教的层级化和非制度化形态，非制度化的多神教与传统宗法社会相结合，一直维系到晚清覆灭才被打破。最后，天人关系模式与基督宗教不同。基督宗教对于上帝的崇拜，导致了人的罪感，人只有彻底否定自己（包括人类的理性）才能真正皈依上帝。因此，对于上帝的信仰与人自我价值的肯定是彼此对立的，可是，正如牟宗三指出的："在'敬'之中，我们主体并没有投注到上帝那里去，我们所做的不是自我否定，而是自我肯定。"① 虽然不能说西周已经开辟出人的道德主体意识，其中蕴含着人的道德意识之觉醒却是不争的事实，对于天命的信仰并没有导致对人性的彻底否定与过度压抑，因而最终走上了天人合德的君子之教。

西周宗教是中华伦理宗教的典范形态，就宗教信仰和人文精神而言，二者保持着十分精微而难得的平衡态。一方面，宗教的深化并没有完全压倒和否定人之价值，而是进一步将人本身的主动力量激发了出来；另一方面，人文价值的彰显并没有否定至上神的作用与意义，反倒成为实

---

① 牟宗三：《中国哲学的特质》，上海古籍出版社 2007 年版，第 15 页。

现天命的手段与形式，崇德与民本正是要遵从天命求得上天的眷顾以永命的手段。西周宗教既不是后来心性化的内在超越，也不是基督宗教式的否认人之价值的外在超越，而是一种内外平衡的中道超越，此种平衡的境界在孔子的信仰精神中依然可以看出，是孔子精神与人格的重要源泉。这种中道超越的人格既有圣徒般的虔诚与执着，使得自身能够与伟大的超越精神相连接；同时，又因此而焕发出人自身的巨大潜能，从而创造出《易传》所称"与天地合其德，与日月合其明，与四时合其序，与鬼神合其吉凶"的圣贤气象。这种人格的精神力量正在于将天命信仰与人文道德的有机结合，从而达到前所未有的精神高度，《中庸》赞曰："大哉圣人之道！洋洋乎！发育万物，峻极于天。优优大哉！礼仪三百，威仪三千！"圣人之道之大，正体现在它一方面"峻极于天"，同时又落实于"礼仪三百，威仪三千"的人文建构中，由此而催生出"尊德性而道问学，致广大而尽精微，极高明而道中庸"的中华圣人风范，周孔为其最高典范。在中华文明史上，敬畏天命者无过于周孔，而人文精神之昂扬卓越亦无过于周孔，孔子晚年哀叹"吾不复梦见周公矣"，正是儒家两位旷世大圣之间声气相通、心心相印的明证。

但是，由于天之人格化色彩较淡，没有为人死后的超验世界作出具体安排，它吸引普通人心的力度不能不逊于救赎型宗教；同时由于天命功能主要通过政治治理来实现，它本身的超越性不能不深受政治变迁的影响，而在专制政体中，政治是最为变幻莫测之事。所以，这注定是一种脆弱的平衡，它的基础是不稳固的。到了西周末期，由于政治腐败和社会失序，《诗经》中出现了众多向上天发出求告和呼吁甚至谴责的诗篇，例如"天降丧乱，灭我立王"（《大雅·桑柔》），"旻天疾威，敷于下土"，（《小雅·小旻》），"瞻卬昊天，则我不惠，孔填不宁，降此大厉"（《大雅·瞻卬》），"浩浩昊天，不骏其德，降丧饥馑，斩伐四国"（《小雅·雨无止》）。这股呼天怨天思潮的出现，一方面证明了西周人信仰天命之真诚，同时也是那个脆弱平衡被打破的讯息，巨大的失望后面，正反映出曾经有过的虔诚。方东美指出："这时宗教体验的感情意义,因为若干因素趋于衰微。由于周厉王和周幽王统治时的政治腐败所导致的外来蛮族入侵和内在道德邪恶滋生,这给人民带来无法忍受的灾难并扰乱了他们习惯上所相信的统治者受命于天,这进一步腐化了普遍接受的'天命'论……这些政治上的恶徒,将上天与神明放逐于不忠不敬之领域,等待哲学家们来加以拯救。但被拯救之后的神明,从原本富于值得敬畏崇拜之力量和具有对人的外在拯救之功效的神秘情感之神转变为理性思考的'哲学之神'。"① 那个给华夏民族带来了人文道德之光的人格化天帝因此退隐,其精神则需要轴心时代即将登场的哲人们来拯救,天帝和天命的时代结束了,天道和天理时代即将开启。

(作者单位:中国社会科学院世界宗教研究所)

---

① 方东美:《中国哲学之精神及其发展》,匡钊译,中州古籍出版社 2009 年版,第51—52 页。

"旧邦"何以能够"新命"*

——从文化中国和精神信仰角度看

郑　开

　　从世界历史的角度看，世界诸古代文明几乎都衰颓甚至陨落了，曾经辉煌的古老文化要么逝入了过去的无边黑暗，要么只是弥留于天际的一抹残阳。然而，中国却似乎是一个例外！古代中国文明领先世界长达两千余年，在经历了近代以来两百多年的曲折屈辱的血泪史之后，现在的中国又与日常新，呈现出了不可阻遏的民族崛起趋势，以及恢宏壮阔的文化复兴前景。这是不是世界文化史上仅见的孤例？中国文化历尽劫难的曲折命运、百折不回的生机活力似乎是一个难以捉摸的谜，促使我们深入思考并试图理解中国文化何以能够将"新命"寓于"旧邦"，或者说"旧命"何以能够"新命"的原因，探讨中国文化既古老又年轻，既内蕴于历史又显示出活力的动力，特别是当以欧美为代表的历史资本主义的发展已隐约出现了盛极而衰的征兆之时，省思中国文化的独特路径和普遍价值，以及其与日常新的内在动因，尤其具有重要的理论价值和现实意义。

　　应该说，有了近现代以来的历史纵深（它是对古代历史的突破）和现代性建构的视野，可以推动我们从不同层面和不同角度深入分析探讨中

---

* 原文发表于《江浙文化》第三辑（2017 年），此为修订版。

国文化的基本特征和独特规律。我们这里试图从思想史角度分析探讨早期（确切地说就是西周春秋时期）文化史上的精神遗产之于中国文化的基础性作用。毕竟"一切历史都是思想史"，当科林伍德这样说的时候，他强调的是探求历史表象背后的人文动机，而历史之不同于自然过程正在于历史发展受到了人文动机的支配或左右。我们尝试探讨的问题是中国文化的精神基础与内在动力，具体地说就是肇源于殷周之际文化转折所形成的悠远精神传统，进而探讨更广泛、更普遍的文化命运问题。

一、轴心时代与经典传统

雅斯贝斯曾提出"轴心时代"概念审视世界历史，并说明历史与现实间的关系。[①] 我们认为"轴心时代"概念对于理解和把握中国历史文化尤为重要。

纵观长时段的历史，中国思想文化世界中特别重要的"思想传统"和"精神气质"肇源于殷周之际，进一步突破于春秋战国之交，奠基于秦汉之世。换言之，早期中国思想文化之遗产，可谓中国文化的历史源泉和精神基础，是中国文化进一步发展的内生动力与思想基础。还需要进一步强调的是，这种"思想传统"与"精神气质"出现于殷周之际且进一步突破于春秋战国时期，并最终成熟于秦汉之世，它的发展经历了三条极其重要的历史分界线：

第一条历史分界线是殷周之际。诚如王国维《殷周制度论》予以了深刻阐明那样，它不仅仅意味着"小邦周"代替"大邦殷"的政治意义上的革命，也意味着早期国家形成和思想文化的革命性转折，西周以来的"制礼作乐"对于后世的深远影响无论怎么估计都不会过分。这是中国

---

① 参见雅斯贝斯：《历史的起源与目标》，魏楚雄、俞新天译，华夏出版社1989年版。

古代文明史的重要开端，也是思想史的重要起点（经典化已然启动），同时也是文化史上的黎明期。

第二条历史分界线是春秋战国之交。春秋末年、战国初期也出现了一场极其深刻的政治社会结构性变动，可以说是"旧制度"遇到了"大革命"，孔子称之为"礼崩乐坏"（制度风俗失序），庄子称之为"古人之大体，道术将为天下裂"（学术思想紊乱）；同时，政治社会层面的失序也酝酿了精神思想领域内新的发展契机，直接触发了诸子百家蜂起，引发了思想史上惊人跃进——"哲学突破"①，这不仅是经典化的新时代，也酝酿产生了新的经典传统。

第三条历史分界线是秦汉之世。它的标志是废墟上重建了政治文化诸层面空前一统的王朝。汉承秦制而后的"百代皆沿秦制度"，表明了秦汉国家社会形态是历千年而不废，成为古代中国社会政治的基础。同时，语言文字上的统一，文化思想上的融合与整合，经典化过程的最终完成，又奠定了思想传统与精神气质的基本格局。

这三条历史分界线之间正是雅斯贝斯所称的"轴心时代"，它们在思想文化史上的意义极为深刻。一方面，它们标明了社会政治以及思想文化上的深刻转型；另一方面，它们又将早期历史划分为两个极其重要的阶段：一个是殷周之际到春秋末年、战国初期的"前轴心时代"，一个是春秋末年、战国初期到秦汉时期的"轴心时代"。② 我们之所以启用了"前轴心时代"和"轴心时代"概念来刻画"早期"历史进程，是因为（正如提出"轴心时代"概念的雅斯贝斯所指出的那样）它影响了整个古代乃至近现代历史运动的轨迹。同时，我们还认为，中国早期思想史和哲学史的开展呈现出某种具有很强连续性的特点，因为从"前轴心时代"到"轴心

---

① 陈来：《古代宗教与伦理：儒家思想的根源》，生活·读书·新知三联书店1996年版，第5页。
② 参见郑开：《德礼之间——前诸子时期的思想史》，生活·读书·新知三联书店2009年版，第17—22页。

时代"的发展，无论是文化整体还是思想传统，都具有显著的绵延不绝同时又与日常新的特点：绵延不绝是指历史过程的连续性，而不同于西方历史过程中习以为常的断裂式发展；与日常新意味着创新与转折，特别是思想方面的创造性转化。

进一步的分析表明，"前轴心时代"的思想主题以"德"的观念为核心，由于"德"乃是这一历史时期无所不在的"精神气质"，所以不妨称之为思想史之"德的时代"。[①]"轴心时代"的重要标志则是"哲学突破"，具言之，就是围绕着"道"的概念进行深切而动人的沉思，对"名"予以深刻而彻底的理论性反思，在天人之际的视野以及身心交互的复杂作用下展开的对人性问题的洞见，等等，所以"哲学突破"又可以称为"道的突破"。实际上，这两个时期的思想遗产乃是我们取之不尽用之不竭的重要资源。

"轴心时代"（含"前轴心时代"）的文化路径与思想遗产仿佛历史的河床，制约着流水的曲折走向。换言之，中国文化的一个重要历史规律在于：她往往通过回溯早期思想文化的渊源而汲取进一步发展动力，也就是说，她往往凭借某种历史的张力找到创造新文化的源头活水。可见，"轴心时代"概念对于我们理解和解释古代中国文化及其现代意义尤为重要，因为中国文化特征之一就是总是怀着某种乡愁的冲动返回自身的历史深处重新激活创造的活力。这种回溯性、继承性很强的文化传统，足以说明中国文化之所以不同于其他古代文化的一个特点：她仍是一种未曾断裂的、仍然活的传统，或者说是"活的传统"、"生成的传统"。[②]可

---

① 参见郭沫若：《青铜时代》，《郭沫若全集（历史编）》第一卷，人民出版社 1982 年版，第 336 页；陈来：《古代宗教与伦理：儒家思想的根源》，生活·读书·新知三联书店 1996 年版，第 291 页；郑开：《德礼之间——前诸子时期的思想史》，生活·读书·新知三联书店 2009 年版，第 392 页。

② "活的传统"详见张岱年：《中国哲学中死的与活的》，《中国哲学史大纲》，《张岱年全集》第二卷，河北人民出版社 1996 年版，第 615 页；安乐哲（Roger Ames）：《活着的中国哲学》，《孔学堂》2015 年第 1 期。中国传统哲学"生成的传统"详见李祥俊：《中国传统哲学精神与现时代》，中国社会科学出版社 2011 年版，第 2—3 页。

见，中国文化史的基本规律表明，历史与现实并互作用莫分彼此，而奠基性的早期文化史尤为重要，同时，其现时代的创造性亦值得特别关注。过去有的西方学者误以为中国历史停滞不前，中国文化凝固不变，其症结在于没有深入认识到中国历史文化之内在规律。现在，我们或许应该在这种历史与现实、回顾与瞻望的恍然交错之间，把握"旧邦新命"这样一个关系到中国文化历史命运的深刻命题。

"轴心时代"之所以特别重要，还有一个原因就是它也是经典化的时代，换言之，思想文化经典亦创造于这一时期。可以说，经典传统乃轴心时代突破的重要结果。章太炎曾指出，中国文化思想之核心经典几乎皆出于秦汉以前时期，可谓一字一金。需要特别强调的是，通过著述、讲习和传承而绵延不绝的"经典之学"，不仅酝酿了强韧的"思想传统"，亦孕育了独特的"精神气质"。例如，"五经六艺"，作为中国思想文化重要渊薮，其经典化过程也是在西周春秋时期启动的，这难道仅仅是巧合？汉语记录的历史文献举世无双（梵文次之），这难道纯属偶然？战国秦汉之世，"经典化"更是踵事增华、推陈出新（经典之学早已不限于"五经六艺"了），迄两汉之际，经典化过程已基本完成。倘若找出贯穿"五经六艺"以及诸子百家著述中的思想内容和精神气质的话，它不是别的，正是围绕着"德"、"道"诸概念建构起来的思想世界，其中包含了丰富的政治社会和思想文化诸方面内容。冯友兰在其名作《中国哲学史》两卷本中将中国哲学思想史划分为子学（先秦时期）与经学（两汉以后）两个阶段，试图以此理解并阐明中国思想史上的解释传统。所谓"经学"就是通过传记注疏对经典文本进行解释，并以这种形式阐述思想；当然这种经典解释的模式和思想展开的方式是与古代中国长期绵延的大一统体制相匹配的。

古代中国文化中的优雅传统令人瞩目。而这种优雅传统不正是通过《诗经》、《楚辞》、汉赋、屈陶李杜的不朽篇章呈现出来的吗？不正是通过"五经六艺"、孔孟老庄展现出来的吗？"经典之学"使得人们可以与古哲进行思想交流和心灵对话,赋予人们现实性和历史感。传世经典亦通过不断被阅读、被阐释而焕发了新的活力。这种强有力的经典文化传统卓尔不群,岂能小觑!

"经典文本"和"经典之学"并非凝固不变,而是通过创造性阐释而回应时代命题,使过去与现在彼此交融。这不正是中国哲学的根本特点之一吗?

以上讨论可以说是寻求解答"旧邦"何以能够"新命"的钥匙,因为轴心时代和经典传统可以部分解释了"旧邦新命"的历史张力。下面拟进一步讨论几个问题,例如政治理念与精神气质、民族凝聚力与文化向心力、返本开新与旧邦新命诸问题。

二、政治理念与精神气质

中国早期文化显然而重要的特点就是以政治控驭为中心的原则。轴心时代酝酿形成的独特"精神气质"曾集中体现为政治理念,而伦理美德亦不能不诉诸政治美德,或者说伦理意义上的美德观念是通过政治上的合理行动原则确立起来的。陈来说:"早期文献中肯定的德及具体德目,大都体现于政治领域,或者说,早期的'德'大都与政治道德有关。……中国文化早期价值理性的建立,首先是通过三代政治对政治道德的强调而开始实现的,是这样一种与政治密切相关的方式在政治文化领域里滋养起一种精神气质(ethos),而逐步建立起来的。"[1] 也就是说,这种精神气质首先体现为一种政治理念,即德政意识。周初创设的礼乐制度可以说包含了这种政治理念,其根本特点就是大幅度节制野蛮杀戮和暴力征伐,以某种更合理的柔性方式处理政治问题,从而使政治原则更趋合理,

---

[1] 陈来:《古代宗教与伦理:儒家思想的根源》,生活·读书·新知三联书店1996年版,第296—298页。

亦使政治理念濡染了浓厚的人文精神因素，显示出古代中国的政治理念早已摆脱了"丛林法则"的支配。《诗》云："惠此中国，以绥四方。""柔远能迩，以定我王。"(《大雅·民劳》)"申伯之德，柔惠且直。揉此万邦，闻于四国。"(《大雅·崧高》)"仲山甫之德，柔嘉维则。"(《大雅·烝民》)《尚书·洪范》曰："乂用三德：一曰正直，二曰刚克，三曰柔克。平康正直，强弗友刚克，燮友柔克。沈潜刚克，高明柔克。"郑玄注曰："克，能也。刚而能柔，柔而能刚，宽猛相济，以成治立功。"可见，"惠此中国，以绥四方"以及"柔远能迩"、"宽猛相济"的政治理念已经确立。孔子所向往的"德政"，孟子所推崇的"仁政"，两汉时期所艳称的"德教"或"礼教"，其实就是这种政治理念的流风余韵。

我们进一步通过若干思想史的片段透视"德政"之于古代社会的意义。西周可以说建构起了较成熟的早期国家，其原因不能不从周人推行的具有德政色彩的政治措施当中去寻找。我们知道，夏、商、周三代的政治空间里布满了称作"邦"、"方"、"国"的政治组织，它们大多数可以称为"氏族血缘团体"[①]。《左传》、《国语》和《吕氏春秋》诸书都记载了当时"天下万国"的情形，即便是周初，至少还有八百诸侯。但是，由于周初封建的推行，方国数量迅速减少，这不能不说是作为政治共同体的周王朝的卓越成功。其中"怀柔远人"应该说是周初政治势力扩张的重要原因之一。春秋以来，"德以柔中国，刑以威四夷"(《左传·僖公二十五年》)更成为一种重要的政治原则，也是春秋时期政治思想和文化精神的主流，而且影响后世极为深远。春秋时期所谓"王道"，就是诉诸"德"而不是单纯的"力"。总之，贬抑"以力服人"的"霸道"、推崇"以德服人"的"王道"乃西周春秋以来政治语境中的支配性话语。春秋战国以来，人们对尧舜的追想，实际上包含了关切"王道"的人文动机，传说中的"尧教化及雕题、蜀、越，抚交趾"(贾谊《新书·修政语上》)，汤"德及禽兽"，都

---

① 沈长云：《上古史探研》，中华书局 2002 年版，第 344 页。

反映了这种意识。传世文献中都记载了大禹治水的故事，例如《诗·长发》、《书·禹贡》，郑玄解释说："禹治水傅土，言其德能大中国也。"（《周礼·春官·大司乐》注）地理意义上的中国古称"禹迹"①，那么，禹能够扩大中国的政治版图，依赖的正是德的精神气质的凝聚力和感召力。从商周墓葬的考古发掘看，西周以后人殉的现象几乎绝迹，这是不是可以从一个侧面看出西周政治理念和文化精神的进步呢？

总之，"以德治国"、"怀柔远人"的政治理念与实践智慧源远流长。直到今天，我们仍需要饮水思源，回到历史深处，汲取进一步创造的动力。因为"德政"理念的核心之一就是施惠于他者，在秩序与和谐之间找到平衡，从而促进不同来源、不同层面的文化整合以及彼此差异的文明融合，这一点，在"文明冲突论"徜徉于世的今天难道没有意义吗？

春秋战国之交的诸子百家亦热衷讨论政治问题，因为他们对于时政都有深刻的切肤之痛，同时也意识到如何建构抑或维系一个更好的、更合理的政治社会制度关系到每一个人的福祉。儒家疾呼"正名"，鼓吹德政和仁政，宣扬诗教和礼教，出于对礼崩乐坏的忧思，对刑罚暴政的抵制；道家无为政治哲学的重要洞见就是，人类社会的一切制度设施都是有其不可避免的局限性的，如果要从人性异化的可悲状态中解放出来，摆脱社会政治以及意识形态的宰制，不屈不挠的反思与批判必不可少；墨家建言尚贤尚同、兼爱非攻以及天志明鬼，代表了沉默的大多数，也就是下层民众或草根阶级；法家推崇法治，要求"一断于法"，最有力地推动了古代政治理念和政治制度设施的转型，可谓"古代的现代化"；阴阳家的五德终始说也是作为一种政治理论发生历史影响的；名家比较抽象的名辩，往往也是为了阐发"古之明王"之道的。可见诸子百家特别关注政治问题，秦汉时期的黄老和儒家经学甚至具有了某种意识形态的意味，影

① "禹迹"语见《诗经》、《尚书》、《左传》等文献，例如《左传》襄公四年："芒芒禹迹，画为九州。"亦见于《秦公簋》、《齐侯镈钟》等器。

响至为深远。这种强烈关注于政治的思想取向既体现了中国文化以政治控驭为中心的特点，又反映了某种精神气质，即强烈关注现实生活与政治的精神气质。因为，在大多数古代哲人，都不愿意把出世和沉湎于俗世当作自己的生活最终目标，因而都试图协调出世与入世之间的矛盾，寻求理想性的政治期望与现实的生存困境之间的均衡感。这种均衡感酝酿了中庸、中和以及守中的精神气质。比如说，儒家学者既讲究坚持原则，又没有忘记强调展现灵活性，也就是说他们希望在"经"与"权"之间找到平衡，达成和谐。

近代以来，批判和否弃中国古代政治传统的思潮席卷天下，与西方思想的传播和接受互为表里，其目的仍在救亡图存，寻求重建中国文明的途径。问题在于，舶来的西方思想学说能不能救中国，传统的思想资源能不能救中国？事实表明，重建中国文明的道路艰难曲折，任何一种思想或理论，如果不能与中国固有的文化历史现实有机结合，并予以创造性转化，那就仅仅是空论而已！既然传统的、历史的和文化的东西是我们必须面向的社会实在，那么我有什么理由不回到历史的深处，以复古为解放，开掘新的源头活水呢？实际上，中国传统政治理念和治国经验，正如钱穆在其《中国历代政治得失》中梳理和剖析的那样，尺有所短寸有所长，更有许多值得借鉴和继承的地方。可见，在传统与现代、理想与现实之间重新找到均衡感，超然于激进与保守之上，回归真正的守中和执中之道。这一点，从一个长时段的角度看，仍是一个有待于完成的探寻。

三、族群凝聚与文化认同

古代思想世界中很少有孤立于社会或族群的个人。这一点反映在古代哲学所讨论的群己关系中。孟子把那些游离于社会之外的人称为"野人"，实际上从文化和文明角度不承认其为人，因为在儒家看来，人的社会文化属性才是人之为人的根本。庄子也同样否定了孤立的个人概念，虽然他强调"独与天地精神往来"，因为庄子以为每一个个体的存在都不是孤立的，都与宇宙间其他个体密不可分。庄子所说的"化"不仅仅是郭象所理解的"独化"（孤立个体），同时也是"物化"（天地与我并生万物与我为一）。可见，古代哲人认为，每个人都是从祖祖宗宗到子子孙孙繁衍链条中的一环，抑或是宇宙长流中的一个片段：我与他者是交互性的。西方政治社会理论中的个人主义，其思想基础匹配于哲学上的原子论；现代原子论（比如说粒子物理）已然揭示出原子论理论中的坚不可摧的孤立粒子是不合逻辑的，因为我们找不到所谓的基本粒子，而那些最小、最基本的粒子（例如夸克）早已与能量分不清彼此了。换言之，以个人为出发点的西方社会政治理论的哲学基础或科学基础已然崩溃，另一方面，中国哲学关于群己关系的讨论和认识应该得到正视和进一步的研究。

有不少学者质疑炎帝和黄帝的真实性，林毓生激烈抨击了古代思想史中的圣王传统。然而，炎黄以及古代圣王观念的意义只能从思想史语境中寻找答案。也就是说，包括炎黄尧舜在内的圣王观念出现于思想史的必然性是什么，才是问题的关键。自古以来华夏民族皆自称"炎黄子孙"，尊祀黄帝、炎帝为"人文初祖"，是中华民族的象征符号。然而，司马迁却说："学者多称五帝，尚矣。然《尚书》独载尧以来；而百家言黄帝，其文不雅驯，荐绅先生难言之。孔子所传宰予问《五帝德》及《帝系姓》，儒者或不传。……予观《春秋》、《国语》，其发明《五帝德》、《帝系姓》章矣。"（《史记·五帝本纪》）这就是说，黄帝传说丰富而且流传甚广，但却未必就是"信史"，仅仅是传说而已。实际上，"黄帝"不见于《诗》、《书》等早期经籍，祀典里的"黄帝"亦始见于秦灵公时"作吴阳上畤，祭黄帝；作下畤，祭炎帝"（《史记·封禅书》）[1]。但无论如何，黄帝传说虽然扑朔

---

① 参见顾颉刚：《史林杂识初编》，中华书局1963年版，第177页。

迷离,仍有斑驳的史影隐约其间。① 有趣的是,春秋战国时期的黄帝传说特别丰富,原因何在? 《国语》中的一段话值得注意:

> 黄帝之子二十五人,其同姓者二人而已,惟青阳与夷鼓皆为己姓。青阳,方雷氏之甥也。夷鼓,彤鱼氏之甥也。其同生而异姓者,四母之子别为十二姓。凡黄帝之子,二十五宗,其得姓者十四人为十二姓。姬、酉、祁、己、滕、箴、任、荀、僖、姞、儇、依是也。唯青阳与苍林氏同于黄帝,故皆为姬姓。同德之难也如是。昔少典娶于有蟜氏,生黄帝、炎帝。黄帝以姬水成,炎帝以姜水成。成而异德,故黄帝为姬,炎帝为姜,二帝用师以相济也,异德之故也。异姓则异德,异德则异类。(《国语·晋语四》)

这里记叙的黄帝的传说和谱系,反映了春秋战国时期民族融合的现实诉求,而中华民族的雏形也恰好形成于春秋战国时期,所以从凝聚诸氏族部落为一个整合民族,就需要追溯一个各民族所共同的始祖——"种族的偶像","黄帝"及其传说于是乎被炮制出来。《管子·地数》说:"黄帝……欲陶天下而以为一家。"正反映这种思想趋势。可见,围绕黄帝的记述(例如黄帝与蚩尤战于阪泉之野)很可能反映了历史叙述对于民族国家的整合作用。史册记载表明,不仅夏、商、周,居于边缘的吴、楚、越、秦皆黄帝之苗裔。顾颉刚曾说,战国秦汉以来的古史系统是由不同时代的神话传说"层累造成的",而"战国、秦、汉四百余年中,为了阶级的破坏,种族的混合,地域的扩张,大一统制度的规划,阴阳五行原理的信仰,以及对于这大时代的扰乱的厌倦,立了许多应时的学说,就生出了许多为证实这些学说而杜造的史事"②。可见,"中华民族"是一个开放、多元、

---

① 参见徐旭生:《中国古史的传说时代》,文物出版社 1985 年版。

② 顾颉刚:《战国秦汉间人的造伪与辨伪》,载吕思勉、童书业编:《古史辨》第七册(上);另外参见李亚农:《西周与东周》,上海人民出版社 1956 年版,第 5—6 页。

包容的概念，自古而然；换言之，"中华民族"是融合了不同种族、民族的混血民族，"中国"亦非一个画地为牢的概念。

《国语》叙述黄帝谱系时嵌入了"德的话语"，司马迁撰写《五帝本纪》时依据的材料之一是载于《大戴礼记》的《五帝德》，其中更不乏"德的话语"的隐约作用。可见，"德的话语"也用以表述民族凝聚与整合。《左传·昭公二十四年》引《大誓》曰："纣有亿兆夷人，亦有离德。余有乱臣十人，同心同德。"更表明了"德的话语"及其代表的人文理性出现于族群关系的语境之中，这是族群凝聚和文化认同的重要原则。

春秋以来，华夏诸民族面临着生死存亡的深重危机，所谓"南夷与北狄交，中国不绝若线"（《公羊传·僖公四年》）。然而，春秋时期"中国"疆域范围更为扩张，恰好与周德衰微的政治态势形成了强烈的对比，同时这也表明，"中国"和中华民族的形成更多地依赖于民族融合和文化凝聚，而不是单纯的政治扩张和军事征服。荆楚和吴越诸国都属于"蛮夷之邦"，入春秋之后渐渐同化于华夏集团，所谓"进于中国"，所以"中国"范围日益扩大。[①] 自春秋以降，诸夏与诸戎之间持续进行着"逐鹿中原"的斗争与较量，旷日持久，然而历史的结果却表明，春秋时期尽管"礼崩乐坏"、"蛮夷猾夏"，周王室已处于风雨飘摇之中，"中国"的疆域反而有增无已；诸夏民族又混合了新的血液，物质和精神财富的创造更是空前。其中原因非常耐人寻味。

史册记载表明，"中国"周边的少数族裔，如东吴之太伯、朝鲜之箕子、粤南（庄乔）、楚（熊蛮，屈子所称高阳之苗裔）和蜀的先祖（高阳之苗裔），皆炎黄之苗裔。显然古代时期的民族凝聚、建构与认同机制受到了那种无所不在的精神气质的左右。有的论者在追究、探讨边裔民族华夏化过程时，反复强调说，华夏的形成，依赖共同的起源记忆来凝聚，是一种"主观建构"，显然是本末倒置。实际上"文化认同"并非抽象的东

---

① 参见童书业：《童书业历史地理论集》，中华书局 2004 年版，第 19、22 页。

西，而是匹配于前述政治理念与精神气质的。

春秋时期严于夷夏之防。《春秋》经传的意义，据章太炎先生说，具有那种"民自知贵于戎狄，非《春秋》孰维刚是?"(《国故论衡》)的重要意义。实际上，《春秋》精义之一就是它提出并强化了一种文化认同原则，即判别夷夏的关键并不在血缘和种族，而在于制度和文化——即礼。陈寅恪曾指出，判别夷夏的标准，与其说是血缘，不如说是文化。顾颉刚亦曰："自古以来的中国人只有文化的观念而没有种族的观念。"① 因此文化认同尤其有意味而且重要。孟子曾说，虽然舜是"东夷之人"、文王是"西夷之人"，却"得志行乎中国，若合符节"(《孟子·离娄下》)。董仲舒曰："不予夷狄而予中国为礼。"(《春秋繁露·竹林》)韩愈亦曰："孔子之作《春秋》也，诸侯用夷礼则夷之，进于中国则中国之。"(《原道》)那么，古代中国的文化认同的核心就可以顺理成章地归结为"德"、"礼"两端。

古代哲人反复强调的是文化认同而不是种族差异，这无疑使得古代中国的文化认同意识深邃而开阔。《论语》记载子夏语曰："四海之内皆兄弟也。"(《颜渊》)《礼记》说："圣人耐(能)以天下为一家，以中国为一人者。"(《礼运》)这里面何曾有狭隘的民族主义?文化认同感总是能够在民族危亡之际激起救亡图存、抗御外侮的民族精神，强化民族的凝聚力和自信心。这样一种超越了狭隘民族观念的文化认同原则和机制，奠定了"文化中国"的基础。而以文化认同为基础和特征的"文化中国"正是通过反复回归到历史记忆深处，有力维系而且往往有效地重建了"文化中国"。华夏文化具有包容性和开放性。中国文化的抟聚力与包容力，使其活力与韧度，均非任何政治力量可以用比拟。② 无论古今，中国境内的民族矛盾常因文化认同原则而消弭于无形，使得中国自古以来就具有很强的民族凝聚力和文化向心力，它不是由国家机器的强制或者武力的

---

① 顾颉刚：《中华民族是一个》，《中国现代学术经典·顾颉刚卷》，河北教育出版社1996年版，第774页。

② 参见许倬云：《西周史》，生活·读书·新知三联书店1994年版，第315—317页。

胁迫所达成。这是不是中国文化的独特规律呢？

罗马帝国缺乏某种内在精神作为文化认同的基础，从而凝聚整个社会，并在（政治）危机时重建政治、社会秩序。所以罗马既没有希腊思想传统的光荣，又遭到基督教之侵蚀，仅依靠世俗的法律体系实际上难以维系古代帝国的长久国祚；相反，古代中国却因政治理念、精神气质、民族文化认同原则建构了政治模式、文化认同和精神信仰的深厚基础，从而推动中国古代文化发展历经风霜雪雨而绵延不绝，数千年文明一气呵成，成为古代文明没有中断并且与日常新的孤例。

四、返本开新与旧邦新命

纵览殷周之际到近现代逾三千年的恢宏历史，轴心时代以来的政治理念、精神气质和文化认同的持久影响滋育了中国人自觉而强烈的历史文化意识，而这一切又诉诸经典之学的传习和解释呈现出来。如果我们尝试概括中国文化最令人瞩目的特征的话，这几点不容忽视。

我们知道，古代文化或古代文明能够流衍于今的并不多见，不少古代文明和古代文化都陨落了，就是说，"旧邦"不见得就有"新命"。冯友兰先生深信中国文化具有强大的生命力，在仓皇辞庙匆忙南渡之时，他仍坚信这一点。实际上这是一种强韧有力的历史文化意识，是古往今来哲人们的共识。

实际上，那种自觉而强烈的历史文化意识甚至比近代以来"你方唱罢去登场"的流行观念以及诸意识形态更强韧、深刻、有力。换言之，决定了"旧邦"何以能够"新命"的经典学术、政治理念、精神气质和文化原则，足以超越近代诸观念（例如"自由、平等、博爱"或进化主义）甚至政治意识形态，而使得古老的中华文化继续绵延发展于民族—国家的近代体系之中。简单地说，倘若美国的立国基础是自由观念和民主制度，中国能独立于世界民族之林的基础就是她强韧的历史文化意识。据此，我们不能也不可能同意杜赞奇所谓的"通过民族国家建构历史",因为对于近代以来的中国而言,恰恰相反,乃是通过历史文化意识的创造性发展,在历史的荒原和战争的废墟上重建了国家、重建了文明,印证了梁启超所说的"以复古为解放"。

然而,自鸦片战争以来的近代历史,却提供了一个衡量古代遗产的尺度。伴随着坚船利炮和基督教传教士的不期而至,自我赝足的古代中国必将被迫纳入世界体系之中,当然政治上的丧权辱国、军事上的被挫败以及文化上的激荡与冲突,其实都是近代与古代的角斗,都是资本主义和前资本主义的抗衡的必然结果。[①] 简而言之,绵延已久的"天下之中"、"天朝"观念已趋崩溃,古代东亚社会以中国为中心的藩属—朝贡体系亦面临挑战——实际上,东亚国家(例如日本与朝鲜)自进入近代门槛以来,与传统意义上的"中国"或"中华"渐行渐远,"中国位于天下之中的华夏世界观念"[②] 也发生了深刻变化。所谓近代的尺度,其实也就是世界历史的尺度,因为随着资本主义的全球扩张,"全球化"乃是历史的必然,近代中国不能不成为世界历史的一部分即"世界之中国"。著名的"李约瑟问题"可以说从一个基础的层面表明上述"近代尺度"。近四百年的世界近代史,国强必霸似乎成了一个规律。但是这个规律是从欧美资本主义全球扩张的历史经验中总结出来的,是从资本主义的历史发展提炼出来的思想逻辑,说到底它不过是野蛮时代的"强盗逻辑"、"丛林法则"的"蛮性遗留",难道它是现代中国的民族文化复兴运动的必由辙迹吗?西方的学者和政客总是对"和谐世界"、"和平崛起"充满猜忌与狐疑,因为他们在自己的历史经验中找不到这样的遗产,同时也不了解中国文化

---

① 参见茅海建:《近代的尺度:两次鸦片战争军事与外交》(生活·读书·新知三联书店 2011 年版)和《天朝的崩溃:鸦片战争再研究》(生活·读书·新知三联书店 1995 年版)诸书的论述。

② 葛兆光:《宅兹中国——重建有关"中国"的历史论述》,中华书局 2011 年版;唐晓峰:《从混沌到秩序:中国上古地理思想史述论》,中华书局 2010 年版。

的深邃精神和丰富遗产。然而,我们确信,中国的现代化发展,有必要而且必须跨越西方发达国家的历史路径,创造性地开辟出一条独具特色的现代化之路,当然它同时一定也是中国民族文化复兴之路。

从世界文明历史视角看,"中国"自古及今都是政治文化上"大一统"的国度,这一点殊不同于欧洲和印度,甚至可以说有点儿不可思议。欧洲历史的基本基本经验是"政治上小国寡民,宗教信仰上大一统",印度古今的情况更复杂些,姑置不论,那么中国呢?实际上,历史上的"中国"几乎不可能纳入西方政治学教科书式的"城邦、帝国、民族国家"(包括新近的"酋邦")概念及其理论而被合理理解①,除非削足适履。我以为,自古以来的"中国"既非那种完全世俗意义上的国家,亦非那种依赖于宗教信仰维系的"神圣国家"(如罗马帝国)。白鲁恂(Lucien W. Pye)曾有过一个著名论断:中国是伪装成民族国家的文明。② 这句话多少触及了中国之为中国的实质,因为"中国"不仅仅是作为一个国家体系的历史存在,同时也是一种绵延不绝的文明体系。更重要的是,濡染了那种文化精神和精神信仰的中国人,都对自己的"国家"和"文化"怀有某种油然而生且根深蒂固的神圣感,从祖祖宗宗到子子孙孙,莫不如此。换言之,我们所说的"国"、"家"、"文教"(文化或文明体系)并不适合以某种世俗性的尺度来衡量,因为其中蕴含了神圣意味。我们完全有理由说,自古及今的中国文化从来都不缺乏神圣感和超越性,只不过她没有诉诸印欧和中、近东文明体系的宗教(尤其是一神教)形式而已;同样,几乎每一个中国人都是礼仪之邦生活共同体的一员,他们的生命价值体现为优雅的生活方式,丰富且沛不可挡的生活激情使得天才的诗人艺术家代不乏人,明睿判断力和充满灵性的启示又使得哲人和宗师层出不穷。可以说,中国文化的根本特色之一就是把神圣感、超越性寄托于文化体系之

---

① 韩水法:《近代民族—国家结构与中国民族—国家的现代形成》,《天津社会科学》2016 年第 5 期。

② Lucien W. Pye, "China: Erratic State, Frustrated Society", *Foreign Affairs*, 1990 (4).

中，这样一种文化体系涵盖政治社会文化以及精神信仰诸层面，几乎无所不包。① 直到今天，"中国"的立国之本既不是什么号称普世的一神教，也不是什么具有强烈排他性的政治意识形态，而是文化认同及其精神信仰。那么，对于以中华民族的伟大复兴、重建中华文明秩序为己任的我们而言，重塑文化认同及信仰共同体无疑就是当务之急、必由之路。

贺麟指出，拯救沉沦的中国文化，摆脱中国文化面临的危机，惟有思想上的新创造、精神上新创造。② 这与冯友兰念兹在兹的"阐旧邦以辅新命"信念可谓同心之言。张岱年终生求索"综合创新"。汤一介瞻望新轴心时代之时，呼吁"融中西古今之学，创反本开新之路"③。这表明，当我们致力于创造新的文化世界的时候，应该具有回到历史深处，重新激活历史文化传统之自觉意识。这是历史的使命也是时代的精神。正如古代哲人所启示的那样：

> 周虽旧邦，其命维新。（《诗·文王》）
> 三代以来，虽远犹近。诗云旧国，其命维新。（汉《张迁碑》）

（作者单位：北京大学哲学系〔宗教学系〕教授）

---

① 《德礼之间》较为深入地讨论了早期思想史如何将来源于宗教意识形态的神圣感和超越精神收纳、贮存于社会结构当中，并予以创造性转化的，可以参看。
② 参见贺麟：《儒家思想的新开展》，《贺麟集》，中国社会科学出版社 2006 年版，第 1—15 页。
③ 汤一介：《瞻望新轴心时代——在新世纪的哲学思考》，中央编译出版社 2014 年版。

精神人文主义视阈下的
当代文明对话问题论析*

陶　金

　　"精神人文主义"是著名思想家杜维明先生在"21 世纪儒学创造性转化"、"启蒙反思"、"文化中国"、"文明对话"等学术实践基础上提出的又一重要学术论域，近年来引起了海内外学者的关注与积极探讨。事实上，近几十年来，振兴人文精神、构建一种真正能够被全人类接受的人文主义逐渐成为一种呼声，人们期盼能够有一种人文思想引领，以解决当代人类社会发展面临的困境。杜维明先生的"精神人文主义"思想正是在这样的形势下应运而生。"精神人文主义"思想实际上包含四个向度：一是自我本身的内在关系，即身、心、灵、神的统一；二是个人与他者的关系，即个体与社会的健康互动；三是人类与自然的关系，即整个人类和自然的持久和谐；四是人心和天道的相辅相成，即"天人合一"。作为各大文明间对话的倡导者与实践者，杜维明先生身体力行的文明对话实践活动为其"精神人文主义"理论的建构提供了实践基础，同时，"精神人文主义"也为我们深入思考当代文明对话的核心理念、实践主体、对话范

---

*　本文为 2019 年国家社会科学基金一般项目《东亚视阈下日本宗教对话的理论与实践研究》（项目号：19BZJ）阶段性成果。

式与现实意义等问题提供了崭新视阈。

一、"文明对话"与"宗教对话"的发展小史

首先,从史学角度来看,文明间、宗教间的对话作为一种历史现象来说由来已久。正如杜维明先生在与周天玮先生对话中提到的,"文明的对话自古以来就有,轴心文明彼此之间、儒学与其他学派之间、世界各国之间,都出现过。文明的主要成因是交流,交流便产生碰撞、矛盾和冲突,交流、传播自然产生对话,通过了传教士、贸易、武力,对话是人与人之间点点滴滴所积累的、经过理论与实践完成的工作"①。广义来说,文明间的接触过程本身其实也是一种不断"对话"的过程。"文明对话"、"宗教对话"被作为一种观念提出却是近代以来的事。

世界历史上,每一种地域文明的形成都与诸宗教间的交往与融合有密切的关系,宗教间的接触与对话亦是文明间交往的重要方式之一。1893 年,第一次世界宗教大会在美国芝加哥召开,这是世界各大宗教的第一次大规模的正式集会,与会者尝试建立全球性信仰对话,这次大会的召开可谓近代意义上东西方宗教对话运动之滥觞。1962 年,梵蒂冈第二次大公会议召开,天主教正式开始与他宗教接触,成为世界宗教对话史上的重要里程碑。以逐步推展的宗教间对话实践活动为前提,众多基督教神学家意识到了其他信仰体系的存在及其传播作用,在处理基督教与其他宗教关系的理论问题上也逐渐形成了回应策略,"宗教对话"的观念由此而生。也正是以基督教学者的呼吁与实践为先导,20 世纪 70 年代以来,"宗教对话"研究逐渐发展成为宗教学前沿理论和重要学术论域。

与此相应,"文明对话"观念的形成则始于 20 世纪八九十年代。随着冷战的终结与全球一体化的发展,世界各大文明间的接触日益频繁。

---

① 《杜维明:以精神人文主义应对全球伦理困境》,《文汇报》2017 年 10 月 1 日。

1989 年日裔美籍学者弗朗西斯·福山提出"历史终结论",认为以美国为代表的民主已经成为人类的共识。对此提出异议的是美国学者塞缪尔·亨廷顿(Samuel Huntington)。1993 年,亨廷顿提出"文明冲突论"主张,他认为,当今世界是"一个由七八种文明构成的世界","超级大国竞争"已被"文明的冲突"所取代,"宗教是划分文明的主要根据","宗教信仰是区分文明的主要特征"①,宗教可以看作"人与人之间的最根本的差异"②。此外,宗教学家克里斯托弗·道森(Christopher Dawson, 1889—1970)也曾指出,"伟大的宗教乃是伟大的文明赖以建立的基础"。德国著名社会学家、哲学家马克斯·韦伯(Max Weber, 1864—1920)也曾对五大世界性宗教进行过考察,其结论证明,基督教、伊斯兰教、印度教与儒教,都是与现存的一种主要文明相结合的。③ 由于宗教、价值和信仰的不同,文明与文明之间的冲突会继续存在下去。亨廷顿的"文明冲突论"引起学界热议,宗教与文明的关系问题随之成为东西方哲宗研究领域的学者关注的焦点问题,宗教对话与文明对话也因此在话题与方法性等方面呈现出复杂的重叠关系。1993 年,为纪念第一次世界宗教大会召开 100 周年,世界宗教议会在美国芝加哥召开,德国学者汉斯·昆(Hans Küng)提出了"全球伦理"说,并起草了《全球伦理宣言》,数百位世界宗教代表和思想界领袖签署通过。随后,前伊朗总理赛义德·穆罕默德·哈塔米(Seyyed Mohammad Khatami)回应亨廷顿的"文明冲突论",提出了"文明对话"的倡议。联合国通过决议,将 2001 年定为"联合国不同文明之间对话年"。自此,"文明对话"成为相比"宗教对话"而言更具开拓性与延展性的实践课题。

---

① 塞缪尔·亨廷顿:《文明的冲突与世界秩序的重建》,周琪等译,新华出版社 2002 年版,第 24—25 页。

② 塞缪尔·亨廷顿:《文明的冲突与世界秩序的重建》,周琪等译,新华出版社 2002 年版,第 285 页。

③ 关于佛教未能与某种代表性文明相结合的原因,韦伯分析其原因主要在于佛教融入了其他的文化,因而没能构成某种现存的主要文明的基础。

二、"宗教对话"与"文明对话"的定义及其关联性

究其概念而言,如同"宗教"、"文明"的定义本身即很难准确界定一样,想要对形式多样的宗教间、文明间的"对话"现象进行完整准确的概念界定亦存在难以切分的重叠性。从事基督教对话神学研究的知名学者黄保罗曾在其著作《大国学视野中的汉语学术对话神学》中对于"宗教对话"作出了界定,即"对话是在两方或者多方之间进行的互动性交谈",其参与者"至少应是两个宗教团体的权威代表"[①]。这一定义是仅就基督教对话神学的立场、着眼于宗教对话的参与者与形式两方面内容来界定"对话"的,强调了对话的团体代表性、立场性与互动性。日本宗教对话研究的学者武藤亮飞则尝试从对话功能论的视角来思考宗教对话现象和问题,将宗教对话分为对外目标性对话与对内学习性对话两大类[②],即有具体目标设定、为达成目标而进行的对话和并无目的设定,仅围绕教义、仪礼制度等内容进行比较和学习的对话。鉴于近年来各类具有宗教对话性质的集会活动的广泛开展,武藤最终将"宗教对话"宽泛定义为"不同宗教的代表者或关注宗教的人在明确该活动具有宗教间交流活动性质的前提下,聚集在同一场所共同参与的非暴力性集会"[③]。

可见,从上述定义来看,都是力图去归纳和阐明现当代蓬勃开展的形式多样的宗教间交流与交往活动的共同特征。那么,我们究竟应如何区分"宗教对话"与"文明对话",又如何界定其概念的内涵和外延呢?

---

① 黄保罗:《大国学视野中的汉语学术对话神学》,民族出版社 2011 年版,第 146—147 页。

② 武藤亮飞:《外的宗教間対話と内的宗教間対話》,《宗教学・比较思想学論集》第 11 号,2010 年,第 72—74 页。

③ 武藤亮飞:《宗教間対話研究の可能性:日本の宗教間対話の現状から》,梶尾直树、本山一博编《宗教間対話のフロンティア:壁・災・平和》,国书刊行会,2015 年版,第 36 页。

笔者认为，"文明对话"广义来说，主要指各大文明、各大宗教之间沟通、交流和交往的互动性过程，狭义而言则可以理解为代表不同文明与宗教立场的人与人之间、群体与群体之间，着眼于人类与宗教发展问题展开的语言形式的交谈，也可以是团体之间的相互合作。就"宗教对话"与"文明对话"的关系来说，宗教对话应是文明对话最核心的部分，最具代表性，也是难度最大的内容，可以狭义理解为不同宗教立场①的双方或多方代表之间开展的以宗教问题为主要议题的语言性互动交流。究其广义来说，其外延与文明对话有相当大的重叠性。如果我们回顾开展了半个多世纪的宗教对话史，面对宗教对话实践中不断凸显的各种困惑与难题，太多事实让我们不得不深刻反思宗教因素的积淀性、弥漫性、渗透性与深层性问题。无论是领土争端、资源争夺、和平安全、政治利益，还是意识形态、信仰习俗、种族或民族矛盾等等，宗教因素深藏并纠葛于文明间冲突的各种表象之中。正如我国宗教学学者北京大学张志刚教授所指出的，或许那种"文明冲突论"中过分夸大宗教因素之影响力"宗教决定论"有一定的武断性②，但宗教因素的影响绝不可轻视，这是毋庸置疑的。进入 21 世纪以来，反复频发的以宗教因素为导火索或底因的各类事件，也充分证明了这一点。理论研究和长期对话实践的结果表明，宗教对话是根本的意识形态与信仰层面的对话，是文明对话中难度最大、张力最大的核心议题。

三、"宗教对话"的转型与"文明对话"的勃兴

从东西方宗教对话发展状况来看，自 20 世纪六七十年代起，虽然众多神学家及宗教学者围绕教理教义的比较、宗教间关系的协调等问题进

---

① 宗教对话还可以细致分化为宗教内不同派别之间的对话与宗教间的对话。

② 张志刚等：《当代宗教冲突与对话研究》，经济科学出版社 2011 年版，第 181—184 页。

行了深入的探讨，但是，由于教理、教义作为宗教信仰的核心内容直接影响到信徒的世界观和自我认同，具有宗教特有的较强"排他性"特质，加之宗教语言的"不可通约性"问题，通过语言形式进行的宗教对话很难达成诸宗教信徒之间的相互理解，对话双方甚至时常陷入自说自话的境地。为突破制约宗教对话发展的"瓶颈"，传统的宗教对话逐渐开始向更具现实关怀与协作性的实践模式对话转型。长年致力于宗教间对话与合作实践的宗教多元论代表人物保罗·尼特结合大量的调研数据与结论，诠释了面对"全球苦难"的现实诸宗教积极开展对话与协作的必要性，提出了一种新的对话模式，即"相互关联的、负有全球责任的对话模式"（a correlational and globally responsible model for dialogue）。我国宗教学者张志刚教授在其五种宗教对话观的理论框架中将其概括为"实践论"①的宗教对话模式，日本学者则主要从对话主题、对话形式、参与者范围三个方面具体论述了宗教对话向"实践模式"转型的特征与必要性。②

首先，对话主题的转变。日本学者山梨有希子曾对美国天普大学（Temple University）出版的杂志 *Journal of Ecumenical Studies* 上公布的宗教间对话的题目进行整理比较，结果表明 20 世纪 70 年代初，宗教间对话的主题基本围绕教典内容、宗教间关系、教内教学、神性信仰等内容展开，比如 1973 年的主题为"关于基督教与犹太教的关系及神学学校中的教育课程"，1975 年的主题为"为便于基督教传教而采用的犹太教圣经注释"、"基督教与犹太教关系的新高度"等。而进入 90 年代，宗教间对话的主题则增添了与现实生活相关的内容。例如 1996 年的题目是"关于医疗伦理问题、异宗教通婚、宽容的定义"，1998 年的题目是"诗篇的精神性与预言书中的社会道德"，1999 年则进一步讨论"关于天主教和

---

① 张志刚等：《当代宗教冲突与对话研究》，经济科学出版社 2011 年版，第 293—313 页。

② 参见陶金：《日本宗教对话的转型与"公共哲学"新视阈》，《现代哲学》2017 年第 4 期。

伊斯兰教的对话、异宗教通婚及家庭生活"① 等。对话主题的转变，体现了诸宗教的关注点不再单纯囿于神学教理的优劣之争，开始逐步关注现实社会与公众生活相关的话题，探讨诸宗教在现实中共生与合作的基础。

其次，对话形式的转变。宗教间对话的最初形式主要是以基督教等具有悠久历史传统的西方宗教为主导，以各教内部通晓教典的精英人士为主要参加者，通过语言交流的形式围绕教理教义的异同、宗教关系等主题进行探讨。但是，伴随着宗教间对话的开展，人们越来越感知到持有不同世界观与身份认同的信徒之间仅凭语言交流很难达成信仰上的相互理解。因此，在对话主题发生变化的同时，对话的形式也慢慢变得丰富起来，例如基督教信徒与佛教僧侣通过共同坐禅、祷告等形式进行灵性交流，诸宗教面对战争、贫困等"全球苦难"的现实展开共同协作与救助的活动等。相比通过语言交流进行的传统模式的宗教对话，诸宗教通过共修与协作进行的"实践模式"的对话更有利于宗教间的直接接触与了解，也便于宗教对话在更广阔的范围展开。1991 年，天主教教会的诸宗教评议会明确了宗教间对话的四种形式，即生活对话、行动对话、围绕神学相互交换意见的对话、关于宗教体验的对话。② 对此，日本学者山梨有希子则将其归纳为宗教间的对话、诸宗教间的合作、灵性交流三种类型。也就是说，新时期的宗教对话，不能亦不应停留在神学理论层面的争论，更应强调宗教间的"互动"与"协作"，寻求实践意义上的突破。

再次，参与者范围的转变。传统形式的宗教间对话，其参与者身份被严格限定为各大宗教内部通晓教理教义的精英信徒或神学家，一般的信徒或无明确宗教信仰的人士不具备参与神学对话的资格。但是，随着

---

① 星川启慈、山胁直司、山梨有希子等编：《现代世界と宗教の課題——宗教間対話と公共哲学》，苍天出版社 2005 年版，第 46—47 页。

② 諸宗教評議会と福音宣教省：《対話と宣言——諸宗教間の対話とイエス・キリストの福音の宣教をめぐる若干の考察と指針》，《カトリック教会研究》第 62 号，1991 年，第 180 页。

全球一体化趋势的增强,世界各大文明间、东西方宗教间的接触越来越频繁,灵性交流的对话实践、为解决人类面临的现实问题所进行的宗教间协作等等,都需要更多普通信众的广泛参与。对此,日本宗教对话研究的代表学者星川启慈教授明确提出了扩大宗教间对话参与者范围的主张,他认为,虽然传统形式的围绕教理教义进行的对话有必要继续深入开展,但未来的宗教间对话应该冲破为教内精英人士所垄断的藩篱,向普通信众开放,欢迎那些新兴宗教的追随者以及具有朴素民间信仰的信众参与其中。教内人士也应通过各种对话的形式加强与无信仰人士之间的接触和交流。另外,他充分肯定了那些对宗教感兴趣但并无明确宗教信仰的学者与宗教拉开一定距离,对宗教间对话进行冷静观察、客观评论和深入研究的意义。①

在此基础上,日本宗教学者又尝试从"自身—他者—公共世界"之"三元论"的"公共哲学"视角来看待宗教对话问题,倡导发挥宗教组织的"公共性"作用,承担起"公共的责任",在尊重各宗教独特性的同时,加强实践合作与对话,共同维护"地球的公共善"。事实上,宗教对话的转型与"公共性"对话实践的开展,某种意义上来说喻示出宗教对话未来的一种发展趋势,也标志着宗教对话向文明对话的过渡。而杜维明先生近年提出的"精神人文主义"之理论见解,对于我们进一步深入思考"宗教对话"与"文明对话"问题提供了理论框架与实践参系,为当代文明对话的开展注入了理论与实践的双重生机。

四、"精神人文主义"与"文明对话"的四个关键问题

在第 24 届世界哲学大会上,杜维明先生从四个方面阐述了儒家的

---

① 星川启慈:《対話する宗教——戦争から平和へ》,大正大学出版会 2006 年版,第 52—53 页。

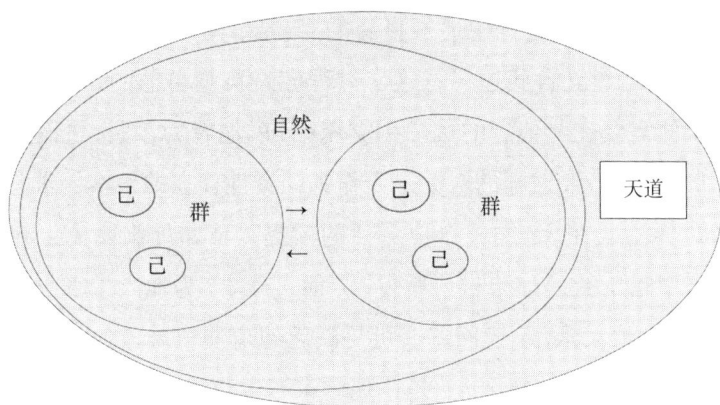

精神人文主义思想，他提到的四大议题，即①个人的身体、心知、灵觉和神明如何融会贯通，②人与人之间如何通过家庭、社会、国家和世界形成健康的互动，③人类和自然如何取得持久的和谐，④人心与天道如何相辅相成。如上图所示，"精神人文主义"理论中隐含的对话思想资源，我们至少可以从四个方面探讨。

（一）文明对话的核心理念问题

如上图所示，人与人的对话是群体间，乃至文明间对话的最小单元，个人不是孤立的个体，是一个网络的中心点，也在群体网络之中建立关联，成为另一个中心点的组成部分。人通过对话与他者建立联系，进而形成家庭、群体、社会、民族、国家、世界，乃至宇宙。也恰是在自身与他者的双向对话中，每个人完成了自我身份的塑造，从生物人到经济人、政治人、文化人、文明人、生态人等等。在各种人物角色的转化和被转化、塑造和被塑造的变化过程之中，对话是最基本的要求，不可或缺。关于文明对话的核心理念问题，汉斯·昆以基督教"博爱"的根本精神为依据，提出现代人类文明对话的根本原则应是"己所欲，施于人"，而杜维明先生以儒家思想中的"仁"与恕道为依据，主张"己所不欲，勿施于人"，认为这一具有儒家思想特质的观点更能准确概括当代文明对话的基本要求和核心精神。如上图所示，现实中的每个人，都是彼此相异的个体，个体在成长过程中通过自身的身、心、灵对话完成自身修为过程，学以成人，建立自我边界。这一过程应是自觉自愿的，不应强加于人。而个体需要在与他者的接触和交流中，以他者为参照，进而感知乃至修正自我的边界，这样的对话是人作为社会性存在的根本要求。而尊重他者边界的共在，是达成自他对话的前提。正如杜维明先生在哲学大会发言中指出的，"如果自己所得，与他人分享，为他人带来由衷的喜悦，这本是人生大乐，不应回避。可是缺乏恕道便很难避免自以为是的危险。""己所不欲，勿施于人"是体现儒家恕道与沟通伦理的基本原则，体现了自他对话的最基本要求。"不把自己的观点强加于人并非利他主义而是基于同情的自知之明，承认并尊重他人的自主性不是消极的默许而是积极的允诺。正因为没有把自己的成见或信念当作真理才有对话的空间，才能为互相学习创造条件。"在关涉信仰、利益、权力等现实因素的群体与群体的对话中更是如此，"己所不欲，勿施于人"是一种基本的沟通精神与交往规范，是通过对话的形式对儒家传统中的"仁"学思想的现代诠释，作为当代文明对话的核心理念，具有更普遍的适用性与拓展空间。

（二）文明对话的参与主体问题

精神人文主义理论中关于个体与他者关系的表述，可以从自我对话与自他对话双重视角考察，具备"学以成人"的对话精神是对于对话参与者的基本要求。对话本身是学习如何成为人的过程。从自我对话的角度来说，身心灵神的对话本身是一种自我认知与学习提高的方法，这样的自我对话能够帮助自己成为更好的自己。作为此时此地具体的、生活着的人，都要通过不断学习这一动态的转化过程来完成自我成长，一方面是生理性成长，另一方面是精神成长。这样的身心成长本身需要自我和外界双重对话来完成。对于学以成人的对话者而言，至少应具备三方面的素质。其一，具有对话的自我意识。正如杜维明先生概括的那样，要不断地自我修正与完善，"通过自我反思、自我反省、自我批评、自我告诫和自我鼓励，把自己确立为人际关系的中心。这种与私人自我截然相反的自我，是开放的、充满活力的、有创造力和转化中的。它永远向外界开放，与人动态互动，创造性地参赞万物，并通过内在的转化来改变周围的世界。"其二，具有公共性的对话精神。即超越封闭的自我中心，走向共同善。"我是私，我的家庭是公；家庭是私，社群是公；社群是私，国家是公；国家是私，地球村是公；地球村是私，宇宙是公。只有通过修身才能实现公共精神。这种从根深蒂固的私人自我到公共的关系性自我的转变，是对所有人开放的。人类的伟大之处在于人类心灵有体现整个宇宙的无限能力。这种体现是通过对话沟通达到的。"其三，文明对话的代表须是掌握了"两种语言"的"公知人物"①。"公知人物"必须具备两个条件，第一要关心政治并参与社会事务，第二要在文化方面具备真知灼见。他们的视野必须超越自己团体直接关心的事务，不能仅仅活跃于自身教团内部，更要作为"世界公民"开展行动，接受来自社会的评价和考验。而所谓"两种语言"，一种是自身信仰或文化团体内部的语言，还有一种是作为"世界公民"的语言。只有这样，他们才能在文明对话中更加游刃有余，发挥出更大的作用。

（三）文明对话的前期准备问题

与他者对话，需要提前完成对他者的认知和了解，首先要承认他者客观存在，进而尊重他者，这样才能保证对话顺利、有效地达成。从"群体"维度来说，对话前须做好自我文化认知与反思的准备工作。从社群对话的角度来说，其基本要求在于首先要对自身所在的文化或文明传统有清晰的认知和深入反思的态度。正如杜维明先生在接受《中华读书报》记者张梅采访时所说，中华文明需要与希腊文明、希伯来文明、印度文明以及伊斯兰文明等文明之间展开对话，首先需要我们加深对于中华文明

---

① ドゥ・ウェイミン、池田大作：《対話の文明——平和の希望哲学を語る》，第三文明社 2007 年版，第 103—104 页。

的一些重要领域和价值的各个侧面的深度反思与探讨。我们需要在自我反思中来发展自己的文化,同世界上的各种文明做交流。如果我们要推陈出新,就必须对自己文化正面和负面的实际情况有非常深刻的自知之明。在这个基础上与他文明、他文化进行真诚的对话,以改变我们以前对自己文化内部的了解,我们必须要在了解,同时要进行进一步思考的过程中来深化我们的民族文化自信。[①] 换言之,对话是重新觉知自我、反思自我,通过与他者的交流进一步深化自我的过程。加强对自我传统的学习,才能在对话中挖掘传统文化中的真价值。

(四)合作式对话的规则性问题

精神人文主义以儒家思想为基础,尝试提供一种人与"自然"、与"天道"对话的视角,对于现代文明对话的实践有启示性意义,即宗教团体间、各大文明间的合作须循天地之道而协力共赢。人类的文明对话,不能成为"人类中心主义"的对话,杜维明先生提出的精神人文主义思想,为文明对话开启了一种新的维度,即"天·地·人"的对话。汉代儒家思想家董仲舒有"三大根源"之说,即"天是创造的根源,地是滋养的根源,人是完成的根源"。张载(1020—1077)的《西铭》中亦言:"乾称父,坤称母;予兹藐焉,乃混然中处。故天地之塞,吾其体;天地之帅,吾其性。民,吾同胞;物,吾与也。"也就是说,中华传统的儒家思想强调要通过发现自己与天地万物的联系,学会回归人性;反之,如前图所示,人无论是作为个体还是群体,都是自然的一部分。随着当代文明对话运动的发展,我们已经看到了协作性对话的不断拓展的大趋势。人类不同文明间、文化团体间的对话与协作,应改变传统的"人定胜天"等"人类中心主义"的思维模式,循天道而行,顺自然而动,实现人类发展与自然规律相辅相成,与天道恒常运转合一,才能超越不同信仰、利益等狭隘的集团性差异,

---

① 张梅:《精神人文主义与民族文化复兴——访北京大学高等人文研究院院长杜维明教授》,《中华读书报》2019 年 3 月 27 日。

成就人类文明的和谐发展。

关于当代"文明对话",杜维明先生指出,"对话",将不再是一种行为,而应作为一种全球化时代的现代人,乃至现代宗教的存在方式被加以重视。[①] 笔者认为,杜先生提出的"精神人文主义"理论,是对儒家"仁"学传统的一种现代诠释,我们不应仅从儒家新思潮的视角来概观,而应循其理路,更多思考儒家传统思想可以为人类的现代文明对话提供怎样的精神资源问题。美国学者罗伯特·贝拉先生在其晚年的著作《人类进化中的宗教——从旧石器时代到轴心时代》中强调:"仁确定是伦理性的,正如罗哲海指出仁是儒家思想中最高的伦理纲目,虽然仁不是理论上的,但至少蠡测可得如下:它是实践性的、生发性的、垂范性的,尽管它也(同时)启迪思想。"(Ren is surely ethical, the highest ethical term in Confucianism as Heiner Roetz points out, yet it is not theoretical, at least not in the first instance: it is performative, enactive, mimetic, though it gives rise to thought)[②] 并进一步指出,"儒家伦理有成为人类伦理的趋势,而不仅仅是中国人的伦理"(Confucian ethics are intended to be human ethics, not Chinese ethics)[③]。如贝拉所言,儒家的"仁"具有伦理性、实践性、生发性、垂范性和思想性等多个不同侧面,在现代文明对话的理论研究与实践中,如何更好地挖掘儒家传统中能够完成东西文化、文明交流与互鉴的思想资源,彰显东方儒学智慧的现代价值,值得深思。

(作者单位:大连海事大学外国语学院)

---

① ドゥ・ウエイミン、池田大作:《対話の文明——平和の希望哲学を語る》,第三文明社 2007 年版,第 78—79 页。

② Robert N. Bellah, *Religion in Human Evolution: From the Paleolithic to the Axial Age*, The Belknap Press of Harvard University Press 2011, p. 412.

③ Robert N. Bellah, *Religion in Human Evolution: From the Paleolithic to the Axial Age*, The Belknap Press of Harvard University Press, 2011, p. 422.

从同行人生路到反思杜维明先生的
成就:敬贺八秩寿辰

郭　少　棠

　　这是我过去20多年里写过的最困难的会议文章。作为一名比较思想史的实践者,从多元化视角看待历史发展的需求是根本的。我与杜维明先生的学术相遇的经历,更令我回忆起过去70至80年间学者和知识分子的个人和社会集体记忆。为这次特别研讨会撰写一篇纯粹的学术文章来庆祝他的杰出成就,与我们在这段旅程中共同的经历并不完全合适。因此,我想写一篇既能够融合感性与理性,又能够透过个人和社会的互动的文章,反映自第二次世界大战结束以来迅速变化的世界中这种互动的复杂性。

　　在致杜先生的贺电中,我写了一段我自1972年在夏威夷大学东西方中心举办的会议上遇见杜先生以来的个人历程。事实上,正如我后来发现,这次会议是杜先生为庆祝王阳明而倡导的。我以一个刚毕业的本科学生身份陪同唐君毅先生和牟宗三先生出席会议,之后便继续到加州大学伯克利分校研读比较近代欧洲和中国思想史的课程。当时,杜先生刚刚接任约瑟夫·列文森伯克利历史系的教学职务。这次会议本身有其特殊的意义。回顾与会者名单,有来自香港、台湾地区和美国的中国哲学及历史名家,唐君毅、牟宗三、方东美、陈荣捷、狄百瑞,以及当时年轻的学者包括杜维明、成中英、郭颖颐。

由于与杜先生有着长期的交流与联系，为了庆祝他 80 岁生日，我决定采用两种方法来分析杜先生和我在人生道路上所共有的两大历史主题。

第一种方法是自传式民族学方法，批判性地看待作者 / 研究者及其知识分子群体，知识分子和思想家在其中可能想到他们的当代背景。第二种方法是宏观历史方法，从时间的长期延展和空间的超越范围来看，不仅在现代中国语境中，而且可以追溯到几个世纪前，中国被吸收到国际大家庭中。正如徐中约所描述的那样。

通过这两种方法，我想提出一个模型来描述或总结杜先生过去的成就：这是一个"三脚架"，三根柱子组成一个三角形，支撑着第四条及中央一条的柱子，作为"钻子"直柱，即"掘井及泉"。这三条支柱是"对启蒙的反思"、"文明对话"和"文化中国"。第四条及中心支柱是"轴心时代与第三代儒学的创造性发展"。

杜先生关于四大支柱的工作已经写了很多，我不打算详细介绍这四个支柱。本文将采用综合的自传式民族学和宏观历史方法，描述杜先生如何创造性地开发这种模式。由于自传式民族学方法的性质，本文将选择若干杜先生个人的经历，以说明他的人生历程是如何演变这个四柱式模型。

两个旅程的自传和传记的交叉

自传式民族学既是研究的过程也是成果。自传学家结合了自传和人种学的方方面面：类似于自传作者，他们重视个人经验和令人回味的写作；类似于人种学家，他们的工作提供密集的文化经验描述。他们努力对一个人的文化体验进行密集的描述，以便更好地了解这种文化和个人在文化中的经历。

自传式民族学可以采取无数的形式，所有这些都取决于一个自传民族学家的目标。对我来说，我正是用这种方法来审视我个人与杜先生一起探索中国文化的未来，特别是儒家传统的现代性的经历。自从我们1972 年在檀香山会面，过去 47 年来我们两个旅程之间有一些相互联系。在本文的后半部分，我将结合我们所处的时代知识趋势来解释这些相互联系。

我于 1972 年开始在伯克利学习，杜先生也刚刚开始在历史系任教，接替约瑟夫·列文森的职务。我获得哈佛燕京社七年的奖学金，学习比较现代欧洲和中国的思想史，并承诺返回香港，为华人社会服务。在五年的上课学习中，我花了很多时间关注欧洲现代思想史，而较少关注中国近现代思想史。对于后者，我跟随杜先生和弗朗茨·舒曼教授，舒曼是研究共产主义的中国组织和意识形态的专家。有两学期我担任杜先生中国近现代思想史的助教。也正是在这一时期，在伯克利的杜先生发表了他的《行动中的宋明儒家思想：王阳明的青年时代》（1976 年）、《中与庸：儒家宗教性》（1976 年；1989 年修订出版。这是一份重要的出版物，本文后面将再讨论）和《人性和自我修养：儒家思想的转化》（1978 年）。

我于 1977 年离开伯克利，回到香港中文大学历史系任教。最初，我计划以"比较德国和中国的政治文化"为主题写我的博士论文。然而，在教授们的建议下，我改为研究两次世界大战期间德国魏玛共和国第一所政治学院，而第一章则比较蔡元培在北京大学的教育改革，同时也讨论20 世纪 50 年代，钱穆先生和唐君毅先生努力创建新亚书院，将新儒家教育与欧美博雅文理教育相结合，以振兴新儒家教育。杜先生特别指导了本博士论文的完成。

我认为，在伯克利期间，杜先生为建立"对话"的支柱奠定了基础和资源。其中包括"第三代儒家思想的创造性发展"。1981 年，他转往哈佛大学继续这一时期的发展。1982 年，他应邀加入一批学者，帮助新加坡在东亚文化伦理模式的大方向下，制定儒家伦理课程和学校课程。通过这一特殊的项目,他通过研究现代性的替代模式的内容,充实了"文明对话"支柱的力量和资源。1984 年,在另一份重要的英文出版物中,他介绍了关于儒家创新转型、培养自我的理念,为轴心时代和第三代儒家思想的创造性发展提供了资源,这支持了第二轴心时代的发展。1988 年,他以"现代精神与儒家传统"为主题,在台湾举办了一系列讲座。此一系列讲座在许多方面构成了他提出四大支柱的坚实基础。首先,他在系列的第一和最后一讲中正式提出了轴心时代的框架,包括第一次和第二次。这一框架将由对启蒙运动的第二个反思支柱领导。其次,它作为他的工具,全面和系统地参与反思启蒙运动的传统和对话的主要思想家,从韦伯到哈贝马斯和现代主义。他将韦伯的伦理道德和工具理性确定为应该反思的主要传统。第三,他否定了列文森的"儒家现代命运"概念,以及通过对韦伯和塔尔科特·帕森斯的回应,开启了第三代儒学创造性发展的方向。第四,他介绍了东亚工业的概念,为第三代儒学的创造性发展提供了支柱。

在 20 世纪 90 年代的随后十年里,杜先生趁着国际和全球推广中国儒学的大潮,加入了由汉斯·昆领导的全球伦理发展项目,并采纳了跨文化对话的方向及文明对话。1997 年,被联合国确定为"和平文化年",2001 年被确定为"文明对话年",杜先生被任命为专家委员,以促进这一进程。

这样,构成三脚架的四个主要柱子便清楚地竖立起来。

在这一时期,他领导的不同组织继续充实这些支柱的内容。随着在哈佛大学工作的结束,以及北京大学高等人文研究院的成立,他在中国开始发展他的模式。正是在这一时期,杜先生充分发挥了自己的力量,在中国社会经济转型的基础上,振兴中华古典思想和文化。

在轴心时代第四支柱和第三代儒家思想的研究方面,最突出的努力是儒家精神人文思想的全面弘扬。事实上,这个概念起源于他 1976 年出版的英文著作《中庸》中关于儒家思想的"宗教性"。这根柱子深入研究儒家思想之掘井的基础，可以概括他为人类存在和活动的四个层次：身、心、灵和神（divine），乃中国传统文化带入其现代转型的关键力量之一。这四个层次也反映在唐君毅先生的最后作品《生命存在与心灵境界》，其中纳入了最后三个层次的宗教，如基督教、佛教以及儒家的价值理念作为最后和最高的境界。

当我在新亚书院跟随牟宗三先生研究新儒学时，儒家思想在宗教方面的独特性也是牟先生试图解决的关键问题之一。杜先生通过对儒家对宗教和哲学的理解进行较广泛的诠释，通过阐述人类存在的四个层次的相互关联性，为建立"四个支柱"的新概念和模式作出了巨大贡献，继承了唐、牟先生所奠定的第二代儒家思想。在为庆祝杜先生 80 岁生日而写的贺电中，我总结说，杜先生成功地继承和发展了唐先生和牟先生的新传统。他以中国视角讨论不同文明与国际社会的对话，文化中国的思想领域的拓展，为发展"第二个轴心时代"运动开辟了潜力，也支持了东亚背景下第三代儒家思想的创造性发展。

杜先生在模型建设中的心路历程

回顾历史，从宏观史的视角来看，杜先生的成就可以看作是中西文化间和宗教间对话的重大历史潮流的延续，这种联系可以追溯到最早和最重要的耶稣会传教士利玛窦（1552—1610）。他在明朝时进入中国，先是以佛教僧侣、后来以儒家学者的身份，采用中国习俗，创造了文化传播福音的新策略。他用中文出版书籍，其中包括一本关于比较中国和欧洲道德教义格言的论文《交友论》、欧几里得的《几何原本》的前 6 本书，并将基督教经文翻译成中文。他还把四书翻译成拉丁文。为了捍卫儒教和基督教，他与佛教僧侣进行了一系列的辩论。这是中国历史上第一次不同文明对话模式。他的成就标志着欧洲和中国文明之间对话的真正开端，影响了后来法国和德国启蒙运动的发展。在 21 世纪的罗马教廷，当今教宗方济各便继承了这种文化传播福音的新策略。

对比利玛窦的敲门之举，中国知识分子，特别是 19 世纪中叶以来那些成功挖掘西方文化和知识资源的人物，形成一个全国性及时代性的文化运动。促进不同文明间对话的运动是一个众所周知的故事，不需要在这里叙述。然而，为了深入认识杜先生的成就，可以在这里提出欧洲和美国第二次世界大战后的特殊国际背景。

20 世纪 60 年代至 70 年代欧美社会知识界是一个特殊的时期。以宏观历史的第二种方法，20 世纪 40 年代至 60 年代也是一个重要的时代。当时全球政治、科技和思想发生巨大变化。在政治方面，国际社会因冷战和非殖民化的广泛发展、青年民主运动的普及，还有逐渐失色与新时代（New Age）和"反文化运动"（Counter-Culter Movement）。在科技方面，随着光纤的诞生和数字时代的发展，计算机时代开始。美国人和苏联人登陆月球，标志着军事技术的进步，后来被转化为民用。万维网的创新是帮助改变通信世界的最初流行用法之一。在思想上，促成了解构后现代主义和文化研究的进展。还有卡尔·贾斯珀关于轴心时代的重要声明，罗马天主教会第二次梵蒂冈大公会议（1962—1965），其中特别承认跨文化和宗教间交谈，助推世界和平和跨文明对话。

无须争议的是，在欧美学术界和知识界不断积累出非常重要的思想资源中心。从杜先生的不同著作中，可以找出他在其学术生涯的前四十年中，研究和交流的所有学者和知识分子，都是重要的名字。这是使杜先生的思想得以塑造的黄金时期，为第二个轴心时代的发展奠定了非常重要的基础。在较小程度上，我也受益于这些丰富的资源，在我个人的旅程中，来回往返欧美及东亚、香港的重要的知识中心。杜先生提到他对这些机会的兴奋和惊讶，这些机会是遇到这些丰富的资源。当然，他在哈佛大学教学时分享了他最初的文化冲击，以及他在美国大学工作时面临的一些挑战。我在伯克利和他一起发展的时期，他用中文写短文，并在台湾的杂志上发表。我对这些文章产生特别的兴趣，因为我可以欣赏他当时的感受,并把他的感受和我当时的感觉进行比较。

当我回到香港履行我对哈佛燕京社返回中国服务的承诺时,我继续深化比较思想史学研究,透过27本著作,我广泛地拓开中西历史及教育理论的文化视阈,并落实中西文化的创新工作融入教育的创新。作为教育管理者,我跟随钱穆先生和唐君毅先生的脚步,走上了一条不同的道路。我进入香港中文大学担任历史学教授、文学院院长及学生辅导长。在长达27年的服务后,我继续协助香港浸会大学创建内地与香港携手创建的第一所合作大学。我结合了新亚书院的理念、宋明书院及欧美导师的精神,提出一个新时代的师、生、家、国互动的"四维教育",为这所新大学创造一个中西文化融合的发展模式。肩负新亚书院的教育理想,经过6年的创校后,我又到上海帮助建立了一所仿美国模式的博雅文理学院。作为新亚学院的毕业生,在钱先生和唐先生的启发下,我相信中国文化和儒家思想需要教育机构,为它们的创新转型提供平台和组织。过去两年为北京理工大学珠海学院设计了一个美国精英式的荣誉学院(Honors College),展现以儒家修身自省为基础,鼓励学生自主学习的教育哲学,落实了怀特海(Alfred Whitehead)的教育理念。

尽管我离开伯克利后留在香港,但我继续随时随地支持杜先生,包括在20世纪90年代推出东亚文化模式,在尼山、嵩山和北京开展文明对话,以及参与北京大学高等人文研究院组织的活动。

在这个非常特别的庆祝时刻,我谦恭地衷心感谢杜先生的所有指导,以及他对我未能投入更多时间支持他过去47年来重要工作的理解。他的成就举世闻名,并已被社会和历史所铭记。我相信,他的许多学生和朋友都会满怀热情地同享我的这份同行人生路的喜悦。

(作者单位:北京理工大学珠海学院、荣誉学院、中美学院)

哲人于时代之政治责任[*]

——从不入危邦的孔子与不离乱邦的苏格拉底谈起

白 彤 东

任何现实的政治都不是完美的，因此总会有人希望改良它。这种改

[*] 谨以此文恭祝杜维明先生八十寿辰。20 世纪 90 年代，我刚刚开始对中国哲学有一点点涉猎。当时读了杜维明先生的《儒家思想新论：创造性转换的自我》（江苏人民出版社 1991 年版。此书还有另一个更早的版本：《人性与自我修养》，中国和平出版社 1988 年版）；以及最新译本：《儒家思想：以创造转化为自我认同》，生活·读书·新知三联书店 2013 年版。这些都是根据英文原版译出：*Confucian Thought—Selfhood as Creative Transformation*, SUNY Press, 1985）。尤其是这本书的第七章，"自我与他者：儒家思想中的父子关系"，在如何理解孝道、如何辩护儒家、如何诠释经典上，对我来讲，都有着启蒙的作用，让我开了眼界，也为我将来的阅读、思考、研究指引了方向。特别是对本文论证有着关键作用的《孔子家语》中的一段，我也是第一次在杜先生这本书里读到，印象深刻。虽然我现在更关注的是政治哲学与政治儒学，不再是儒家的道德形上学或者精神人文主义，但是杜先生对儒家经典的同情理解，对推动儒家再次成为具有普遍性意义的价值的努力，都依然指引和鼓舞着我。这也是为什么我会选择这篇文章为杜先生贺寿的原因之一。当然，哲人如何入世，我想，这也是杜先生从理论到行动上都在反思和实践的问题。并且，本文比较的视野，也与杜先生打通中西等多元文明的努力相通。其实，在波士顿大学读博士期间，我确实考虑过选择罗森（Stanley Rosen）教授做导师，邀请杜先生，指导我写一篇比较孔子与柏拉图的博士论文。但罗森教授劝我继续写我的科学哲学的论文，告诉我它是一个很好的面具（mask）。因此，这篇文章，也算是当时心愿的一个更充分的表达。本文的较早版本收于我的《旧邦新命：古今中

良的冲动和需要,在现实政治变得让人极度不满的时候,会变得更加强烈。这样的现实环境,对改良者往往是充满挑战的、不友好的,甚至是危险的。在这种情形下,改良者就面对着一个问题:在这种环境下他如何在保全自身和保全自己信念的前提下,采取政治行动以履行自己的政治责任?换句话说,任何政治活动,都要有所妥协。现实与理想有着巨大落差会给改良者以动力。但在这种情形下,一个改良者如何保证所做必要的妥协不是对自己的信念的彻底背弃?这是政治里面的一个永恒问题。在这篇文章中,我会考察《论语》和其他相关经典文献中的孔子和柏拉图对话里的苏格拉底是如何处理这一问题的。①

之所以做这样的选择,是因为《论语》和柏拉图对话都是人类经典。经典是最睿智的人思考人类最根本的问题的结晶,并且经历了百年、千年的考验。其中的思考,自然就可能对我们之于人类根本问题的思考有所帮助。并且,很有意思的是,虽然同为经典,但这两套经典对哲人的政治责任的立场似乎截然相反,而又各自都似乎有着内在的矛盾。孔子强调上等人(君子)对国家与人民负有政治责任,而苏格拉底则否认上等人(哲学家)的这种责任。但是,在《论语》中,孔子却又指出君子应不入乱邦,那似乎就更谈不上尽拯救乱邦之责,而苏格拉底反而留在一个对他给出不公平判决的城邦里面,似乎是要尽自己对它的政治责任。

阅读经典,我们要通过严格的文本分析抓住其中似乎解释不清,甚至看起来逻辑上自相矛盾的地方。但是,我们应该对此采取合理的谦卑态度。这种态度告诉我们,如果我们这么容易地就可以发现经典中的问题,那么很可能的是我们自己没想清楚。我们不应该因这些问题而看低

西参照下的古典儒家政治哲学》一书(北京大学出版社 2009 年版,第 140—158 页),这里有很多小的改动。本文的研究也得到了上海高校特聘教授(东方学者)岗位计划(跟踪计划)的支持,特此感谢。

① 本文所讲的是这些文本中的孔子和苏格拉底。《论语》可能还会被当作孔子言行的记录,而柏拉图对话则明确是柏拉图的创作。这些文本中展现出来的(也是本文所指涉的)孔子或者苏格拉底,是否与历史中的这两个人物一致,本文不做任何判断。

经典,而应意识到这些问题、这些我们一时弄不明白的东西可能恰恰是经典里更有意思的地方。面对这些矛盾,作为关注哲学思考的人,我们应该避免采用小学的方法,"廉价"地解释它们,比如说某部经典实际上是由不同作者写成,或诉诸作者本人思想的变化,等等。在没有独立且充分证据的情况下,我们要尽量避免这种取消问题的解决办法,而是应该尽量把一部经典或一个作者写的一系列经典当作一个整体,试图在这个前提下解释这些表面矛盾与差异。基于这么一种基本方法,我会试图分别对孔子与苏格拉底对上等人之政治责任的立场作出解释与辩护。同时,因为他们的观点相反相成,并且因为他们都是思想深邃的哲人,所以拿他们的观点互为参照就可能加深我们对他们思想的理解和对他们所关注的问题的理解。不过,在这篇文章里面,我会主要从本文所展示的孔子之立场对为苏格拉底之立场的辩护进行批评。西方对苏格拉底为何就死的问题的研究有如汗牛充栋,我可以肯定这里有很多对苏格拉底的更强的辩护。本文的讨论只想试图提供一个理解苏格拉底之立场的新视角而非最终的审判,从比较的角度为加深我们对孔子和苏格拉底(柏拉图)的理解做一点工作;同时,我希望这个工作也会帮助拓宽和加深我们对精英在乱世的政治责任这个重要的哲学问题的理解。

一、儒家:杀身成仁还是明哲保身?

对君子之于一个国家的政治责任这个问题,孔子似乎表达了相互矛盾的观点。在这一节里。我会展示这些矛盾。在下一节里,我会试图给出这些矛盾的解决。

从表面上来看,同时可能与很多人的印象一致,孔子和儒家是热衷政治,并且不惜舍生取义的。据《论语》记载[①],与孔子弟子子路对话的

---

① 本文所引《论语》均根据杨伯峻《论语译注》(中华书局 1980 年版)。

两个耕田人 (很可能是隐士) 之一告诉子路, 人世已经没有希望了, 与其避开坏的人主 (并寻找好的人主), 他不如像他们一样避开这个世界 ("滔滔者, 天下皆是也, 而谁以易之? 且而与其从辟人之士也, 岂若从辟世之士哉?" (《论语·微子》)。① 当子路把这段对话汇报给孔子后, "夫子怃然曰: '鸟兽不可与同群! 吾非斯人之徒与而谁与? 天下有道, 丘不与易也。'" 并且, 孔子在《论语》里指出: "见义不为, 无勇也。" (《论语·为政》) 受了一个可能是隐者的老人嘲弄后②, 子路断言道: "不仕无义。长幼之节, 不可废也; 君臣之义, 如之何其废之? 欲洁其身, 而乱大伦。君子之仕也, 行其义也。道之不行, 已知之矣!" (《论语·微子》) 的确, 孔子本人被人说成是 "知其不可而为之者" (《论语·宪问》)。用他自己的话说, "志士仁人, 无求生以害仁, 有杀身以成仁" (《论语·卫灵公》)。遵循这种儒家精神, 据《史记》记载, 在一场政变中, 当几乎所有人都避难而逃, 只有子路试图去救被挟持的主子, 但不幸重伤, 并被敌人 "割缨" (断缨会使作为君子之冠落地, 不合礼仪)。他死前最后的话是 "君子死, 冠不免", 之后 "结缨而死" (《史记·卫康叔世家》)。这些段落似乎意味着对关心人类事务的正当秩序的儒家来讲, 唯一的履行自己政治义务的方式是出仕 (从政), 并且他们应该毫不犹豫地舍生取义。《孟子》中的一个声明**似乎**也支持了这个解释: "天下无道, 以身殉道" (《孟子·尽心上》)。③

---

① 这些隐士可能是在蔡国为避强大和 "蛮夷" 的楚国的扩张迁走后的遗民。他们现在被楚统治, 但拒绝在楚国朝廷里做事。所以, 他们可能并不是像很多人以为的那样是早期道家。(参见钱穆:《孔子传》, 生活·读书·新知三联书店 2002 年版)

② 也有注释者认为 "四体不勤, 五谷不分" 是老人自指。(参见杨伯峻:《论语译注》, 中华书局 1980 年版, 第 196—197 页)

③ 本文所引《孟子》均根据杨伯峻《孟子译注》(中华书局 1960 年版)。这里的 "以身殉道" 可能会被理解为鼓励有志者在乱世里都成为烈士, 从而支持了上述对儒家政治义务观的理解。但是, 需要指明的是, 这里的 "殉" 字实际上常被释为 "(遵) 循"。如果这个解释是正确的话,《孟子》的这段话实际上跟我们下面讲的 "明哲保身" 的观点是可以相容的。这也是为什么我在正文里突出了 "似乎" 这个限定。

持这种对儒家的理解的人很可能为孔子在《论语》其他段落里表达的另一个想法所震惊。在《论语》中，刚说了"笃信好学，守死善道"，孔子紧接着就给出了与这句话及以上对儒家理解看似相反的忠告："危邦不入，乱邦不居，天下有道则见，无道则隐。"（《论语·泰伯》）[1] 在另外一个地方，他给南容以下评价："邦有道不废，邦无道免于刑戮"（《论语·公冶长》），并把他的侄女嫁给了南容。

那么，一个人应如何在无道之邦里保护自己以"免于刑戮"呢？《论语》中的一个忠告是："邦有道，危言，危行；邦无道，危行，言孙。"（《论语·宪问》）[2] 在另外一处，孔子先是这么夸奖了史鱼："直哉史鱼！邦有道，如矢；邦无道，如矢。"[3] 但紧接着他给了蘧伯玉更高的夸奖："君子哉蘧伯玉！邦有道，则仕；邦无道，则可卷而怀之。"（《论语·卫灵公》）另一部儒家经典《中庸》给出的忠告是："国有道其言足以兴，国无道其默足以容。诗曰'既明且哲，以保其身'，其此之谓与。"（《中庸》第二十七章）[4] 实际上，孔子不但建议以沉默保护自己，而且有时连装傻也是可以的。《论语》中记载："宁武子，邦有道，则知；邦无道，则愚。其知可及也；其愚不可及也。"（《论语·公冶长》）[5] 总之，在国家无道时，儒家应该通过以下手段保护自己：言辞谦逊、不从政、保持沉默，甚至装傻充愣。

---

[1] 有意思的是，一些对这段话的经典注释（赵岐和皇侃）引了上面提到的《孟子》中的声明。但赵岐在这里将"殉道"解释为"从道"。（参见刘宝楠：《论语正义》上海书店出版社 1986 年版，第 163—164 页）我感谢王怀聿向我指出这一点。

[2] "危"是"正"的意思。（参见杨伯峻：《论语译注》，中华书局 1980 年版，第 146 页）

[3] 据历代注释，史鱼乃卫国大夫。他未能说服卫灵公进用蘧伯玉、斥退弥子瑕。临死时，他为此做了最后的努力（"尸谏"）。（参见杨伯峻：《论语译注》，中华书局 1980 年版，第 163 页）

[4] 本文所引《中庸》均根据朱熹《中庸章句集注》（中华书局 1985 年版）。

[5] 有注释者将"愚"解释为很少人能做到的在不利环境下对义的执着。但从这里引的很多段落看来，后一种解释似有很大问题。（参见程树德：《论语集解》，中华书局 1990 年版，第 340—343 页）

二、作为履行自己政治责任的躲避

因此，我们现在就遇到了一个问题：难道儒家不是要以人类利益为先，并勇于"知其不可而为之"吗？混乱无道的、人民受煎熬的国家不正是儒家需要去拯救的吗？儒家"危邦不入，乱邦不居"、天下"无道则隐"的正当性何在？下面，我将提供一些可能的辩护。

避乱邦有两个明显的原因。第一，在乱邦里一个人可能会被莫名其妙地杀死。这是乱邦的现实，或是乱邦的定义。它没有任何让人活下来的规则，不论这种规则是道德的或是纯理性的。因为在乱邦里保命的做法可能随时在变化，所以连"强权即真理"这样的原则也不一定能保人性命。《庄子》里的一个故事很漂亮地刻画了这种情境：一棵树因为没用而免于被砍伐，而一只雁因为没用而被宰杀。当其弟子问庄子在有用、没用之间应如何选择时，庄子指出不要累于有用、无用，而应"乘道德而浮游"（《庄子·山木第二十》）。[1] 作为一个对他所处时代的聪明敏锐的观察者，孔子必然是明白这一点的。这里要澄清的是，被随意杀死与上面提到的子路的高尚的死不同。他的死是激动人心的，可以传播儒家的理想精神。而我这里谈到的是那种无人知晓的或不明不白的死亡，有如空谷幽兰之自开自落。即使情愿舍生取义的儒家也不得不问：这样的死能带来什么样的道德上的善？！[2]

第二，即使一个人侥幸而没有被不明不白地杀死，为了能在这样的无道之邦里产生影响，他不但要活下来，还要得到有影响的位子。但是

---

[1] 本文所引《庄子》均根据陈鼓应《庄子今注今译》（商务印书馆 2007 年版）。当然，庄子（这里指《庄子》文本的作者或者作者群体）的道与孔子的不同，他可能连孔子认为的有道之邦都不屑于进入。（我感谢黄勇教授向我指出这一点）我用庄子的故事的目的仅仅是展示充斥孔子与庄子时代的世事无常的情绪。

[2] 当然，在现实条件下，我们经常很难判断什么行动是莽撞和无意义的、什么行动是勇敢和高尚的。

在无道之邦里爬上高位常常意味着一个人要做出道德上无法接受的牺牲，并且他有可能在"与魔鬼做交易"时渐渐失掉自己的良心。古今中外不乏有志青年打入"体制内部"，其结果不是他们改变了坏的体制，而是坏的体制改变了他们。孔子对在乱邦里爬上去的代价有很好的理解。在紧接着他在《论语》中的"无道则隐"的教诲之后，孔子指出："邦有道，贫且贱焉，耻也，邦无道，富且贵焉，耻也。"（《论语·泰伯》）① 之所以我们要为在无道之邦的富贵感到羞耻，就是因为我们的富贵必然是牺牲廉耻换来的。

这两点避乱邦的原因也可以帮助我们理解乱邦的含义。"乱邦"不是指有缺陷但可以改正的国家。任何现实中的国家都不会完美，而去改善它都要冒风险，并有时必须要基于"两害相权取其轻"的态度做一些道德上的、原则上的牺牲。这一点睿智的孔子自然理解并接受，《论语》里充斥着的他对人、对事的基于权衡的微妙评论也支持我们这里的猜测（比如他对管仲的态度）。这里讲的乱邦是指无法无天、道义丧尽、其统治者不知悔改，或任何改进的道德代价都过于巨大的国家。②

除了以上两点原因，我们也应该看到，躲避这样的国家、躲避它的昏

① 《论语·宪问》里有类似的说法："邦有道谷；邦无道谷，耻也"。

② 从《论语》一些段落的字面描绘，我们也许应该说"乱邦"或"无道之邦"与（周）礼崩乐坏相关（我感谢邱业祥和陈芸向我指出这一点）。这种说法即使对，也并不与我下面的分析矛盾。下面的分析是给出了"乱邦"或礼崩乐坏后的世界的更一般的描述（"更一般"是指它不局限于《论语》中对乱邦所可能有的基于当时历史情境的特定描述）。不过，《论语·季氏》孔子指出，"危而不持，颠而不扶，则将焉用彼相矣？"朱子认为相是瞽者之相，但是有其他注疏者并不同意，而我也认为朱子这里的解释有问题。（参见程树德：《论语集解》，中华书局 1990 年版，第 1134—1135 页）那么，如果这段说的是"相"（辅佐之臣）需要去扶持危险、摇摇欲坠的邦，这似乎就与我这里的说法矛盾。但是，这里指的是已经是相的人，并且其君主将要做一件错事，而不是其邦国已经不可救药了。如果君主不听劝诫，孔子在这里也说："不能则止"，也就是应该弃乱邦而去。这与我这里对乱邦的理解其实是一致的。

聩或残暴的统治者本身可能是君子可以为这个无道之邦所能尽的政治义务。虽然我们未能找到孔子本人对此的直接讨论，但是在其他文献中，他讨论了儿子应该如何对待自己昏聩的、暂时发疯了的，乃至邪恶的父亲。因为儒家认为国是放大的家，君（一国的统治者）与父（一家的统治者）之间、国事与家事之间是有对应，所以这一讨论会对如何对待暴政或暴君有启发。在《孔子家语》中，孔子的弟子曾子因小过而惹怒他的父亲曾晳。出于他所理解的孝道，曾子心甘情愿地接受了曾晳的杖责，被打得不省人事。他醒来后只是想着向父亲承认自己活该受罚，并让父亲知道自己没事。孔子听说了以后不但没有夸奖曾子，反而"闻之而怒。告门弟子曰：'参（曾子）来勿内'"。孔子后来解释，如舜的父亲瞽叟（"瞎了眼的老头"）想杀舜但舜躲避一样，一个孝子应"小棰则待过，大杖则逃走"。其原因是如果儿子"委身以待暴怒，殪而不避，既身死而陷父于不义，其不孝孰大焉？"（《孔子家语·卷第四·六本第十五》）。如《孝经》第一章里指出："身体发肤，受之父母，不敢毁伤，孝至始也。"（《孝经·开宗明义》）① 根据这样的原则，在一些特殊情形下，看似吊诡的是，保护父母所授（性命）和对他们的孝敬恰恰在于不接受父母所授的暴打或谋害，恰恰在于不遵从他们。当然，《孔子家语》和《孝经》所记是否是孔子的言论、是否反映孔子本人思想是个有争议的问题。但是为儒家所推崇的舜就曾经多次逃脱其父的谋害，于儒家来讲，这是众所周知的故事。这个故事背后的道理，与上面讲的曾子的故事的道理是一致的。因此说上述对孝的理解为孔子所认同并不牵强。实际上，孟子在解释舜何以"不告而娶"采取了与上面的说法类似的观点，"告则不得娶。男女居室，人之大伦也。如告则废人之大伦以怼父母，是以不告也"（《孟子·万章上》，又见《孟子·离娄上》）。那么，根据这种应该为孔子所接受的对孝道的

---

① 本文《孝经》依据《十三经注疏》（上海古籍出版社 1997 年版）。我感谢 Roger Ames（安乐哲）向我指出这一点。

理解，再根据儒家的父与君、家与国之间的类比，那么这就意味着，有些情况下，躲避危乱之邦才是儒家尽忠的表现。躲避昏聩或残暴的君主及其国家意味着避免了如果没有躲避就会必然面对的两者间的对决。这种对决会损害这个君主，或更可能的是将来这个国家的君主与儒家的和解，并听从儒家的指点来纠正错误并走上仁治的机会。

并且，躲避暴君不仅仅是被动的行为。公认的君子拒绝进入或者离开一个国家这样的事实，正是对坏君主的抗议，有可能迫使君主反思改过。[1] 并且，在孔子的时代，邦国都还不太大，君子的离去会有较强的榜样的力量，让他人追随，最终会让这个邦国失去臣民，甚至被彻底摧毁。同时，如果找到合适的邦国或者合适的地方，君子可以协助良政在那里实现，吸引人民投奔，让危乱之邦的君主感到耻辱、危险，或者以和平的力量摧毁这样的国家。如孔子自己指出，"远人不服，则修文德以来之"（《论语·季氏》）。当乱邦的人民都移民了，乱邦自然就被消灭了。

当然，对待暴君还有更主动的做法。根据孔子的正名思想（《论语·颜渊》、《论语·子路》），一个人的名分应与其所尽责任相符。直白甚至有些鲁莽的孟子则干脆讲明了这个看起来保守的观点所隐藏的革命性一面：当一个统治者没有履行自己的义务时，他就不再是一个真正的统治者，因此杀死他就不再是儒家所反对的弑君了（《孟子·梁惠王下》）。[2] 顺便指出一点，孟子这里并没有说杀父是否在有些极端情形下是可以被儒家认可的。从孟子对舜在瞽瞍昏聩，甚至数次试图谋害他的情况下依然守孝道的赞同来看，孟子可能是认为杀父在任何情况下都不能接受，其原因可能是父子关系比君臣关系更根于自然、更少约定成分。

把所有这些考虑综合到一起，我们可以得出这样的结论：当一个

---

[1] 我感谢黄勇教授向我指出这一点。

[2] 需要指明的是，孟子不认为人民有废除君主的直接权利。（参见白彤东：《旧邦新命：古今中西参照下的古典儒家政治哲学》，北京大学出版社 2009 年版，第41—77 页）

统治者不可救药但可以被废掉时,儒家君子应该毫不犹豫地领导人民去剥夺他的权力①;但当一个统治者一时昏聩但无法劝阻却又无法被废掉时②,儒家应该"卷而怀之",以避免激烈冲突,这就使将来这个君主、其继承者,或这个国家更容易悔过并纠正错误,这也是一种对这个统治者的抗议与劝诫,甚至是间接地惩罚。同时,他可以找到适合的环境,帮助建设一个有文德的国家,通过外部压力来改变危乱之邦。

但是,为什么儒家的君子不能让自己在道德、智慧与身体上都强大到能克服种种困难来拯救一个国家呢?孔子确实认为,政治机制的良好运转与儒家之道的彰显有赖于君子,即所谓"人能弘道,非道弘人"(《论语·卫灵公》),人存政举、人亡政息(《中庸》第二十章中孔子谈文武之政),儒家之道要"待其人而后行"(《中庸》第二十七章)。但是,不幸的是,孔子似乎认为这样的儒家(圣人)并不常有。这与孔子对人之向善的悲观态度相呼应。他甚至指出,"博施于民而能济众"这一儒家理想君主的基本条件,连儒家最理想的圣王尧舜都达不到("尧舜其犹病诸")(《论语·雍也》)。这种圣人罕有的观点在孟子那里变得更加明晰(也更少隐晦)。他指出,"五百年必有王者兴",但同时从上一次有圣王算起(到孟子的年代),"七百有余岁矣"(《孟子·公孙丑下》)。简而言之,与很多启蒙思想家和近现代思想家的信念不同,早期儒家认为好的政治、政府只是偶然出现,他们并不认为一个"永久和平"的国家是可能的。因此,对儒家来讲,在任何情境下都有君子,且他们有能力排除万难、救民于水火,这并非可能的事情。

但是,如果像在前面引过的子路在《论语·微子》里所说的,履行一个儒家的政治义务的唯一方式是"仕",即服务于政府的话,但政治现实

---

① 这里不是由人民直接废除统治者。

② 像上面提到的,我们这里处理的所谓"危邦"、"乱邦"都是那些君主或其政治昏暗到无法以内部劝阻改正的情况。如果能通过劝阻改正的话,那么儒家自然可以履行他们规劝的职能,我们也就不会有本文所要处理的困难。

是无法废掉危乱之邦的统治者，君子不入乱邦或离开危邦的行为也未能赢得太多追随者或者让统治者考虑悔改，并且君子也没有找到在另外一个适合出仕的邦国（这个假设几乎就是孔子所经历的现实，也是微子篇前一段的一位隐者所指出的），那么与其"夹着尾巴做人"、徒劳地等待圣贤降临，不如冒死一拼。虽然选择后者君子可能丢掉身家性命，但这一行为即使无法拯救人民与国家，但也至少可以为后世树立榜样，或者哪怕只是忠实于自己的道德原则呢！在上述政治现实下冒死一拼来履行儒家君子的政治义务的可能再小，也总比无人知晓的苟且偷生来履行自己之义务的机会大些。所以，当没有任何地方适合君子出仕的情况下，"卷而怀之"的忠告可成立，就意味着君子有其他履行其政治义务的方式。据孔子的看法，这样的方式是有的。据《论语》记载：

> 或谓孔子曰："子奚不为政?"子曰："书云：'孝乎惟孝，友于兄弟，施于有政。'是亦为政，奚其为为政?"（《论语·为政》）

一般地讲，孔子和儒家承认公私的分别和冲突，并且在这一冲突中给公益以优先性。但是，与其他思想家不同，他们同时又强调二者的连续与互补，期冀以它们的互补来克服它们的冲突。私与公构成了政治生活的连续整体。这意味着儒家可以通过改善自己的家庭、参与乡里（社区）事务来尽自己的政治义务。如果能有更多的同道来做出这种努力，那么国家的政治环境也可能得以改善。即使没有这样的结果，个人努力也还是可以作为将来政治改善的种子。[1] 孔子自己的行为，作为一个老师（也许是中国历史上第一个非官方教师）、作为一个经典的保存者与注释者，也展示了如何在"私领域"为公益服务、进行政治活动的另一种方式：教学生、保存经典、"笔削春秋"。这些行动让经典经受住时间的考验，

---

① 我感谢 Ames 向我指出这一点。

有如被保护起来的种子，等待合适的时机生根发芽。①

与此相关，我们需要澄清的一点是：虽然儒家对其家邦及其人民有其自然的亲和情感，但他并不必然依附于某个特定的邦国或人民。特别是在春秋时代，虽然诸侯国各自为政，但是它们名义上归周王室统治，大多数诸侯国的人民都有共同的文化认同。这个事实有助于儒家从一个国家（无道之邦）迁到另外一个国家（有道之邦）。但是，如果如后来中国历史上常发生的那样，只有一个大一统的国家，而这个国家又不幸处于无道的状态，那么儒家还怎么能择邦而居呢？《论语》的一个注释者李颙指出，一统之世，"小而郡县，大而省直，亦邦也。中间岂无彼善于此者乎？"② 实际上，儒家之君子甚至不一定非要居于"文明世界"里。也许是因为在"文明世界"里屡受挫折，孔子"欲居九夷。或曰：'陋，如之何？'子曰：'君子居之，何陋之有！'"（《论语·子罕》）③

总之，虽然支持见义勇为，但如果有比牺牲自己生命更好的服务人类的方法的时候，孔子反对去做烈士。但是，倘若没有其他尽君子之政治义务的方法，我们又该怎么办呢？比如，如果处在子路被杀之前所处的境遇里，要在凛然就义或不光彩地逃命之间做出选择，孔子会怎么做呢？在这种情况下，孔子可能只有一个选择：那就是像勇敢的子路所做的，高贵地死去，或是为了给后世做个榜样，或是仅仅为遵循儒家的道德原则。但孔子也许会问这么一个问题：为什么子路会让自己处于这种情境下呢？一个既仁且智的君子应该知道卫乃乱邦，因此应该选择不入于卫、不居于卫，更何况要在那里出仕。但是，实践中不同选择间孰优孰劣并不总是清楚明白的。毕竟，儒家的君子并不是全知全能的上帝，他

---

① 因此，"不仕无义"并不是孔子的立场，而是子路的立场，并且子路的立场，其实违背了孔子对政治参与的理解。子路的这种立场，可能也是他最终悲剧性地死去的一个原因。

② 转引自程树德：《论语集解》，中华书局 1990 年版，第 540 页。

③ 这段话似乎意味着孔子认为蛮夷有时候比一个"文明"的但危乱的国家都更可拯救。但他并没有解释为何如此。我感谢 Andrew Chittick 向我指出这一点。

有可能无法预知或掌控事情的发生与发展。因此，在某些情境下，即使睿智的君子也可能无法判断何为尽其政治义务的最佳选择。这恐怕是为什么《论语·微子》在指出"微子去之；箕子为之奴；比干谏而死"这三种做法之后，孔子评论说："殷有三仁焉。"① 这里对微子和比干的选择描述得很清楚，但对箕子的选择的描述比较粗略。据其他史书记载，箕子是披发佯狂、被降为奴隶。② 我们可以说，也许《论语》如此给出三仁的次序暗示了他们选择的高下，但是在我们能做出比纯粹的猜测更可靠的结论之前，我们只能说，根据孔子的说法，在暴君纣王统治下的危乱之邦里面，这三种选择难分高下。我们由此也可以想象，在某些极端情形下凛然就死可能会是儒家君子的唯一选择。因此，我并不是说，孔子认为在任何情形下君子都不应该为履行其政治责任而献身，而是见义勇为在很多时候都有牺牲自我之外的选择。孔子的道义不是康德式的道义，而是在道义的基础上去权衡可能后果的利弊的。后一点于后果主义（consequentialism，通常用的是功利主义，utilitarianism）相通。儒家的立场是康德的立场与边沁和密尔立场的一个综合。③

最后需要澄清的一点是，就孔子来说，世事的混乱有可能达到君子无处可躲，而只能过着近乎归隐生活的境地，并且儒家也不一定是非要时时刻刻都想着为人类事业尽心竭力。比如，《论语·公冶长》中记载："子曰：'道不行，乘桴浮于海。从我者，其由与？'子路闻之喜。子曰：'由

---

① 我感谢杜小安向我指出这段话的重要。
② 参见杨伯峻：《论语译注》，中华书局 1980 年版，第 192 页；程树德：《论语集解》，中华书局 1990 年版，第 1247—1254 页。
③ 我们还可以考察其他相关文本，比如孟子对这个问题的立场，但这个工作超出了本文所能处理的。我的感觉是孟子更强调行义的勇气，比孔子少了一些微妙。但是，即使充满理想主义色彩的孟子似乎也理解不做不必要的烈士的重要。比如，孟子指出："莫非命也，顺受其正。是故知命者，不立乎岩墙之下。尽其道而死者，正命也。桎梏死者，非正命也。"（《孟子·尽心上》）我们也可以考察《论语》和《孟子》里对卫道而死的伯夷、叔齐的微妙态度，来反思先秦儒家对这个问题的复杂立场。

也好勇过我,无所取材'"。这里后半段的说法暗示了孔子可能是在戏言。但在另一个在注释者之间比较有争议的段落里面,孔子的态度就更加直接。在弟子回应了孔子对他们的志向的询问之后,他没有赞许那些表达要为良好政治的献身的弟子,而是赞同了曾点("夫子喟然叹曰:'吾与点也!'")。曾点的志向是:"莫春者,春服既成;冠者五六人,童子六七人,浴乎沂,风乎舞雩,咏而归"(《论语·先进》),这似乎是最与政治无关的志向。需要指出的是,在这段的最后,孔子自己说明,他所不赞同的并不是其他弟子想实现良政的愿望,而是他们达到它的具体想法。但他并没有解释为什么"吾与点也"。对其含义,后代争议极大。① 其中一种观点认为曾点描述的是服从礼教的生活,甚至是代表了天理流行、尧舜气象的生活。毕竟,曾点所描述的结伴而浴、而舞、而歌可以是儒家通过礼仪的养成教育的一部分,而其舞所在之"雩"疑为请雨之坛,隐含着春天为民祈雨之意。② 他的这种选择也许是表达了政治之变革要从根本之礼乐教化开始,而不能停留在表面的修补上。③ 但是,也有人认为这里曾点描述的是一种自由自在的生活,这与孔子对人事失望的心情呼应。撇开这些有争议的文字不说,在《论语·宪问》中孔子很直接地指出过"贤者辟世",而"辟地"者(去乱邦而适治邦的人?)次之。④ 一般地讲,在前面引过的《论语·微子》的相关章节中,孔子讲得很清楚:"天下有道,丘不与易也"。所以,与一些人所理解的不同,享受自然并不是道家的专利,孔子也并不认为这样的生活与儒家理想有任何矛盾。的确,对这种生活的向往、理解人民也向往这样的生活,乃至天下同乐的愿望正是儒家君子为人民服务的动机之最终来源。但是,对这种生活的个人享受应该放在为人类事务之改善而奉献之后。如果这些事务得到了好的处理,那么儒

---

① 程树德:《论语集解》,中华书局 1990 年版,第 806—814 页。
② 我感谢贝淡宁(Daniel Bell)、赵㑳对这里的讨论给予的启发。
③ 我并不认同这种观点,认为它是宋儒自己想觉民行道心理投射的结果。
④ 程树德:《论语集解》,中华书局 1990 年版,第 1026—1247 页。

家完全可以尽情享受逍遥地游于天下的生活。①

三、苏格拉底的哲人：没有统治之责，也无意人间事务

与儒家构成鲜明对比的是苏格拉底。孔子似乎有种种理由鼓励自己的追随者入危邦、居乱邦，但他明确反对这么做。苏格拉底，或更准确地讲，柏拉图对话里的那个叫苏格拉底的人物，似乎有种种理由远离城邦、远离政治，更谈不上卷入其中，但是他却在雅典人赶他走的时候都不走。② 这一对比耐人寻味，而将此两者放在一起、互为参照可以是件很有趣的工作。

但是，需要澄清的是，通过比较孔子与苏格拉底对上等人之政治责任的观点，我不是要否定孔子与苏格拉底（柏拉图）的政治哲学之间、孔子的华夏与苏格拉底的古雅典乃至古希腊之间的区别。毋庸置疑的是，孔子的君子绝非柏拉图的哲学家，孔子时中国的"邦"与古代希腊的"城邦"（polis）也有着极其重大的区别。并且也很难讲，苏格拉底时的雅典符合上一节给出的乱邦的标准。③ 首先，除去三十僭主时期，苏格拉底时

---

① 但是因为理想与现实之间总是会有差距，并且事情总可能变坏，所以我们很难判断，对孔子来讲，何时儒家可以从政治责任里退身出来（我感谢贝淡宁向我指出这一点）。但是，在理想情况下，儒家的统治者不是一个什么闲事都管的忙人，而是有如北辰（北极星）一样，"无为地"向他的臣民们展示好的生活的榜样（《论语·为政》）。从这里我们可以引申出来，儒家享受自然有助于给人民树立榜样。

② 在处理柏拉图对话上，我采取与对待中国古代某些经典一样的解释原则。我会采取整体性的态度，假设在不同的对话里苏格拉底（柏拉图）都试图表达一个内在一致的想法。当我们发现表面不一致时，我们应首先考虑是不是我们没有读懂和想明白，并尽量给出一个一致解释。如果我们不能给出一致解释时，我们应该承认我们不明白为什么会有这种不一致，而尽量不去在没有独立证据的基础上将这种不一致归于柏拉图思想在不同时期起了变化一类的原因上。

③ 我感谢刘玮向我指出这一点，以及他做的其他相关的评论。

代的雅典并且不是一个无法无天的城邦，它不是一个其居民会被莫名其妙地杀害的城邦。虽然有人煽动，但是对苏格拉底的审判还是符合程序正义的。在《克力同》篇里，据想象的"城邦的法律与共同体"所说，与塞萨利（Thessaly）不同，雅典是个有法治的城邦（Crito, 53a—54a）（虽然我们不知道苏格拉底是否同意这一判断）。① 其次，除去三十僭主时期，雅典践行民主，公民获得一定政治职位或者一定政治影响所付出的代价也小于绝大多数非民主城邦。但是，下面我们会看到，苏格拉底似乎对雅典政治并不乐观，甚至暗示它宛如处于风暴之中。更重要的是，尽管有这一段所说的这些不同，但是我们依然可以用苏格拉底的相关思考与孔子的思考相互比照。我们可以采取一种"抽象翻译"的办法，把一种思辨从其环境中抽象出来，将它在一个新的环境里再情境化，用这种"翻译"过的思辨，在新的情境内部，来推进我们的思考。

在这一节里面，我们会看到，苏格拉底虽然给了一些哲学家为什么要参与统治的原因，但是在仔细考察之下，苏格拉底的立场似乎还是哲学家对人类事务，甚至是活在世间都没什么兴趣，自然也就没有统治（参与政治）的责任。但这个结论又与苏格拉底的行为相矛盾。在下一节，我会讨论一个更令人迷惑的问题：为什么在雅典已经对他如此敌意，乃至要处死他的时候，苏格拉底依然不离开这个城邦？我会讨论在不同对话中苏格拉底给出的解释，但同时会展示，尤其是从上面对孔子立场的讨论来看，这些解释都是不充分的。

与儒家君子截然相反，柏拉图对话里的哲学家似乎并没有帮助其他人的责任。在《理想国》第一卷里，苏格拉底给出了一个人想要统治的三个原因：为了金钱、为了荣誉、为了躲避被坏统治者所统治而带来的惩

---

① 本文所引用的《克力同》篇，均根据 West, Thomas G. and Grace Starry West , *Four Texts on Socrates*, Ithaca, NY: Cornell University Press, 1984。中文翻译均由本人给出。

罚,并指出只有最后的那个原因是不会被谴责的。(347a—347d)① 但是,与其他两个原因一样,最后这个原因也是基于私利,并且它只给了好人很弱的动机去统治。的确,"如果有一个城邦,在这个城邦里有很多好人的话,他们会争着不去统治";而好人决定做统治者只是因为"没有比他们更好或和他们差不多好的、可以赋予统治工作的人"。(347c—347d)

公平地讲,苏格拉底是在回应色拉苏马库斯 (Thrasymachus) 的时候给出这些以自利为基础的动机的,而色氏在此前论述统治是为了 (通过剥削被统治者来) 满足统治者的私利的。这也许是苏格拉底的回答都是从私利出发的原因 ("见人说人话,见鬼说鬼话")。但是,不可否认的是,作为儒家政治责任基础的 (关怀他人的) 同情心,并不在苏格拉底于《理想国》里讨论的美德之中。

实际上,在《泰阿泰德》篇中,哲学家被描述为飞到"'深深的地下'去几何化平面,'高高在上'去凝望星星,并且探索所有地方的所有存在物的整体的本性",但对附近的东西和城邦的世俗事务没有兴趣。(173e—174a)② 根据这里的和柏拉图的《斐多》篇里的描述,哲学家甚至是想死的,哲学生活是为死亡做准备的。(《泰阿泰德》篇,172c—177c ;《斐多》篇,61b—65b)③ 当然,苏格拉底 (和柏拉图) 的这些声称背后的真实意图是什么,这是个很难回答的问题。苏格拉底声称哲学家如此不关心人事,他们甚至不知道怎么去集市 (marketplace) 和法庭 (court)。但他是在他太了解的集市上,在他自己去法庭的路上做的这个声明。(《泰阿泰德》篇,173c—173d) 当被问到如果哲学家都想死,他自己为什么不

---

① 本文所引用的《理想国》,均根据 Bloom, Allan (tr.), *The Republic of Plato*, New York: Basic Books, 1991。中文翻译均由本人给出。

② 本文所引用的《泰阿泰德》篇,均根据 Barnes, J. , *Complete Works of Aristotle, Volume 2*, Princeton, NJ: Princeton University Press, 1984。中文翻译均由本人给出。

③ 本文所引用的《斐多》篇,均根据 West, Thomas G. and Grace Starry West , *Four Texts on Socrates*, Ithaca, NY: Cornell University Press, 1984。中文翻译均由本人给出。

自杀的时候,苏格拉底回答是他在遵从神的命令。(《斐多》篇,62c)但是,这个回答,从苏格拉底的嘴里说出来,听起来很可疑:苏格拉底经常是以狗发誓,而不像一般雅典人一样,以宙斯这个古希腊的最高的神发誓。①在《申辩》篇里,他甚至说,他开始并不相信德尔菲神庙的关于他是最睿智的人的预言,而必须考查了这个说法以后,才最终相信了它。(21a ff)尽管有这些疑难,但至少在表面上看,柏拉图对话里的哲学家似乎对政治事务是不关心的。

不过,苏格拉底还是明确给出了哲学家为什么要统治的原因。在《理想国》第七卷里,在回答哲学家为什么要接受统治的政治义务时,苏格拉底论辩道:"我们生育你们(哲学家)既是为了你们自己也是为了城邦的其他人,有如领袖与蜂巢里的王者一样;你们得到了更好的和更完美的教育……"(520b—520c)有人会说,这个原因和上述不太强的统治原因(347a—347d)结合在一起,也许可以成为哲学家统治的充分原因。②但是,《理想国》在这里同时指出,哲学家的这种义务只适用于理想城邦,因为他们成为哲学家是由于这样的城邦的栽培。在其他城邦里,哲学家成为哲学家是由于他们能抵御这些城邦的"栽培"(坏影响),因此作为哲学家的他们对这些城邦没有任何义务。(520a—520b)在《理想国》另外的地方,苏格拉底暗示他的哲学思考不是雅典给的,而是他的守护神(daemon)给的。(496c)因此,根据《理想国》里的这些论辩,作为哲学

---

① 参见《理想国》399e 和 592a,《申辩》篇 22a,以及《斐多》篇 98e。在《高尔吉亚》篇里,苏格拉底说"以狗——埃及人的神的名义"(482b)(本文所引用的《高尔吉亚》篇据 Nichols 1998,中文翻译均由本人给出)。这里应该指的是埃及的神阿努比斯(Anubis,我感谢刘玮向我指出这一点以及苏格拉底对德尔菲神庙的预言的怀疑的相关性)。因此,苏格拉底常用的发誓也许还是由宗教的意涵的,但从雅典人的角度看,他很难说是虔诚的。并且,我也并不是说苏格拉底彻底没有宗教性,而是说他诉诸神的旨意来回答为什么不自杀这个问题,令人困惑,也并不能解决相关的问题。

② 我感谢刘玮向我指出这一点。

家的苏格拉底还是不应该对雅典有任何统治义务。① 并且,哪怕是上面的哲学家对理想城邦有政治义务的说法,也是有问题的。这是因为这一说法隐含的前提是:人应该把他拿的还回去。这是《理想国》第一个对正义的定义的一部分,但这个定义被苏格拉底驳倒了。(331c)②

总之,苏格拉底(和柏拉图)是如何理解哲学家对城邦的责任是个复杂的问题。至少在表面,苏格拉底确实看起来有种种理由不去过深地卷入城邦(polis)的或政治(political)的事务。

并且,即使他关注城邦的福祉,他仍可以认为时机不当而选择不卷入城邦事务。这是因为苏格拉底认为,理想城邦不是在任何情况下都能被建立起来的,即使它被建立起来,它也不会持续千秋万代(《理想国》546a)。事实上,如果一个城邦是败坏的,如苏格拉底在《申辩》篇里指出:"对一个真的在为正义斗争的人来讲,哪怕他仅仅是要保全自己一小段的时间,他必然要过一个私人的(private)而不是公众的(public)生活。"这是远离大众的生活,也是苏格拉底(声称)自己所过的生活(31c—32a)。《理想国》里有令人很是感慨的一段,它这样描述了一个在不正义

---

① 当然,我们可以考察苏格拉底这一说法有多认真、是否可以被辩护。虽然苏格拉底有不满,但是毕竟雅典满足了他的基本生活需要,并且通过建筑在漠不关心而不是真的开明上的宽容,苏格拉底在其人生的大多数时期,也被允许进行哲学活动。(我感谢刘玮向我指出这一点)但是苏格拉底可以说,他已经通过履行公民职责(比如作为士兵参与战争)还了他对雅典所欠的,并且民主雅典允许他进行哲学活动是通过不干扰他(而不是主动给他提供方便)。而这似乎也没有太多可偿还的。并且,我们下面马上会看到,这种还欠的正义观本身是有问题的。

② 我们可以争论,这个定义和后来修改过的定义(331d—336a)到底在多大程度上被驳倒了。(我感谢刘玮向我指出这一点)但是,即使作为正义的还欠可以成了,我们要看到,苏格拉底先是暗示(331d—336a),后来更明确指出(504a—506b),正义只在至善(the Good)的指引下才是好的。这意味着只要合于至善,正义也是可以被违背的。但是《理想国》并没有给出至善的直接和明确的定义和描述,苏格拉底本人甚至怀疑这是无法给出的(506b—511e)。并且,即使我们接受哲学家需要把从理想城邦里拿的还回去的观点,我们还可以追问,这里要还回去的是什么? 它不一定是很高的政治参与,而是一些基本的公民义务而已。

城邦里（对苏格拉底来讲，几乎所有现实世界里的城邦都是不正义的）哲学家的命运：

> 有如落入一群野兽中的一个人，既不愿意加入它们做不正义的事情也不足以靠自己一人之力抵御所有这些野蛮的动物——（如果他抵御的话）在能对城邦或朋友有任何用处之前，他就会死掉，无益于自己或他人。盘算了所有这些，他保持沉默，只管自己的事——像一个在暴风雨里的人，当风把尘土与雨水吹得遍地都是的时候，他站在一小堵墙下。看着他人无法无天，他满足于自己能以某种方式过一个没有不正义、没有不神圣的行径的生活，抱着好的期望，优雅地并高高兴兴地避开它（这个乱糟糟的城邦和其中的生活）。（496c—496e）①

从表面上看，苏格拉底这里所讲的与儒家给出的不入、不居危乱之邦的原因之一很相似：儒家君子并不能一定可以改变任何不理想的邦国，而在危乱之邦里，儒家君子为了能有任何作为就必然要与不正义的人同流合污。这种道义上的牺牲是不可避免的，但同时又是不可接受的。

四、哲人有不避乱邦的责任？

因此，与儒家的君子不同，至少是在表面上来讲，苏格拉底的哲学家并没有领袖和服务人民的责任，对人类事务也没有兴趣，甚至没有很强的原因要活下去。即使他要活下去，要在城邦中生活，考虑到多数城邦都是腐坏的事实，他也最好是过着私人的生活。但是，我们已经看到，苏

---

① 我感谢 David Roochnik 提醒我这一段落的相关性。但是，强调公私连续的儒家会说，虽然哲学家不卷入"公共"事业里去，但他仍可以通过其他途径对自己的城邦和朋友作出（政治）贡献。

格拉底的一些说法是有问题的，并且与他自己的所作所为相矛盾。就他的一般行为来说，他在雅典的集市上与他人高谈阔论，而他的对话者很多都是有政治野心和政治影响的人，他的这种行为很难说是私人的而不是公众的和政治的行为。① 并且，当他这样的生活最终导致了与雅典的生死冲突的时候，他依然拒绝离开雅典。那么，他为什么会做这样的选择呢？在这一节里，我将讨论苏格拉底在不同地方给出的原因，② 将它们与孔子的考虑做比较，并站在儒家的角度对它们进行批评。③

在《申辩》和《克力同》篇里，苏格拉底明确地表示一个人不应该为了保命而认下自己并没有犯的罪，不应该以任何不高贵的方式逃命。孔子会同意这个说法。但是，他会问：为什么苏格拉底会让自己处于这种困境里呢？明知道雅典混乱，苏格拉底本可以选择低调。像我们讨论过的，"低调"不等于什么都不做。一个人保持低调的同时仍然可以有机会履行自己的政治责任，或做自己觉得值得的事情。但似乎雅典人甚至不允许苏格拉底与他人交谈，不允许人们听他的哲学思考，而这是苏格拉底最想做的事情。因此，苏格拉底最后有了麻烦并不是他自己的问题。但是，这个说法并不成立。一直生活在雅典的柏拉图就做到了既教育了学生且著作等身，从而在某种程度上履行了他的政治责任或者实践了他的理想，但同时，他也没有招惹城邦向他"摊牌"。

并且，保持低调乃至逃离雅典并不必然意味着怯懦。根据列奥·斯特劳斯（Leo Strauss），在《申辩》篇里，苏格拉底列举了显示其勇气的三次战役，其中他都坚守了统帅或神给他的岗位。但是这里的两次战役是雅典打的败仗，而在另外的那次战役中，雅典人虽然取得了开始的胜利，

① 从儒家公私连续的观点看，苏格拉底的所作所为当然不仅仅是私人的。并且，从民主雅典的情境中看，与他人在集市上交谈也完全可以被看作是政治行动。
② 据上面提到的整体性原则，我不会将不同柏拉图对话里给的原因分别地加以讨论。
③ 对上述困难的一个简单解决是否认苏格拉底是哲学家。但如果他不是，谁是呢？在这篇文章里，我会坚持把苏格拉底当作一个哲学家来看。

但他们最终还是被打败了。① 斯特劳斯指出："在战败时，勇敢更多地在于体面地撤退或者逃走（fleeing），而不是在于留守。"② 所以，体面地逃走可以是勇敢的象征。那么，为什么苏格拉底不能在面对充满敌意的雅典人时显示这种勇气呢？

苏格拉底的徒孙亚里士多德几乎卷入了与雅典的致命的冲撞，但他及时从想要杀他的雅典人手下逃到哈尔基斯（Chalsis），据说还留下了一句明显在影射雅典人处死苏格拉底之行径的名言："我不会让雅典人两次错待哲学。"③ 有人也许会说亚里士多德是个居住在雅典的外邦人（metic）。与苏格拉底这样的雅典公民不同，这样的外邦人没有对其居住的城邦的卫护之责。④ 但是，考虑到苏格拉底毕生都在考察，而不是轻信关于人类事务的"常识"，声称苏格拉底留下来是由于雅典公众所具有的，未经考察的爱国主义，这是很有问题的。

《克力同》篇提供了几个苏格拉底不应从监狱里逃跑的原因。⑤ 苏格拉底自己论辩说一个人应该做他答应别人的事情，而从监狱里逃跑意味着破坏法律，而法律是他答应城邦所要遵守的。所以为了不对城邦作恶，一个人必须说服它（而不是一走了之）。（49e—50a）接着，借用拟人的口

---

① Strauss, Leo, *Studies in Platonic Political Philosophy*, Chicago, IL: The University of Chicago Press, 1983, p.44.

② Strauss, Leo, *Studies in Platonic Political Philosophy*, Chicago, IL: The University of Chicago Press, 1983, p.44.

③ 这句话可以在一些二手材料里找到。Düring 列举了这些材料，并对它们的可靠性做了评估。（Düring, Ingemar, *Aristotle in the Ancient Biographical Tradition*, Göteborg, 1957, pp. 341–342）这句话最可靠的来源之一是 Fragment 667（Rose: *Vita Aristotelis Marciana*, pp.184–191；见 Barnes, J., *Complete Works of Aristotle, Volume 2*, Princeton, NJ: Princeton University Press, 1984, p.2462）。我感谢 Robert Rethy 和 Silvia Carli 向我指出这句话的出处。

④ 与古希腊人相反，孔子并不看重自己邦国至上意义上的爱国主义。他自己从一个诸侯国走到另一个诸侯国，寻找实现自己理想的机会。从孔子的角度来看，对自己母邦的偏爱是自然的，但不是神圣的。

⑤ 我感谢 Charles Goodman 和黎辉杰督促我澄清和重新审视原稿中的一些观点。

气，苏格拉底想象了"城邦的法律与共同体"（the laws and the community of the city）会给出什么样的论辩。（50a）它们（城邦法律）会说，逃跑会使城邦的判决无效，从而会导致城邦的死亡。（50b）因为是城邦养育了他，所以即使城邦对他不义，他也应当服从它。在这些事情上，城邦比他的父亲还要重要。因此，报复城邦比报复他的父亲更不应该（50e—51b）。但是，托马斯·韦斯特（Thomas West）指出，法律给出的这些原因实际上与苏格拉底在这篇对话开始给出的做决定的一般原则是相冲突的。① 的确，如果回想一下上一节的讨论，我们也会发现《克力同》篇里城邦法律及其共同体给出的论辩是成问题的。我们已经看到，《理想国》里说哲学家只对理想的城邦有比较严肃的义务，但对腐坏的城邦没什么义务。就雅典来讲，苏格拉底并不欠它什么。实际上，甚至哲学家对理想城邦的义务都是可怀疑的。

为论辩起见，不妨让我们假设苏格拉底同意城邦法律及其共同体给出的论辩，同时结合前面对儒家相关思想的讨论，让我们来考察一下这个论辩是否导致苏格拉底不应逃跑的结论。的确，儒家不会支持儿子反手打父亲。但像我们在《孔子家语》的例子里看到的，孔子不认为对暴怒的父亲盲从是孝道的标志。相反，在这一情形下，逃走才是孝道的表现。这是因为不逃走会导致父亲做出大不义的行为，而这一不义之行使得将来父亲的任何悔改、补过都变得不可能。这可以说是在苏格拉底的案例里实际发生的。他选择如此高调地留下导致了他与城邦最终摊牌，并使得这个疯狂的城邦对哲学犯了重罪。虽然城邦与哲学之间可能一直都有冲突，但是城邦处决苏格拉底使二者之间的关系变得更糟。城邦与苏格拉底的朋友、弟子之间很难再重归于好，而城邦与哲学间的敌意贯穿了历史。

---

① West, Thomas G. and Grace Starry West, *Four Texts on Socrates*, Ithaca, NY: Cornell University Press, 1984, p.26.

　　实际上，与儒家立场一致，《克力同》篇拟人的"法律"也认为，如果一个人觉得城邦法律不正义的话，与父子关系不同，他可以选择离开这个城邦。（51c—52a）但是，苏格拉底也许没预料到雅典会变得如此不义，没预料到他会与城邦有致命的对抗。当这个对抗发生时，他想离开这个城邦已经晚了。可是，即使在审判中，苏格拉底还是可以选择被放逐，但他自己没有这么选择。有人也许会说没有什么地方比雅典更好。但是，第一，如《论语·子罕》里孔子所讲的，即使是九夷，"君子居之，何陋之有"。第二，苏格拉底自己似乎认为斯巴达（Lacedaemon）和克里特（Crete）也有好的法律。① 但苏格拉底指出他若被放逐，在他被放逐的城邦里，他仍然会被指责为是法律、年轻人、没头脑的人的腐化者乃至罪犯。考虑到他在雅典得到的"坏"名声，这种情形变得愈发可能。有人也许会说，苏格拉底可以选择在那些城邦里保持沉默，但他实际上无法做出这一选择。这是因为谈论美德和其他问题，以及对生活的考察是使他活得值得的事情。（《申辩》篇，37c—38a ；《克力同》篇，52e—53d）换句话说，看起来城邦与哲学家的冲突在哪里都是不可避免的，因此死在雅典跟死在别的地方没有区别。但是，我们只须想想柏拉图和亚里士多德的情形，就会对上面这个论断产生怀疑。实际上，哪怕是苏格拉底，他在一生绝大多数的时间里不断进行哲学探究，直到 70 岁时才卷入到这场麻烦之中。与很多近现代人的信仰不同，哲学和政治（城邦事务）之间（在有些方面）是有冲突的，并不总是和谐的。但是，即使这个冲突确实有，认为它总是致命的和不可避免的——像某些斯特劳斯主义者所相信的那

---

① Strauss 讨论了苏格拉底可以去的城邦。（Strauss, Leo, *Studies in Platonic Political Philosophy*, Chicago, IL: The University of Chicago Press, 1983, pp.64–65）

根据斯特劳斯，克里特是苏格拉底流放的最好选择。韦斯特也指出，"柏拉图的《法律篇》是发生在克里特的，它的中心人物是个年老的雅典哲学家。这个哲学家让我们想起苏格拉底。《法律篇》似乎展示了（苏格拉底）去那里（克里特）流放的可行性"。（West, Thomas G. and Grace Starry West, *Four Texts on Socrates*, Ithaca, NY: Cornell University Press, 1984, p.27）

样——也是很成问题的。

还有一种可能，或是基于他自己的哲学家是想死的说法，或是认为哲学家不应该与常人一样对死亡有其实是基于无知的恐惧，苏格拉底是准备好了去死的。连他的保护神（daemon）都没有阻止他。对他来讲，这是一个他死期到了的信号。[①] 也许已经这么老了，苏格拉底还能为他自己和为哲学做得最好的事情就是为之而死。这也是色诺芬（Xenophon）的《申辩》篇里苏格拉底给出的部分原因。[②] 有人会说是苏格拉底之死提醒我们哲学与政治之间冲突的存在，而他的死也使人看到了政治的不公，从而最终推进了现代社会里的哲学与政治之间的和平（暂时停火？）。但是他的死的后果并不必然是有益的，比如，我在之前论述的，其后果可能是毒化了政治与哲学之间的关系。当然，我们必须承认，有时候作为光辉榜样的英雄式的死也许比培育地方社群、教书育人、研究经典有着更好的政治功能。换句话说，有时不中庸才是中庸的。

就对上述苏格拉底"烈士"行为的同情理解来讲，有几点需要澄清一下。

首先，并不是苏格拉底的死本身，而是柏拉图对其高超的描画使我们看到哲学与政治之间的冲突，以及后者对前者所犯下的不义。如果柏拉图和苏格拉底的其他弟子都追随苏格拉底的足迹，而没有给出苏格拉底之死的他们的版本，那么我们就会只有阿里斯托芬（Aristophanes）对苏格拉底欠恭维的描画。[③] 一般地讲，当推到极致时，为了更高的政治目标保全自己和为了这些目标牺牲自己都是有其局限的。

其次，我们也要看到哲学行动的含义的复杂性。也许苏格拉底通过

---

① Strauss, Leo, *Studies in Platonic Political Philosophy*, Chicago, IL: The University of Chicago Press, 1983, p.52.

② 我感谢刘玮向我指出这一点。

③ 但是阿里斯托芬如此写他的对话是意图攻击苏格拉底，是意图友善地提醒苏格拉底小心满是杀气的大众，还是有什么其他目的，这是个有争议的问题。

他的死使得柏拉图和亚里士多德变得谨慎,但孔子却能在不牺牲自己生命的情况下提醒了弟子要谨慎。可是,孔子的提醒并没能阻止他最好和最忠实的弟子子路不入乱邦,而认为苏格拉底之死只会产生有益的后果(比如提醒未来的哲学家城邦之凶险)也是同样天真幼稚。苏格拉底之死也许会鼓励不必要的牺牲,它也许会给"苦大仇深"的人(比如斯特劳斯主义者里的二流货色)一种夸大的(所谓的)"哲学家"(即这些苦大仇深的人)被城邦(政治)迫害的妄想。

再次,我们要注意到,苏格拉底不是自由主义者,他不支持言论自由,尽管他的死常被现代人解读成一个支持言论自由的寓言。有些现代读者也许相信苏格拉底之死使得雅典人变得宽容。但是考虑到他们后来仍试图迫害亚里士多德的历史事实,这一信念恐怕是太过美好。更重要的是,在《理想国》中,苏格拉底本人似乎也是鼓吹放逐乃至处死那些妖言惑众和不可救药的人。

通过以上考察,我只是试图展示,尤其是基于孔子对君子政治责任的理解,柏拉图对话里所提供的苏格拉底为什么留在雅典的一些表面原因并不令人满意,尽管我通过揭示苏格拉底的"不中庸"的行为的一些可能的好处,对这些行为给予了一些辩护。但考察苏格拉底的案例的一个特殊困难是,如上面指出的,本文里所批评的很多原因是苏格拉底与克力同的对话中,前者想象中的城邦法律和共同体(习俗)给出的,他这么做很可能是因为克力同是个世俗中的好人,用法律和习俗最能打发他,让他不再来烦扰苏格拉底死前的宁静。也就是说,苏格拉底本人(乃至柏拉图)会如何辩护他留在雅典的选择,依然是悬而未决的问题。如果我们是正义的,如果我们遵循与解读孔子时一样的尊重与宽容精神,我们就应该谨慎,不去随意把表面上理由的矛盾和不充分归罪于苏格拉底。毕竟,如亚里士多德提醒我们的,我们应该努力不要再次错待哲学。

(作者单位:复旦大学哲学学院)

以《大学》理解儒学的意义及局限*

——兼论统合孟荀

梁　涛

一

《大学》本为《礼记》中的一篇，从唐代韩愈、李翱开始，逐渐受到儒家学者的关注。到了宋代，随着理学的兴起，地位得到进一步提升。南宋朱熹编订《四书章句集注》，《大学》被收入其中，成为朱熹理学思想的一个重要来源。到了元代，《四书集注》被列为科举考试的必读著作，《大学》更是得到普及和传播，一跃升为儒家的核心经典。在"四书"之中，《大学》字数最少，仅两千余字，但地位却非常特殊，由于它对儒学的思想做了简要的概括和总结，故后人往往根据《大学》来理解儒学。如梁启超先生说："儒家哲学，范围广博，概括起来，其功用所在，可以《论语》'修己安人'一语括之，其学问最高目的，可以《庄子》'内圣外王'一语括之。做修己的功夫做到极处，就是内圣。做安人的功夫做到极处，就是外王。至于条理次第，以《大学》上说得最简明。所谓'格物、致知、诚意、正心、修身'，就是修己及内圣的功夫；所谓'齐家、治国、平天下'，就是安人

* 　原文发表于《深圳社会科学》2019 年第 6 期。

及外王的功夫。"① 其实《大学》不仅仅是"条理次第",更是儒学的纲领规模,后人称儒学为修齐治平之学,就反映了这一点。但问题是,用《大学》来概括儒学是否全面?是否反映了儒学的完整面貌?这就涉及对儒学的理解。我认为如果抛开传统道统说的影响,从孔子开始,完整的儒学至少包括了两个方面:一是成己安人,"为政以德"(《论语·为政》);二是推己及人,"为国以礼"(《论语·先进》)。前者见于《论语·宪问》"子路问君子","子曰:修己以敬"、"修己以安人"、"修己以安百姓"。可以看到,《大学》其实正是对儒家这一思想的发挥,其特点是强调修身的重要,主张"自天子以至于庶人,壹是皆以修身为本",把道德看作政治的根本,将政治道德化,走上了一条德治也就是人治的道路。《大学》的这一套理论,固然在唤醒士人的道德主体,激发传统儒生平治天下的豪情,期待"为生民立命"、"为万世开太平"上发挥了积极作用。但仔细一想就会有疑问,个人的道德修养,何以有如此大的作用,竟然可以"安人"、"安百姓"?其实在孔子那里,个人的道德教化,只有在满足了民众的物质生活,在一套礼义制度下才能发挥作用。所以孔子主张"富之","教之"(《论语·子路》),要求"因民之所利而利之"(《论语·尧曰》)。而之所以要富民、利民,就是因为民与我有相同的情感、愿望,故应推己及人,"己欲立而立人,己欲达而达人"(《论语·雍也》),自己想要得到的也应该让别人得到,自己想要实现的也应该让别人实现。在"道之以德"的同时,还要"齐之以礼"(《论语·为政》),德治需要礼治来配合。没有完备的制度,一个君子固然可以独善其身,却很难做到兼济天下。所以孔子感慨,"邦有道,则仕;邦无道,则可卷而怀之"(《论语·卫灵公》),"天下有道则见,无道则隐"(《论语·泰伯》)。所谓"有道"、"无道"也就是有礼、无礼,特别是国君能否守礼。可见成己安人是有条件的,如果条件不具备,只好"道不行,乘桴浮于海"(《论语·公冶长》)。所以孔子一方面提出超越性的仁,用仁

---

① 梁启超:《梁启超论儒家哲学》,商务印书馆 2012 年版,第 4 页。

唤醒人的道德意识，把人的精神向上提、向外推，通过道德人格的自我完善，"修己以安人"，"修己以安百姓"（《论语·子路》），主动承担起扶危济贫乃至平治天下的责任。另一方面又十分重视礼，认为"礼乐不兴，则刑罚不中；刑罚不中，则民无所措手足"（《论语·子路》），希望通过"克己复礼"，确立和谐的政治秩序。前者是"为政以德"，后者是"为国以礼"。"为政以德"强调的是执政者的德性、身教，认为"为政以德，譬如北辰，居其所而众星共之"（《论语·为政》）。"子帅以正，孰敢不正。"（《论语·颜渊》）"君子之德风，小人之德草。草，上之风，必偃。"（《论语·颜渊》）"为国以礼"则突出礼义制度的重要性，认为"礼之用，和为贵，先王之道，斯为美"（《论语·学而》），礼是人与人和谐相处的制度保障。"能以礼让为国乎？何有？不能以礼让为国，如礼何？"（《论语·里仁》）礼的产生本身就是为了解决人与人之间的对立和冲突的，在前礼义的阶段，由于人有各种欲望，都希望欲望得到最大满足，于是便相互争夺，彼此对立、冲突。于是人们通过约定制作了礼，对行为进行约束，将欲望限定在合理的范围之内，这样便出现了国家。国家为了维护统治，往往不惜使用暴力，所以礼与刑必然相伴。但一个好的执政者，不只是使民众被动地服从礼，更要使其主动地奉行礼，依据礼彼此谦让。这样就需要执政者身体力行，以礼让治国了。故"上好礼，则民莫敢不敬"（《论语·子路》），"上好礼，则民易使也"（《论语·宪问》）。执政者喜好礼，自觉地遵守、维护礼，则民众就容易管理。虽然"为政以德"与"为国以礼"为孔子所并重，但二者存在侧重的不同。前者注重执政者道德人格的塑造和培养，强调道德对政治的影响；后者则重视礼义、制度的建构，主张用礼来约束乃至完善人性。

根据以上的分析，我们可以看到《大学》主要反映的是儒学成己安人、"为政以德"的内容，它虽然抓住了儒学十分重要甚至是核心的思想，并做了恰当的概括，但毕竟只是完整儒学的一个方面。用《大学》来理解儒学，虽然提纲挈领，揭示了儒学的主要内容，但显然是不完善、不全面的。它在彰显、反映儒学一面的同时，却又掩盖、遮蔽了另一面。出现这种情况，与孔子思想的丰富性与不确定性是密切相关的。古代哲人在开宗立派时，其思想往往丰富、含混，具有向多个方向发展的可能。同时由于其表述不够清晰，又常常因材施教，往往使其弟子或后学在理解上产生分歧。结果在宗师去世后，学派内部便出现分化，这可以说是古代学术、宗教发展的一般规律，儒学亦是如此。孔子之后，"儒分为八"（《韩非子·显学》），从思想倾向上看，则可主要分为"主内派"与"主外派"。①按照传统的说法，《大学》出自曾子一派，属于孔门后学主内派的作品，故其突出修身的作用，主张由内在修养达致外在政治。《大学》之后，孟子"道性善"，提出性善论，为儒家的修身奠定了人性论的基础。孟子云，"天下之本在国，国之本在家，家之本在身"（《孟子·离娄上》）。既然身是家乃至国、天下之本，故"行有不得者，皆反求诸己。其身正，而天下归之"（《孟子·离娄上》），在突出修身的作用上，与《大学》的思路是一致的。而且由于确立了性善论，孟子更强调善性的扩充，并以之为仁政的内在根据，所谓"有不忍人之心，斯有不忍人之政矣。以不忍人之心，行不忍人之政，治天下可运之掌上"（《孟子·公孙丑上》），实际是走了一条由内而外、由道德而政治的道路。但不应忽视的是，孔子之后还存在着一个主外派，此派以子夏开其端，由荀子集大成，其思想同样构成儒学的一个重要面相。近些年清华简的发现，特别是《逸周书》重新引起人们的关注，为我们了解这一条思想线索提供了重要的材料。例如，《逸周书》中有《文儆》一篇，当为战国前期儒者假托文王与武王的对话，从内容来看，应属于荀子之前主外派的作品。其文云：

　　民物多变，民何向非利，利维生痛（注：同"通"），痛维生乐，乐维生礼，礼维生义，义维生仁。呜呼，敬之哉！民之适败，上察（注：

---

① 　参见梁涛：《孔子思想中的矛盾与孔门后学的分化》，《西北大学学报（哲学社会科学版）》1999 年第 2 期。又见梁涛：《郭店竹简与思孟学派》，中国人民大学出版社 2008 年版，第 55—63 页。

苛察）下遂（注：坠），信（注：当为"民"之误）何向非私，私维生抗，抗维生夺，夺维生乱，乱维生亡，亡维生死。

"民物"，民性也。民性多变，但有一点是肯定的，就是其追求的无非是利。追求利无可指责，关键在于其可以"通"，也就是共享。如果你在追求利的同时，使他人也获得了利，这样彼此便产生快乐，由快乐产生出礼，由礼产生出义，由义产生出仁。儒家的仁义原来是从利益推导出来的，真可谓"义者，利之和也"（《周易·乾·文言》）。而要做到义利的统一，关键是要推己及人，可以"通"，可以共享。与孟子不同，《文徵》所说的民性是自然人性，具体指情感、欲望等，情感、欲望既可能追求利，也可能追求私。利与私的根本差别在于，利是可以共享的，私却不能共享，只会产生对抗，对抗产生争夺，争夺产生混乱，混乱导致灭亡。而造成私的原因，是执政者过于苛察，不能推己及人，反而与民争利。所以对于民性，应引导其追求利，而避免滑向私，引导的方法是制度、礼义，而遵守礼义、制度便是仁。如果说《大学》、《孟子》是由内而外，由修身而治国平天下，由道德而政治的话，那么《文徵》则是由外而内，由政治而道德，由欲望、利益推出礼义乃至仁义，走了与《大学》、《孟子》不同的另一条道路。如果说《大学》、《孟子》由于是由内圣而外王，主要建构了儒家的内圣之学的话，那么，《文徵》则是由外王而内圣，开始发展出一套儒家的外王之学，而《文徵》之后，对儒家外王学做了进一步发展的是荀子。其《礼论》云：

> 人生而有欲，欲而不得，则不能无求；求而无度量分界，则不能不争；争则乱，乱则穷。先王恶其乱也，故制礼义以分之，以养人之欲，给人之求，使欲必不穷（注：困窘）乎物，物必不屈（注：音 jué，枯竭）于欲，两者相持而长，是礼之所起也。故礼者，养也。

与《文徵》一样，荀子也是关注于人的自然欲望，从自然欲望推出制度、礼义。人生而有种种欲望，欲望得不到满足便会向外追求，向外追求如果没有"度量分界"，也就是礼义法度，则必然会产生争夺；争夺导致混乱，混乱导致困窘。"先王恶其乱也"——需要说明的是，荀子这里所描写的是一个前礼义的状态，政治秩序尚未建立，自然不可能有什么王，所谓"先王"只能是后人追溯的说法，实际是指人群中的先知、先觉者。另外，由于传统上认为荀子主张性恶论，而荀子又认为圣人与凡人的人性是一致的，这样便产生第一个圣人如何制作礼义的难题。其实，如果知道荀子并非性恶论者，其完整的人性主张是"人之性恶，其善者伪"，实际是性恶心善论者，这一所谓难题便迎刃而解了。在荀子看来，一方面"人生而有欲"，欲本身虽然并不为恶，但若不加节制，又没有规则约束的话，就会产生争夺、混乱，最终导致恶。但另一方面人又有心，心有思虑抉择和认知的能力。心的思虑、认知活动便是伪，"心虑而能为之动谓之伪"（《荀子·正名》）。虑指心的抉择判断能力，"情然心为之择谓之虑"；能指心的认知能力，"智所以能之在人者谓之能"（《荀子·正名》）。故当人顺从情欲不加节制而导致恶时，其心又会根据认知做出抉择判断，并制作出礼义来，这就是善。如果说礼义的制定是为了解决欲望与物质的矛盾，从而协调二者关系的话，那么制作礼义的动因则是心，是心的思虑、认知活动，也就是伪①，所以荀子的人性论可以概括为性恶心善说。其与孟子的性善论显然有所不同，它不是通过区分"人之所以异于禽兽者"（《孟子·离娄下》)，要求以善为性，从而激励人的道德自觉，确立人

---

① 荀子认为"凡礼义者，是生于圣人之伪"（《荀子·性恶》)，故只承认圣人可以制作礼义。但他又认为圣人与凡人在人性上是相同的，其成为圣人是实践礼义的结果，"圣人者，人之所积而致矣"（《荀子·性恶》)。这样便出现最早的圣人是如何出现的，以及他又是如何制作礼义的难题。要解决这一难题，要么承认圣人是天生的，与凡人并不相同，要么承认制作礼义的实际是心的思虑、认知活动（伪），所谓圣人不过是充分发挥了其心的功能和作用而已。（参见梁涛：《〈荀子·性恶〉篇"伪"的多重含义及特殊表达——兼论荀子"圣凡差异说"与"人性平等说"的矛盾》，《中国哲学史》2019 年第 6 期）

的价值、尊严，而是着眼于人性（广义的）中欲望与理智的紧张与冲突，从而建构起礼义、制度。如果说孟子的性善论主要为儒家的内圣奠定基础的话，那么，荀子的性恶心善论则为儒家的外王提供了理论论证，它们二者共同构成儒学的重要内容。

综上所论，孔子之后，儒学内部发生分化，出现了主内派与主外派，并最终产生孟子和荀子两个不同的思想体系。如果抛弃成见，不难发现主内派——孟子与主外派——荀子，都是完整儒学的有机组成部分，二者虽然在具体观点上有所对立，但却是相依相存的。前者注重修身、道德人格的塑造，强调道德对政治的引领作用；后者则关注礼义、制度的建构，认为礼义、制度不仅维系了社会秩序，也是转化人性的重要手段。前者主要倾向性善论，关注于人性中正面、积极的内容，故往往突出仁性；后者持自然人性论，既正视情感、欲望可能导致的偏险悖乱之负面，也承认在心或理智的节制下，满足情感、欲望的合理性，故认为人性中包括了情性和智性。前者往往从君子来立论，对其有很高的道德期待，希望君子以善为性，而不以口腹之欲为性，"君子不谓性也"（《孟子·尽心下》），通过人格的塑造与完善，进而影响政治与社会；后者虽然也尊崇君子、圣王，但由于关注礼义、制度的建构，往往从庶民的特点入手，认为"义与利者，人之所两有也"（《荀子·大略》），即使尧舜也不能禁止民好利，即使桀纣也不能消除民好义，因而要求因利以求义，重义以克利，更接近孔子"因民之所利而利之"（《论语·尧曰》）的思想。借用孟子的说法，前者关注的是善，后者重视的是法。但既然"徒善不足以为政，徒法不能以自行"（《孟子·离娄上》），就应将二者相结合，合则两美，分则两伤。从这一点看，仅仅用属于主内派的《大学》来概括或理解儒学，显然是不全面的，反而遮蔽、掩盖了儒学更为丰富的内涵。还有一点值得注意，从孔子到孟荀，都主张对于君子、庶民要区别对待，存在着君子之学与庶民之学的分野。① 修身主要

---

① 参见梁涛：《君子儒学与庶民儒学——兼论统合孟荀》，《哲学动态》2019 年第 5 期。

是针对君子而言，对于庶民则主张先养后教，"所欲与之聚之，所恶勿施尔也"（《孟子·离娄上》），不做过高的道德要求。《大学》则提出"自天子以至于庶人，壹是皆以修身为本"，说明其思想是较为特殊的，诚如学者所言，重视内圣、修身是《大学》最本质、最核心的内容。而这些内容随着《大学》成为儒学的核心经典，被大大强化了，反过来又影响到人们对儒学的理解。

二

《大学》地位的提升，经历了一个较长的过程，最终完成于南宋朱熹之手，标志是《四书集注》的编订。故朱熹对于《大学》十分重视，他曾说："某于《大学》用工甚多。温公作《通鉴》，言：'臣平生精力，尽在此书。'某于《大学》亦然。《论》、《孟》、《中庸》却不费力。""我平生精力，尽在此书，先须通此，方可读书。"[1] 据记载，朱熹去世前，仍在修订《大学》"诚意"章。"三月辛酉，改《大学》诚意章。甲子，先生卒。"[2] 朱子可谓一生用心于《大学》，至属纩而后绝笔。学习四书，朱子认为也应先从《大学》入手。"学问须以《大学》为先，次《论语》，次《孟子》，次《中庸》。""某要人先读《大学》，以定其规模；次读《论语》，以立其根本；次读《孟子》，以观其发越；次读《中庸》，以求古人之微妙处。"[3] 他还建议，"可将《大学》用数月工夫看去。此书前后相因，互相发明，读之可见，不比他书"[4]。至于《大学》何以如此重要，朱子也有形象的说明。"《大学》是修身治人底规模。如人起屋相似，须先打个地盘。地盘既成，则可举而行之矣。""或问：'《大学》之书，即是圣人做天下根本？'曰：'此譬如人起屋，是画一个大地盘在这里。理会得这个了，他日若有材料，却依

---

① 黎靖德编：《朱子语类》第1册，中华书局1986年版，第258页。
② 王懋竑：《朱熹年谱》，中华书局1998年版，第407—408页。
③ 黎靖德编：《朱子语类》第1册，中华书局1986年版，第249页。
④ 黎靖德编：《朱子语类》第1册，中华书局1986年版，第250页。

此起将去，只此一个道理。'""《大学》是个大坯模。《大学》譬如买田契，《论语》如田亩阔狭去处，逐段子耕将去。""须熟究《大学》作间架，却以他书填补去。"① 《大学》好比"规模"、"坯模"，是圣人治天下的根本，真正读懂了《大学》，掌握了这一大根大本，才有可能进一步阅读其他经典，确立修身进德的正确方向。

那么，为何《大学》在宋代受到儒家学者的重视，并上升为理学的核心经典呢？学界流行的看法是，汉唐儒学主要是章句之学，虽于礼义制度有所建树，但对天道性命的本源问题却了无新意，缺乏形而上的探索，结果在佛老的冲击下败下阵来，出现了"儒门淡泊，收拾不住"的窘境。所以从北宋开始，儒者开始关注"性与天道"的问题，通过阐发天道性命，以解决人生的价值和意义的问题。在这一过程中，《大学》与《中庸》作为性命之书，受到儒者的重视，地位由此得到提升。如杨儒宾先生就认为："'性命之书'是我们了解《大学》、《中庸》地位升降最重要的概念。"② 但"性命之书"的说法可能更适合《中庸》，却不一定适合《大学》。从内容上看，《大学》基本没有涉及天道性命的问题，虽然谈到诚意、慎独，但主要是从修身上讲，没有涉及宇宙本体。借用牟宗三先生的说法，《大学》属于"横摄的系统"，而不是"纵贯的系统"。"《大学》只列举出一个实践底纲领，只说一个当然，而未说出其所以然。"③ 从朱子的论述来看，他重视《大学》也是着眼于为学次第，而不是形而上的内容。"问：'欲专看一书，以何为先？'曰：'先读《大学》，可见古人为学首末次第。且就实处理会好，不消得专去无形影处理会。'""《论》、《孟》、《中庸》，待《大学》贯通浃洽，无可得看后方看，乃佳。道学不明，元来不是上面欠却工夫，乃是下面元无根脚。"④ 可

---

① 黎靖德编：《朱子语类》第 1 册，中华书局 1986 年版，第 250 页。
② 杨儒宾：《〈中庸〉、〈大学〉变成经典的历程——从性命之书的观点立论》，《台湾大学历史学报》1999 年第 24 期。
③ 牟宗三：《心体与性体》第 1 册，上海古籍出版社 1999 年版，第 15 页。
④ 黎靖德编：《朱子语类》第 1 册，中华书局 1986 年版，第 250 页。

见在朱子的眼里,《大学》恰恰代表的是"实处",而不是"无形影处";是"下面"的根脚,而不是"上面"的工夫。"性命之书"的说法,显然是难以成立的。

既然《大学》并非性命之书,它受到宋儒的关注当另有原因。其实如前文所述,《大学》主要反映的是儒家主内派一系成己安人、"为政以德"思想,其特点在于突出、强调修身的重要性,把修身看作政治的根本,将政治道德化,走上了一条德治也就是人治的道路。《大学》受到关注,恐怕在于它的这一思想特点。从这一点看,刘子健先生的观点可能更有说服力,也更值得重视。刘先生认为,儒学从北宋到南宋经历了一个内在的转向,不再关注制度的变革,而热衷于内在道德的完善。这一转向的起因是王安石变法及其引起的一系列后果,而其实质则是对何为儒家正统的不同认识。以王安石为代表的制度改革派认为,儒家经典中已经提供了制度典范,其中所描述的制度绝非纯粹理论构想或乌托邦体系,而是历史上曾经出现的客观存在。这种制度之所以没有被实现,主要是因为人们没有找到推行真理的途径和方法,因而才将其当作高明而虚幻的空谈束之高阁。为了挽救危局,迫切需要厘清古老经典中的基本原则并将其付诸实践。他们的目标是设计政治、经济、社会和教育制度,以便提高道德水准。他们相信道德价值观与功利主义目的可以达成一致。换言之,好的制度既有助于提高道德水准,又是实用的。然而王安石发动的熙丰变法(1069—1085,又称"熙宁变法"),却引起保守势力的激烈反对。元丰八年(1085),宋神宗去世,宋哲宗即位,高太后垂帘听政,起用司马光为宰相,保守派接掌政权,恢复旧制,大开倒车,新法几乎全被废掉,史称"元祐更化"。元祐八年(1093),高氏去世,哲宗赵煦开始亲政,于次年改年号为绍圣(1094—1097),恢复熙宁、元丰变法,保守派失势,大部分变法措施重新付诸实施,史称"绍圣绍述",又称后变法时期。但此时的变法已丧失了王安石的理想主义初衷,改革精神化为乌有,道德上毫无顾忌,贪赃枉法,肆无忌惮,拒绝革除任何改革体制的弊端,对那些继续反对改革的保守派（"元祐党人"）进行史无前例的残酷迫害，皇帝好大喜功，奢侈无度，整个社会道德沦丧。恢复的变法不仅没有革除弊政，反而聚集了一批声名狼藉之辈，最终招来女真人的入侵和北宋王朝的崩溃。1127年，南宋王朝建立，改革计划、措施宣告破产，声名扫地，没有人敢再公开鼓吹改革。这时出现了一个"道德保守主义者"的集团，他们抨击各项改革措施毫无价值、不合时宜、不道德，应当加以唾弃；同时坚定不移地认为，北宋灭亡的近因虽然是恢复变法时期，但潜在的危害则来自最初的变法本身。王安石将功利置于道德之上，又将国家置于社会之上，本末倒置，犯了根本性的错误。出于对变法及其恶果的强烈反感，他们不仅支持保守主义，而且身体力行，在对儒家经典的解读中极力强调道德，坚信道德的方法是唯一的出路，必须旗帜鲜明地弘扬儒家正统道德原则。[①] 这种正统观念就来自《大学》，核心是认为建立秩序的关键在于"正心"、"诚意"，这成为朱熹新儒家学派的一个口号。既然变法的大门已经关闭，制度变革成为不可提及的禁区，权力被高度集中在皇帝手里，至高无上的专制君主是唯一的关键。"如果能给皇帝注入新的动力，他就有可能改变政府。这就是伟大的新儒家朱熹教导皇帝治国在于齐家、齐家在于修身、修身依靠正心诚意的奥妙。皇帝必须正其心，诚其意。不是潜研儒学的人也许会觉得这样的教导与国事无关，但是，作为早期道德保守主义者的继承人，新儒家却相信，当任何可以设想的制度改革和其他措施都不能治愈专制主义的病症时，这才是纯正的儒家救弊良方。"[②] "总的来说，新儒家哲学倾向于强调儒家道德思想中内向的一面，强调内省的训练，强调深植于个体人心当中的内在化的道德观念，而非社会模式的或政治架构当中的道德观念。""在新儒家学者的头脑中，

---

① 刘子健：《中国转向内在——两宋之际的文化内向》，赵冬梅译，江苏人民出版社2002年版，第36—37页。

② 刘子健：《中国转向内在——两宋之际的文化内向》，赵冬梅译，江苏人民出版社2002年版，第119页。

最重要的就是修身和内心的思想。它们倾向于转向内在。"① 刘先生虽然所说的是宋代儒学的整体走向，但同样有助于理解《大学》地位的变化。正是南宋儒学的内在转向，使得《大学》受到人们的关注，并经朱子的诠释，一跃成为儒家的核心经典。

其实早在北宋时期，《大学》就已受到了二程、张载的关注，其对《大学》的论断对朱熹产生了重要影响。这一时期也出现了司马光的《〈大学〉广义》、王拱辰的《〈大学〉轴》这样的诠释性著作，司马光关于为政的关键在于正心、诚意的主张，也被以后的宋高宗所欣赏。但整个北宋后期学术界，居于官学地位的是王安石新学，"自王氏之学达于天下，其徒尊之与孔子等……行之以六十余年"②。王安石主张制度变革与《大学》倡导的修身为本存在认识上的分歧，以上学者往往也对王安石变法持批评和反对的态度，故《大学》尚未被主流学术界所关注。到了南宋，随着政治形势的反转，王安石新学逐渐失势，理学成为当时的显学，《大学》才由于朱子等人的提倡，地位终于得以提升。可见《大学》受到关注，是与理学、新学的对立和冲突，以及二者势力的消长纠缠在一起的，是儒学内在转向的结果。王安石新学与二程理学是产生于北宋神宗、哲宗时期的两个对立学派，虽然它们都对北宋社会现状强烈不满，认为需要进行根本性的改革，但在变革的方式和途径上则存在根本分歧。王安石重视制度变革，谋求建立一个运行高效的政府；二程则关注心性修养，试图建立一个具有自我道德完善能力的社会。由于认识的分歧，二者在理论建构上也存在明显的差异。王安石关注制度变革，认为"圣人经世立法，常以中人为制也"③。所谓"中人"既非圣贤也非恶人，而是趋利避害、追求个人利益同时可以接受教化的普通人。从中人的特点出发，王安石持自然人

---

① 刘子健：《中国转向内在——两宋之际的文化内向》，赵冬梅译，江苏人民出版社2002年版，第141—142页。
② 陈渊：《十二月上殿札子》，《默堂集》卷十二，文渊阁四库全书本。
③ 王称：《东都事略·王安石传》第1册，齐鲁书社2000年版，第662页。

性论，认可孔子的"性相近也，习相远也"（《论语·阳货》），肯定杨朱"为己"的合理性，"杨子之所执者为己，为己，学者之本也。……是以学者之事，必先为己，其为己有余，而天下之势可以为人矣，则不可以不为人"①。但杨朱只讲"为己"不讲"为人"，"失于仁义而不见天地之全"②，仍是一偏之学。儒学则要在为己的基础上进一步为人，由个己之性（王安石称为"生"）推出普遍之性（可称为"大中之性"），并通过制礼作乐，以立法的形式将其确立下来，使天下之人皆得以"养生守性"。不难看出，王安石实际延续的是儒家内部务外派——荀子的思想路线，笔者曾经指出，"在北宋儒学以仁确立人生意义、价值原则，以礼建构政治制度和人伦秩序的两大主题中，王安石明显偏向后者，其所建构的主要是一种政治儒学，是外王之学，而没有从仁学的角度建构起儒家的内圣之学或心性儒学"。"就此而言，王安石虽然对荀子存在较多误解和批评，而与孟子思想一度更为密切，但其所延续的仍主要是'孔荀之制'，而不是'孔孟之道'；选择的是孔荀的路线，而不是孔孟的路线。"③与之相对，二程注重道德的完善，提倡圣人之学，故持道德人性论，认可孟子的性善论，认为"孟子有大功于世，以其言性善也"④。而学为圣人，就需要向内用力。"不求于内而求于外，非圣人之学也。……学也者，使人求于本也。"⑤所谓"本"就是仁心性体，"凡学之道，正其心，养其性而已。中正而诚，则圣矣。……故学必尽其心。尽其心，则知其性，知其性，反而诚之，圣人也"⑥。通过存心、养性，就可以下学上达，"尽心"、"知性"、"知天"，达到圣人的境界，进而成己安人，完成社会的道德改造了。所以二程十分重视《大

---

① 王安石：《杨墨》，《临川先生文集》，中华书局 1959 年版，第 723 页。
② 王安石：《杨墨》，《临川先生文集》，中华书局 1959 年版，第 723 页。
③ 参见梁涛：《王安石政治哲学发微》，《北京师范大学学报（社会科学版）》2016 年第 3 期。
④ 朱熹：《四书集注·孟子序说》"引"，中国书店 1994 年版，第 179 页。
⑤ 程颢、程颐：《二程集》第 1 册，中华书局 1981 年版，第 319 页。
⑥ 程颢、程颐：《二程集》第 2 册，中华书局 1981 年版，第 577 页。

学》，认为其代表了儒家正确的为学和为政路径。程颢说："《大学》乃孔氏遗书，须从此学则不差。"程颐也说："《大学》，孔子之遗言也。学者由是而学，则不迷于入德之门也。"① 其延续的主要是主内派——孟子一系的思想，所倡导的是孔孟之道，如后人所评价的"出处孔孟，从容不勉"②。但不论是孔孟之道还是孔荀之制，是"为政以德"还是"为国以礼"，是成己安人还是推己及人，都是完整儒学的两个方面，是相互依存而不应分割的。但随着孔门后学的分化，特别是道统意识的兴起，宋代儒者恰恰是用对立的眼光看待学派间的分歧，并由此相互攻讦，对儒学的健康发展造成不可估量的损害。

如果说北宋时期，由于认识的分歧，二程对王安石变法持批评、反对的态度，但一定程度上仍有所反省，如二程说："新政之改，亦是吾党争之有太过，成就今日之事，涂炭天下，亦须两分其罪可也。"③ 那么到了南宋时期，随着王安石及其新法被否定，制度变革已不可能，只剩下道德完善一条路时，作为二程的追随者和理学的集大成者，朱熹对王安石新学做了更为激烈的批判和否定，而其批判的理论根据主要就是来自《大学》。虽然朱熹对王安石人格有较高评价，对新法的逐项措施也多从正面予以肯定，但在朱熹看来，王安石搞反了《大学》谆谆教导的"本"与"末"的关系：忘记了《大学》"自天子以至于庶人，壹是皆以修身为本"的教诲，不是以修身、正人心为本，而是以兵革财利、富国强兵为本；不是进行道德拯救，而是从事制度变革。"大本不正，名是实非；先后之宜，又皆倒置，以是稽古徒益乱耳。"④ 朱熹认为，当时社会存在着"法弊"与"时弊"，"法弊但一切更改之，却甚易；

---

① 程颢、程颐：《二程集》第 1 册，中华书局 1981 年版，第 18 页；第 4 册，第 1204 页。
② 程颢、程颐：《二程集》第 1 册，中华书局 1981 年版，第 328 页。
③ 程颢、程颐：《二程集》第 1 册，中华书局 1981 年版，第 28 页。
④ 朱熹：《读两陈谏议遗墨》，《朱子全书》第 23 册，上海古籍出版社、安徽教育出版社 2010 年版，第 3382 页。

时弊则皆在人，人皆以私心为之，如何变得？嘉祐（注：宋仁宗年号，1056—1063）间法可谓弊矣，王荆公未及尽变之，又别起得许多弊，以人难变故也"①。法弊是指制度的弊端，改革起来较为容易；时弊则是指一个时代的弊端，其来自人欲、私心，是人自己造成的，要想改变最为困难。王安石虽然看到制度之弊，却未看到人心之弊，其变法只能是舍本逐末，治标不治本，结果只能是旧弊未去，新弊又来。要想真正革除弊端，除去时弊，就要回到《大学》所教导的明明德、修身的路线上来，"自天子以至庶人，人人得其本心，以制万事，无一不合宜者，夫何难而不济？"如果不能首先端正人心，却想追求富强、事功，结果只能是"亡人之国而自灭其身，国虽富其民必贫，兵虽强其国必病，利虽近其为害也必远"②。所以政治的根本不在于变制度，而在于正人心。正人心包括"正其心"、"正君心"、"正天下之心"三个方面，"既以自正其心，而推之以正君心，又推而见于言语政事之间，以正天下之心"③。其中"正其心"主要是对士人而言，士人首先要自正其心，进而能正君主之心，"格君心之非"，然后通过君主施行教化，颁布法令，进一步去正天下人之心。正人心的三个方面，正君心是根本、关键。"天下事有大根本，有小根本。正君心是大本。……天下事，须是人主晓得通透了，自要去做，方得。"④"天下之事，其本在于一人，而一人之身，其主在于一心。故人主之心一正，则天下事无有不正；人主之心邪，则天下之事无有不邪。"⑤《大学》有云："一家仁，一国兴仁；一家让，一国兴让；一人贪戾，一国作乱，其机如此。"

① 黎靖德编：《朱子语类》第 7 册，中华书局 1986 年版，第 2688 页。
② 朱熹：《送张仲隆序》，《朱子全书》第 24 册，上海古籍出版社、安徽教育出版社 2010 年版，第 3623 页。
③ 朱熹：《与汪尚书书》，《朱子全书》第 21 册，上海古籍出版社、安徽教育出版社 2010 年版，第 1097 页。
④ 黎靖德编：《朱子语类》第 7 册，中华书局 1986 年版，第 2679 页。
⑤ 朱熹：《己酉拟上封事》，《朱子全书》第 20 册，上海古籍出版社、安徽教育出版社 2010 年版，第 618 页。

朱熹注:"一人,谓君也。……此言教成于国之效。"① 故朱熹的"正君心"实来自《大学》与《孟子》。尽管朱熹本人并不完全反对讲求财利、事功,但认为其与修德、正人心相比,只能是第二位的,是末而非本,而王安石恰恰在这一点上犯了方向性错误。虽然"王安石改革'法弊'的出发点是好的,改革措施也有可取之处,但王安石不首先从正其心、正君心、正天下之心入手进行变法,而是把'君心'、'天下之心'导向求利的误区","最大坏处是坏了人才风俗,坏了天下的'心',使私欲泛滥"②。对于正君心,朱熹不仅理论上言之,实践上更是行之。在知南康军任上,朱熹就曾应诏上疏:"天下之务,莫大于恤民,而恤民之本,在人君正心术以立纪纲。"结果使孝宗大怒。但朱熹并未因此退却,仍继续向孝宗进言国事。有人劝他:"正心、诚意之论,上所厌闻,戒勿以为言。"朱熹答:"吾平生所学,惟此四字,岂可隐默以欺吾君乎?"③ 朱熹认为自己一生所学惟正心、诚意四字,说明《大学》在其心目中所占有的重要地位;而他决不放弃向皇帝进言正心、诚意,则表明朱熹主要是从明德修身、道德完善来理解《大学》乃至儒学的,这就使其对政治的理解与王安石有根本的不同。他撰写《四书集注》,用一生精力注释《大学》,就是想建构与新学不同的理学体系,认为这关系到儒家的道统所系。《大学》就是在儒学的内在转向中脱颖而出,上升为儒家的核心经典。

三

《大学》地位的提升和"四书"思想体系的出现,是传统社会后期思想界的重大事件,并对以后的社会发展产生深远影响。以《大学》为代表的"四书"体系,虽然在应对佛老的挑战、完成儒学的复兴、重新确立儒

---

① 朱熹:《四书集注·大学章句》,中国书店 1994 年版,第 9 页。
② 李华瑞:《王安石变法研究史》,人民出版社 2004 年版,第 41 页。
③ 脱脱等:《宋史》第 36 册,中华书局 1985 年版,第 12753、12757 页。

学在传统社会中的主导地位方面，发挥了积极作用，但其一开始就是建立在狭隘的道统说之上，仅以孔、曾、思、孟为儒学正统，并以继承这一儒家道统为己任，而将荀子及汉唐儒学排除在外，其所弘扬的主要是孔孟之道，而忽略乃至否定了孔荀之制，使本来丰富的儒学传统变得狭窄，其自身也不可避免地具有重道德、轻事功、重内圣、轻外王的弱点，不仅没有促成儒学的全面、健康发展，反而造成儒学内部更大的对立，使儒学出现内在转向。本来在孔子那里，"为政以德"与"为国以礼"，"为仁由己"与"克己复礼为仁"（《论语·颜渊》），由道德而政治与由政治而道德，是同时并存，相辅相成，互相促进的。虽然孟荀各执一端，一定程度上造成二者的分裂，但汉唐儒者总体上仍是将二者等量齐观，并试图使之相统一，"孟荀齐号"是当时学术界的共识和常态。唐代韩愈提出了狭义的道统说，二程等理学家表示相应和认可，但在整个北宋时期也只是一家之言，宋初的孙复、石介均持一种广义的道统说，其特点是将孟荀以及汉唐时期的扬雄、王通、韩愈，均列入道统之中。所以如果跳出狭义的道统说，换一种整全的眼光，就会发现宋代儒学的发展实际经历了由齐头并进到理学独尊的过程，北宋思想界既有主要发展了孔荀之制的李觏及王安石新学，也有着力弘扬了孔孟之道的以周敦颐、二程、张载为代表的理学，二者的思想进路及具体观点虽然有所不同，但都是完整儒学的有机组成部分，本应在交流中相互借鉴，补充、完善，乃至融合发展出新的学派。但由于狭隘的道统意识，这种互补、融合的局面不仅没有出现，反而引发激烈的党争，终于随着北宋的灭亡，王安石新学被否定，失去官学地位，李觏也影响式微，朱熹理学由于适应了当时的政治需要，虽然也一度遭受挫折，但还是得到官方的肯定和认可，《大学》也在这一过程中确立起儒家核心经典的地位。

关于新学、理学的分歧和对立，学术界已有不少讨论，从儒学自身的发展来看，实际涉及对治国理念尤其是对道德与政治关系的不同理解。儒学从孔子始，主张并追求道德与政治的统一，不论是"为政以德"还是

"为国以礼",都不是将道德与政治打为两截,而是以道德引领政治,以政治促进道德。但这并不意味着道德与政治就没有差别,道德的核心是德性,是对他人的关爱和同情,并由此生发出责任和义务;政治的本质是正义,是以制度化的建构实现利益、好处的公平分配。在儒家的语境中,道德主要表现为仁,包括成己、爱人、仁政等;政治更多体现为礼,包括礼乐刑政等。在儒家看来,一方面道德应引领政治,没有仁则没有礼,"人而不仁,如礼何?"(《论语·八佾》)道德也可以成就政治,如仁政,但主要是以道德的手段实现政治治理,是"以不忍人之心,行不忍人之政"(《孟子·公孙丑上》);另一方面政治可以促进道德,礼可以成就仁,"克己复礼为仁"(《论语·颜渊》),但主要靠礼义的约束,靠外在的教化。仁与礼有所不同,但又不可截然分开,同样道德与政治也是分而不分的,既有分别但又不可对立、分开。由于仁与礼、道德与政治的这种复杂关系,孔子之后儒学内部发生分化,出现成己安人、"为政以德"与推己及人、"为国以礼"两条路线,前者由道德而政治,后者由政治而道德,孟子主要走的是前一条路线,荀子侧重后一条道路。从这一点看,理学与新学的对立,实际仍是孔孟之道与孔荀之制差别的延续。李觏、王安石主张制度变革,更多关注的是财富的生产和利益的分配问题。在义利观上,主要继承的是荀子的"义利两有"(《荀子·大略》),主张义利统一,反对重义轻利。作为王安石的先导①,李觏提出"生民之道食为大"②,"衣食之急,生人之大患也,仁君善吏所宜孳孳也"③,所以"治国之实,必本于财用"④。认为

---

① 李觏为了改变北宋积贫积弱的局面,提出"均田"、"平土"等主张,对王安石变法做了准备,他的弟子邓润甫也成为王安石变法的得力助手。胡适说:"他(注:指李觏)是江西学派的一个极重要的代表,是王安石的先导,是两宋哲学的一个开山大师。"(胡适:《记李觏的学说——一个不曾得君行道的王安石》,《胡适文集》,北京大学出版社1998年版,第25页)
② 李觏:《平土书》,《李觏集》,中华书局2011年版,第191页。
③ 李觏:《安民策第十》,《李觏集》,中华书局2011年版,第189页。
④ 李觏:《富国策第一》,《李觏集》,中华书局2011年版,第138页。

治理国家的根本是经济基础，是物质财富，反对把物质利益和道德原则简单对立起来。"人非利不生……焉有仁义而不利者乎？"[①] 那么如何做到义与利的统一，进而治理天下国家呢？ "无他，一于礼而已。……夫礼之初，顺人之性、欲而为之节文者也。"[②] 礼既顺应又节制人的性和欲，节制是为了更好地满足，满足是建立在节制的基础之上。而要做到以礼治国，就需要统治者与民同利，"与众同利则利良民，不与众同利则利凶人"[③]。执政者与民同利就会出现良民，不与民同利则会产生恶人。王安石也认为，"盖聚天下之人，不可以无财；理天下之财，不可以无义"[④]。这里的"义"是指财富分配中应遵循的道义、正义，具体体现为礼。圣人制作礼乐，就是要满足人们养生的需要。"衣食所以养人之形气，礼乐所以养人之性也。……吾于礼乐，见圣人所贵其生者至矣。"[⑤] 儒家的核心概念仁义，其实都可以从养生来理解。"世俗之言曰：'养生非君子之事'，是未知先王建礼乐之意也。养生以为仁，保气以为义。"[⑥] 二程、朱熹注重道德完善，故把正人心尤其是正君心放在首要位置。在义利观上，强调先义后利，主要发挥的是《大学》和《孟子》的思想。《大学》云："国不以利为利，以义为利也。"朱注："深明以利为利之害……其丁宁之意切矣。"[⑦]《孟子·梁惠王上》曰："王亦曰仁义而已矣，何必曰利？"朱注："言仁义根于人心之固有，天理之公也。利心生于物我之相形，人欲之私也。循天理，则不求利而自无不利；殉人欲，则求利未得而害已随之。所谓毫厘之差，千里之谬。"[⑧] 不难看出，李觏、王安石主要延续的是主外

---

① 李觏：《原文》，《李觏集》，中华书局 2011 年版，第 342 页。
② 李觏：《礼论第一》，《李觏集》，中华书局 2011 年版，第 5—6 页。
③ 李觏：《庆历民言·释禁》，《李觏集》，中华书局 2011 年版，第 251 页。
④ 王安石：《乞制置三司条例》，《临川先生文集》，中华书局 1959 年版，第 745 页。
⑤ 王安石：《礼乐论》，《临川先生文集》，中华书局 1959 年版，第 703 页。
⑥ 王安石：《礼乐论》，《临川先生文集》，中华书局 1959 年版，第 703 页。
⑦ 朱熹：《四书集注·大学章句》，中国书店 1994 年版，第 13 页。
⑧ 朱熹：《四书集注·孟子集注》，中国书店 1994 年版，第 182 页。

派——荀子的路线，走的是由政治而道德的进路，故重视人的感性生命，从个体之性推出普遍之性，也就是可以共享、共存的性，并以此作为建构礼乐制度的根据。一方面从利中推求义；另一方面又以义节制利，持一种义利统一观。其义虽然是普遍的，但不脱离人的感性生命，是形而下的存在。二程、朱熹主要继承了主内派——孟子尤其是《大学》的思想，并做了理论发挥，走的是由道德而政治的路线，故强调以修身为本，主张由格物、致知、诚意、正心达到治国、平天下。在义利观上，主张义优先于利，尤其强调行为动机要出自义。"凡事不可先有个利心，才说着利，必害于义。圣人做处，只向义边做。然义未尝不利，但不可先说道利，不可先有求利之心。"① 二者虽有不同，但如前面所言，只是儒家内部两条不同的路线，并非截然对立的，道德完善与制度变革也不存在本末、高低的差别，而是可以互补的。李觏、王安石新学虽然对儒家仁学重视不够，对道德主体、心性修养有所忽略，但其主张道德价值观不能脱离国家的富强和人民的富裕，对民众的物质利益、情感欲望表现出更多的关注与肯定，仍属于儒学内部的健康力量。

然而令人遗憾的是，由于北宋的灭亡，南宋统治者出于政治的需要，把"国事失图"的责任由蔡京上溯至王安石及其新法，认为"惟是直书安石之罪，则神宗成功盛德，焕然明白"② 。这本是历史上不断上演的吾皇圣明、奸臣误国的闹剧，是统治者维护个人利益的一贯伎俩，却影响了南宋的思想界，即使朱熹也概莫能外，他把与新学认识上的分歧上升为政治上的大是大非，把北宋亡国的责任推给王安石，不仅不公允，也影响了后人对儒学的认识和理解。这样前有二程对荀子"大本已坏"的评价，后有朱熹对王安石"大本不正"的否定，儒学内部孔孟之道与孔荀之制两大传统中孔荀之制的传统被中断，无法得到延续和发展。萧永明教授说："王

---

① 黎靖德编：《朱子语类》第 4 册，中华书局 1986 年版，第 1218 页。
② 李心传：《建炎以来系年要录》第 4 册，中华书局 2013 年版，第 1487 页。

安石早在北宋中期，就突破了孔孟以来绵延千年的传统偏见，强调义与利的统一，的确不愧是具有特见著识的杰出思想家。如果理学学者能够以理性平和的态度对待新学，汲取其中这些有价值的见解，在注重精神锻造、道德建设的同时，也对制度建设及物质财富的生产、管理予以同样的重视，使二者不偏废，使新学与理学相互取益、相须为用，则无疑北宋以后儒学会朝着更为健康、理性的方向发展，历史不容假设，却能给人以思考与启示。"① 历史虽然无法假设，但可以借鉴。日本著名学者丸山真男指出，日本社会向近代形态的转变中，荻生徂徕等古学派学者发挥了积极的作用，他们解构了"修身—齐家—治国—平天下"的连续性思维，将朱子学的道德性转化为政治性，并从中区分出了个人道德与国家政治的不同分野。"在朱子学中，治国、平天下被化约为德行，而德行又进一步被化约为穷理。由于这种'合理主义'的解体，政治逐渐就从个人道德中独立了出来，到了徂徕学，儒学已完全被政治化。然而，规范在向政治之物升华的同时，另一方面就走向人的精神解放，并打开了自由发展之路。"② 日本古学派对《大学》修齐治平模式的解构，可以从另一位学者伊藤仁斋评论朱熹向孝宗进言正心、诚意之事中得到鲜明的反映。

> 愚谓其说固善。然在学者则可，无所以告于人君也。如学者固不可以不以此（注：指正心、诚意）自修。在人君，则当以与民同好恶为本，其徒知正心、诚意而不能与民同好恶，于治道何益？③

在仁斋看来，治国的关键不在于正心、诚意的道德动机，而在于国君能够"与民同好恶"，使其获得具体福利的实际效果，这与朱熹一味强调

---

① 萧永明：《北宋新学与理学》，陕西人民出版社 2001 年版，第 235—236 页。
② 丸山真男：《日本政治思想史研究》，王中江译，生活·读书·新知三联书店 2000 年版，第 115 页。
③ 伊藤仁斋：《童子问》，《日本伦理汇编》第 5 册，东京育成会 1990 年版，第 111 页。

正人心，视君主之心为政治的根本正好相反，而与李觏、王安石的主张更为接近。至于其将道德与政治做适当的区分，认为前者的核心是个人的自修，而后者的根本是与民同利，根据丸山真男的分析，实乃开启了日本近代化的转向。程朱理学与日本古学对《大学》的不同诠释、理解及产生的后果，值得我们反省和思考。

综上所论，《大学》在儒学思想体系中占有重要地位，在历史上也产生过深远的影响，但以《大学》来概括、理解儒学则是不全面的。程朱对《大学》的过分强调，从理学立场对《大学》所做的诠释，在突出孔孟之道的同时，却掩盖乃至否定了孔荀之制，甚至在儒学内部造成不必要的对立和冲突，损害、影响了儒学的健康发展。所以今天讨论儒学，首先要超越狭义的道统论，不能仅仅以《大学》理解儒学，而应将孔孟之道与孔荀之制相贯通，将成己安人、"为政以德"与推己及人、"为国以礼"相结合，构建起完整的儒学思想体系。基于这种考虑，笔者提出了"新道统"、"新四书"，试图借鉴宋儒以经典诠释建构思想体系的方法，完成当代儒学的重建。儒家道统的核心，无疑是仁义，但韩愈将其理解为"博爱之谓仁，行而宜之之谓义"①，则不够全面。儒家的仁义，具体理解起来既指仁→义，也指义→仁，实际包含了由仁而义和由义而仁，前者是孟子的"居仁由义"（《孟子·离娄上》），由内在的仁心表现出对他人的责任、义务；后者是荀子的"处仁以义"（《荀子·大略》），也就是以义来成就仁，以正义、公正的制度来实现仁；前者是孔孟之道，后者是孔荀之制。以这种广义的仁义去重新审视传统才是儒家的真道统，是我们倡导的新道统。这种新道统显然无法以传统的"四书"来代表，其精神也无法简单以《大学》的修齐治平来概括，故需要有新的经典体系，以作为儒学重建的理论依据。这一经典体系，在我看来，应该包括《论语》、《礼记》、《孟子》、《荀子》，可称为"新四书"。在"新四书"中，《大学》被返回《礼记》，需与《礼运》、

---

① 韩愈：《原道》，《韩愈全集》，上海古籍出版社 1997 年版，第 120 页。

《王制》等篇结合，方可对儒学做出完整的理解和概括。而通过对新四书的理论诠释，统合孟荀，"合外内之道"（《礼记·中庸》），便成为当代儒学重建的重大理论课题。

（作者单位：中国人民大学国学院）

佛教在当代中国的文化价值[*]

李 四 龙

"佛教文化"的说法，现在十分常见，主要是指佛教所依托的文化形

* 2001—2002 年，我作为哈佛燕京学社访问学者赴美访学，杜维明先生同时推荐
我成为哈佛大学世界宗教研究中心的访问学者。我以这样的双重身份到了哈佛
大学，参加哈佛燕京学社、神学院丰富的学术活动，并有宝贵的机会遍访哈佛
大学数十家图书馆，如饥似渴地选课听课。近 20 年过去了，我对学术意义、学
者使命的理解，还常常得益于那一年的访学。当年在复旦大学读本科，觉得在
图书馆翻书是最愉快的时光；后来到北京大学哲学系读研究生，感到北大图书
馆无比优越，硕士的前两年基本上把课余时间全泡在里面；到了哈佛大学，才知
道一所大学能对世界文明所起的巨大作用。在我们的观念里，美国和印度有什
么关系？但在哈佛最主要的大图书馆里，就有一个巨大的楼层装满了很多语种
的印度学论著和资料；燕京图书馆则收罗了东亚研究的各类文献，包括珍贵的
古籍，最难得的是，图书的编目非常合理，十分便于学者研究使用。直到今天，
我们大学里的人文学科要想有这样的学术胸怀，可能还有很长路要走。若没有
世界眼光和人文情怀，大学文科可以不办。2009 年杜先生受聘北京大学，创建
北京大学高等人文研究院。我亲炙先生受教的机会逐渐变多，对他主张文明对
话、文化中国、全球伦理、人文精神、启蒙反思和印度启示的理念有了更多的
理解和体会。我在北大举办宗教学高端学术讲座系列"虚云讲座"，从第一讲
起就得到杜先生的大力支持。在过去的 20 年里，我的成长得到了先生的提携、
启迪。这份情谊，我铭记在心，成为我努力工作的精神动力，绵绵不绝。先生
八秩，我和家人敬祝先生福如东海，寿比南山。（本文原发表于《思想与文化》
2015 年第 1 期，此为修订版）

式,譬如,哲学、文学、美术、造像、建筑、音乐、茶道、医学等。然而,为什么佛教是一种文化?佛教的文化价值或文化功能,究竟如何表现?本文立足当代中国,尝试讨论佛教的文化价值。

一、"文化"与当代中国文化难题

什么是"文化"?实际上存在不同语境的问题。在中国传统典籍与现代西方文献里,该词有不同的内涵。然而,这两层不同的内涵同时蕴含在我们现在所谓的"文化"概念里。

在中国典籍里,"文化"的含义是指以"人文"教化天下。这一用法,最早出现在《周易》贲卦象辞:"刚柔交错,天文也;文明以止,人文也。观乎天文,以察时变;观乎人文,以化成天下。""文"的字面意思是纹理,引申义是指"道"或"理",当然也包括文饰、文雅的意思,但在典籍里的用法,更多是指"文以载道"。什么是"人文"?这段引文用一个"止"字说明人文的特点,也就是有所节制,"止于至善"。具体地说,儒家一方面把"礼乐"当作"人文",另一方面,又将"礼乐"当作"天道"(天文)的体现,具有超乎任何个人意志的合法性与权威性,儒家以如此权威的"人文"教化天下百姓。所以,中国古代所说的"文化",确切的说法,是指一种"文教"。"文"的内涵在中国古代是现成的,已由圣人或经典确立,因此,"文教"重在教化或教育,旨在"化民成俗",要把那些道理变成老百姓的生活习惯,成为一种风俗,表现在人伦日用之间。

而在西方文献里,"文化"所对应的是英文 culture。该词在西方有很多不同的定义,甚至说有 100 多种不同的定义。本文不拟对此深入展开,仅以著名人类学家格尔兹的定义为例。他说,文化"是指从历史沿袭下来的体现于象征符号中的意义模式,是由象征符号体系表达的传承概念体系,人们以此达到沟通、延存和发展他们对生活的知识和态度"①。这个著名的定义，指出了"文化"的三个基本要素：历史传承、象征符号、意义模式，同时指出了"文化"的基本功能是沟通、延续和发展彼此的人生观或世界观。相对于中国古代典籍里的"文化"概念，格尔兹的这个定义，首先是要揭示"文化"本身的内涵，并不强调"文化"的教化功能，而是把"意义"或"道理"的沟通交流、延续发展看成是文化自身的附加功能，并不需要人为的引导或强迫。中国传统的文化观，期待"化成天下"，这就需要比较单一的教化内容，否则很难统一人心。对应于culture的文化观，表达了象征符号里的意义模式对于个人的生活世界具有教化功能，但并不强调"化成天下"，甚至还更看重所谓的"地方性知识"、"局部性知识"。正是在这样的逻辑下，现代汉语才会有诸如"酒文化"、"青楼文化"等表述。我们在表达"酒文化"的时候，并没有希望大家都来饮酒，而是表达了酒对生活的一种态度，并且，这种态度未必能得到所有人的认同。

现代汉语所讲的"文化"，体现了上述的双重含义：一方面是指展现于各种象征符号的意义模式，在中国古代居于主导地位的儒家思想或道德规范，在当前的中国文化里并没有被当作唯一的意义模式，当代中国文化有时还可能被解读成：因为过于多元化而导致意义的缺失或价值的虚无；另一方面，当代中国文化依旧十分注重文化的教化功能，对文化的多元化持谨慎的顾虑，甚至期待某种大一统的教育内容与教育方法。简单地说，我们要在多元化的文化环境里，努力推行单一化的教化内容。这是隐含在我们现在"文化"诠释中的深层矛盾，也是我们面对当代中国文化时的疑惑：文化多样性与社会教化如何协调，甚至如何统一？

或许，我们现在需要思考"当代中国的文化走向"：中国文化的主体

---

① 克利福德·格尔兹：《文化的解释》，纳日碧力戈等译，上海人民出版社1999年版，第103页。

性正在得到彰显，与此同时，现代中国无法脱离目前并不由中国主导的世界政治经济体系。经济的全球化、政治的多极化，已成世界潮流。在世界的多个地区，已呈现出对抗与冲突不断加剧的趋势。中国在这个世界体系里将会处于什么地位，并不仅仅取决于政治、经济或军事实力，同时也将受制于文化的表现形态。当代的中国文化，论其思想实质，主要包括：马克思主义、中国传统文化与西方文化，以及我们周边国家的各种文化①，然而，这些文化将会怎么结合、如何会通？文化的多样性与教化的单一性，是任何社会都将面临的文化难题。如果是在西方社会，这个难题或许相对容易被化解：政府不承担社会教化功能，只承担国家治理职责。而在当代中国社会，上述文化难题变得十分沉重，政府既要担当国家治理的责任，还要负责社会教化，有时甚至把社会教化当作国家治理的首要任务。

不过，当代中国文化的这个难题，并非今天才有，我们可以从古人那里寻找一些历史经验。在汉武帝时期，"罢黜百家，独尊儒术"，这是传统社会对此问题最简化的处理方式。这种处理方式效果明显，但流于形式。纵观过去的二千年，中国社会对儒术的"独尊"只是一句口号，从一开始就是"刑德并用"，古代中国的国家治理大量袭用法家的思想与原则。而在社会上，儒释道三教合流，成为真正支配中国传统社会的思想主流。中国传统文化的结构，在中唐以后，基本上是儒释道三足鼎立、多元一体；而到明朝以后，"三教合流"成了中国社会的主流思想。在这个结构里，佛教从最初的"夷狄之术"演变为华夏文明的传统文化，一方面保持自身的相对独立性，另一方面积极配合实践儒家的道德伦理规范，丰富与完善中国固有的、以儒道为主体的传统文化。

国家治理主要依靠法律，直接体现统治阶级的利益，虽然需要顾及

---

① 长期以来，我们经常忽视自己周边国家的文化形态，有时候甚至是很不恰当的鄙视，多少有些文化优越感的作祟。现在讲的"一带一路"，很好地表达了周边国家在历史上和现实中与我们密切的文化关系。

被统治阶级的利益，但是具有很大的强制性。社会教化主要借用道德、宗教的力量，社会各阶层、各群体往往会有不同的诉求，不过，这些诉求在彼此之间并没有多少强制性，更多地表现为风俗与习惯，只在阶层或群体内部有舆论上的影响力。因此，国家治理与社会教化各有侧重，但并不一定会有矛盾。事实上，明智的国家治理，首先需要顾及绝大多数社会成员能接受的社会教化。在中国历史上，儒释道三教分别代表三种形式的社会教化或意义模式，三教合流的格局，则使三种不同的文化融合为统一的社会教化，成为历代帝王实现国家治理的重要手段。那么，这种融合是怎样实现的呢？

所谓"三教合流"，实际上存在一定的分工，最典型的说法莫过于南宋孝宗、清朝雍正的概括：儒家治世、道家治身、佛家治心。在国家治理、社会教化方面，以前的帝王主要依靠掺杂了法家思想的儒学。譬如，唐玄宗说，"弘我王化，在乎儒术"（《开元二十七年诏》）。封建帝王把孔子奉为至圣先师，誉之为"德配天地"，尊之为"王"。儒家所讲的礼教，成为国家治理、社会教化的通则。其所体现的主要是一种家国情怀，是一种社会的维度。然而，个人的身心如何安顿？个体的生命如何得到尊重与保全？儒家希望能将个人的身心修养与家国情怀联系起来，甚至在理想的状态下要与家国情怀（"齐家治国平天下"）相一致。不幸的是，家国之事，通常不以个人的意志为转移。以身心修养为主要内容的精神生活，通常旁落佛教与道教，所以会有南宋孝宗、清朝雍正的上述概括，儒道释三教分别治世、治身与治心。在这样的论述中，治身与治心是相对于治世而言，儒家入世，佛道两教因此也就被视为"出世"。在实际的现实生活里，个人与社会、入世与出世，很难截然两分。期待治世的儒生，需要健康的身心状态；专注身心修养的法师、道士，需要社会物质财富的保障。三教之间，因此具有明显的分工与互补关系。

儒学在宋明时期取得了新的突破，得益于对佛教心性论的吸收。与此同时，佛教提出"孝为戒先"的观点，道教主张万善之要是"道德、孝慈"。不仅如此,在三教的论衡之中,儒释道三教被认为"同归于善"①、"同归于道"②。也就是说,三教都在努力架设共同的哲学基础(道),努力塑造共同的社会功能(善)。我以前在分析"三教合流"的类型时说,儒释道三教的合流属于"体上会通、用上合流"③,彼此的哲学基础各不相同,但在努力会通,而在社会功能上,则有共同的诉求,儒释道三教都在积极地"劝善",佛教历来被帝王认为"有助王化"、"暗助王纲"(朱元璋《三教论》)。

儒释道的三教合流,不仅让我们接受了佛教这个外来文化,还使我们自己的文化传统得到升华,这是我们中国传统文化的重要历史经验。之所以会有这样的文化格局,我认为,是得益于中国历史上和谐的政教关系:国家治理与社会教化有分有合,社会教化服从于国家治理,而国家治理尊重社会的主流民意,不同的意义模式得以兼顾。这就使中国历史上的主流意识形态,能不断得到及时的更新换代,所谓"实事求是"、"时变是守"。

我们现在思考佛教在当代中国的文化价值,应该充分借鉴这个历史经验。在今天,佛教既要保持自身的价值,还要努力去维系,甚至是促成一种具有时代特色的、多元一体的新文化。在这个新文化的结构里,佛教不可能是主角,却可以是有效的润滑剂。以下分别从思维方式、慈悲精神和交往原则,分析佛教在当代中国的教化功能。

二、"随缘"的思维方式

在过去的二千多年里,佛教对中国文化产生了全局性的影响,促成

---

① 南北朝末,韦夐对北周武帝说,"三教虽殊,同归于善,其迹似有深浅,其致理殆无等级"(《周书·韦夐传》)。后来唐高祖李渊下诏,认为"三教虽异,善归一揆"。从此以后,"劝善"成为中国人对宗教最基本的期待。

② 张伯端《悟真篇》序说,"教虽分三,道乃归一"。云栖祩宏说,"三教则诚一家矣。……深浅虽殊而同归一理"(《云栖法汇·正讹集》)。

③ 李四龙:《论儒释道"三教合流"的类型》,《北京大学学报(哲学社会科学版)》2011年第2期。

了中国文化的更新与发展，塑造了中国人的信仰世界、心性理论与审美情趣。三教合流的历史经验告诉我们，新文化的形成需要三方面的条件：一是分工，二是互补，三是共识。

佛教与华夏文明具有异质性与互补性，并进而与中国原来的传统文化取得了共识。佛教与中国文化的差异，很重要的方面是佛教给我们提供了一种迥然不同的思维方式：缘起性空。这种思维方式，使佛教对其他的宗教、文化有很强的包容性。在日常生活里，我们本能地会以自我为中心，并以天地万物为真实的存在。然而，佛教以"缘起论"为根本，认为万事万物（包括人自身在内）都是因缘而起，无时无刻不在无常变化，论其本性，一切皆空。这个结论，与我们的生活常识并不相同，甚至是相违背的，然而，"一切皆空"有严密的逻辑论证，并被视为世界的真相或实相。这套理论，在哲学上非常深奥，普通的信徒很难接受。但是，"缘起论"告诉我们一切事物有原因、有条件，万物都在无常变化。这样的思想，在中国老百姓中间广为流传，"随缘"成了大家的一句口头语，进而成为一种生活态度。

有人或许批评佛家的"随缘"让人变得随随便便、不思上进，这其实是一种误解。随缘的内涵，是要大家分析因缘、观察因缘，从而选择契合自己的机缘，与时俱进。现在社会上怨气很重，很多人觉得社会对他们太不公平，或者觉得自己怀才不遇。佛教的"缘起论"，在这些问题上是要强调个人在不同时候的不同因缘。条件不具备，任何人都会无功而返。只有不忘初衷，无怨无悔，积极创造条件，才能心想事成。这才是佛教"随缘"的意义。

若论当前的中国文化建设，同样需要发扬佛家"随缘"这个思维方式。在现实生活中，不同的领域往往会有不同的文化，譬如有政治文化、宗教文化、社会文化等不同的说法。每个人的职业生涯并不相同，这些不同领域的文化，对我们的影响程度并不相同，有的文化具有一定的强制性，有的则有相当大的灵活性。譬如，有人看不惯年轻人披头散发，或把头发染得五颜六色，但这是年轻人的个性，他们在你眼前出现，可以表现出惊讶，但不能横加指责。诸如此类的事情，我们所在的时代、所处的社会文化，就是我们日常生活中无法左右的"缘"。随顺，是我们最好的生活态度。在普贤十大愿里，恒顺众生，被认为是非常高的菩萨境界。

事实上，当前人间佛教的实践，以我个人的观察，其之所以成功，就是因为随顺了众生的愿望。我把"人间佛教"的成功经验概括为三点：儒家的说法、佛家的想法、基督教的做法。[①] 佛教以儒家的家国情怀接引众生，特别是在家庭生活方面，规劝佛教徒要成为孝悌诚信的楷模；在社会交往方面，人间佛教努力吸收基督教热心社会慈善教育的主动精神；所有这些说法与做法，最终又以佛家的思想予以诠释。有时，我也把这种现象称之为"新三教合流"，其中也有彼此的分工、互补。当然，这种合流，目前还只是"人间佛教"一家的想法，并没有与儒家、基督教形成共识。但是，我相信，有了"人间佛教"这样的实践，未来的诸教圆融，是有可能的。现在这些宗教在将来合流的基础，依旧源于我们对美好社会的共同期待：回归人间，随缘共生。

而在"中国文化的未来走向"这个问题上，关键之处是要明确当代中国社会的未来期待。有了共同的期待，才会有多元一体的新文化。我想，这也就是为什么要推动"社会主义核心价值观"的原因所在。佛教徒需要随顺这个因缘，主动创造这个因缘，引导中国社会的共同期待。

三、"无我"的慈悲精神

大乘佛教"缘起性空"的思想，如何解读，成了佛教史上的理论难题，可以有中观学的理解，也可以有唯识学的解释。这篇小文不拟对此深究，

---

① 参见李四龙：《化成天下的人间佛教》，载《开放：2014·人间佛教高峰论坛》，台湾佛光文化事业有限公司2014年版。

但不管怎么解读，最终的结论：以这样的方式思考，自我与世界都会消解，就是佛教所讲的"破我执"、"破法执"：自我的真实状态是"无我"，世界的真相是"空相"或"无相"，达到人法两空的境界。

实相无相、诸法无我，代表了佛教哲学的本体论思想。这种"无我"的思想，表现在社会伦理方面，就是乐于助人的慈悲精神，以一种平等心体会众生的疾苦，强调"众生平等"。在中国历史上，这种不以自己为中心的佛教思想，对中国社会的形成与发展发挥了十分重要的作用。譬如，魏晋南北朝时期，盛行"门第"观念，豪门与寒门等级森然；以儒家为代表的伦理关系，主张"亲亲有等"，强调"亲疏远近"的合理性。这些是世俗社会所要建构的生活秩序，但在这些生活秩序的背后，还需要超越等级的神圣权威。儒家在建构"三纲五常"、提供"礼教"的同时，努力推行"仁政"、"恕道"。儒家的"仁"特别强调"德性"，需要个人的修身实践作基础。佛教的传入，在一定程度上淡化了儒家社会的等级关系，强化了儒家和道家都很注重的修身传统，把个人的修行当作佛法的核心内容。

佛教在中国历史上的辉煌，来源于佛教徒对"无我"思想的身体力行。在历史上，往往出身于寒门的僧人，以其脱俗的谈吐、独特的思想，优游于社会名流，往来于帝王将相。为什么？根据史料的记载，其重要的原因是这些僧人拥有神通。但更重要的、更常见的理由，是这些僧人有学识、有德行，是因为这些僧人持戒精严，大家敬佩他们的德行。譬如，东晋末年，独裁者桓玄想要清理佛门，唯独对庐山慧远网开一面。他认为，"唯庐山道德所居！"[1] 以"德"评价僧人，仍然是儒家的思维方式。对僧人来说，持戒是为了解脱，"无我"的终极表现是无缘大慈、同体大悲，也就是观音菩萨所代表的慈悲精神。佛教所讲的最高觉悟，实际上是指对这种慈悲精神永无休止的实践。这在大乘佛教里，就是"永远的菩萨道"。慈悲的实践，是佛教智慧的最高体现。

---

[1]　桓玄：《与僚属沙汰僧众教》，载《弘明集》卷十二，文渊阁四库全书本。

"无我"所要展现的并不是社会伦理的权威性，而是个体生命最终的真相：所有的个体生命都以其他生命的存在为前提，真正的自利，都以利他为前提。珍惜生命，关爱所有的生命，是佛教"无我"思想的最终落脚点，即是所谓的慈悲精神。有些人认为佛教讲"空"，进而把"空"理解成"什么也没有"。这也就是以"虚无主义"理解佛教的"空"，是对佛教的误解，甚至可以说是"邪见"，因为这样的理解很容易让人漠视生命。现在，我们要把佛教"无我"思想里的慈悲精神说清楚，让人珍惜生命，不管是自己的生命还是别人的生命。

我们对未来社会的憧憬，可以有很多不同的方面、不同的内容，但有一个最基本的方面与前提：生命无价。佛教的"无我"思想，是让大家不要以自己的标准评价别人，更不能以自己的意愿强制别人，我们要因为别人的快乐而高兴，这是"随喜"，我们要因为别人的悲伤而苦恼，这是"同情"。未来的中国社会将会是什么样，恐怕现在还给不了明确的结论，但一定应该是各民族、各宗教、各阶层休戚与共的社会。

四、平等的交往原则

众生平等，不仅体现了一种慈悲精神，还表达了佛教的社会交往原则。无论是国内的各阶层、各族群之间，还是国际之间的交往，全都需要这样的原则。在当今世界讨论中国文化，必须考虑中国以外的世界。从自己的角度考虑国际社会，这几乎是所有人的本能，但肯定不是成熟的表现。如何面对国际社会、外来文化？佛教在中国的发展，即是中国社会成功处理外来文化的产物，其最大的历史贡献是促成了中华民族的平等交融。

公元4世纪初，西晋政权灭亡以后，北方就由外来的游牧民族执政，直到隋文帝重新统一中国。中国社会处理民族关系的传统理论"夷夏论"，受到空前的挑战。不仅与周边国家的交往主体发生了变化，而且国内的社会结构和政治秩序促成了夷夏关系的主次颠倒。在东晋十六国时期，不同民族政权之间的军事混战，导致血腥屠杀，民族矛盾、阶级矛盾空前激烈。以佛图澄诱导后赵君主信佛为例，这些游牧民族的君主因为相信佛是"戎神"，和他们一样都是外来的，给予了佛教大规模传播的政治机遇；同时，因为"佛法不杀"，有效劝阻了这些君主的杀戮，尽量保全既有的社会秩序。如果站在中华文化正统的角度，我们眼中的历史更多地在意"朝贡体制"，一种以我为中心的区域政治体系；但如果站在区域整体的角度，我们眼中的历史可能就变成了"中原王朝"与"征服王朝"的角逐互动。① 鲜卑族的北魏、蒙古族的元朝、满族的清朝，乃至与汉族政权拉锯渗透的吐蕃、南诏、辽、西夏、金等政权，全都经历了这样的力量角逐。无论是角力的过程，还是尘埃落定之后，佛教始终是民族和解、社会交流的重要推手。② 甚至可以说，即使是在唐朝，中华民族在历史上天下清宁的全盛时期，也是借助了佛教的力量，无论在自己的东北方与日本、朝鲜半岛，还是在自己的西北方与中亚各国，大唐成为一个空前庞大的世界文化帝国，长安、洛阳则是这个文化帝国的心脏，吸引着无数的外国朝圣者。中国社会接受了佛教，佛教也促成了中国社会的世界格局。

为什么佛教具有如此强大的跨族群交融功能？这主要得益于佛教"众生平等"的观念，一种跨族群的平等观念。儒家社会特别推崇"夷夏论"，其本质是社会等级制，这对于建构有效的社会秩序是有意义的。印度的种姓制度，在这点上很像"夷夏论"，把人分成四种或五种等级。佛教在印度，属于出家修行的"沙门"思潮，一上来就打破种姓制度，主张众生平等，在佛陀的僧团里不分种姓不分职业，佛跟大家一起生活。这种平等的生活方式或组织模式，确实不利于社会秩序的建构。但在开放和变动的社会里，特别是遭遇强大的外来势力时，社会秩序的重构，需要

---

① 参见巴菲尔德：《危险的边疆：游牧帝国与中国》，袁剑译，江苏人民出版社 2011年版。

② 参见李四龙：《论中国佛教的民族融合功能》，《中国宗教》2009 年第 6 期。

一种跨族群、跨阶层的平等思想。佛教具备这样的思想元素，在过去的2500多年里传遍亚洲，成为一个名副其实的世界宗教。

初到中国的佛教被看成"夷狄之术"，遭到儒家和道家的联合排斥。但在异族入侵和执政期间，佛教成了胡人与汉人之间最重要的精神纽带。在此过程中，传统的"中国"意识被打破了[①]，中国社会多了一种新秩序，以佛法处理不同族群之间的关系，彼此都是佛弟子。佛教的经典、法器、舍利，乃至修行方法，成了彼此交流最重要的礼物，僧人成了没有民族界限的和平使者。这种交流的结果，形成了我们现在所讲的"汉族"，一个高度融合的混合民族。除了最古老的华夏族，汉族还包括汉代的匈奴、东晋南北朝的鲜卑族，以及两宋时期的契丹、女真、党项等族，乃至于完全外来的波斯人、粟特人、犹太人等。所以，"汉族"是一个文化大熔炉，是代表中国主流文化的象征符号，而不是单纯的种族概念或血缘谱系。

佛教的平等观念，来源于它的"缘起性空"思想，体现出一种"无我"的慈悲精神。人在社会上需要构建强于个人力量的组织系统，最天然的单位当然是家庭。在儒家社会，个人直接的依靠力量从家庭延伸到家族或宗族。王权或朝廷的意义，在于能把这些宗族组织起来，成为一个能够免受周边势力侵袭的安全地方。但是，王权在很多时候并不能发挥这样的功能，像佛教这样的宗教就有可能发挥作用，强调众生平等、慈悲为怀，成为化解族群冲突的缓冲地带。而且，佛教基于平等的利他主义思想，同样缓解宗族和王权之间时不时爆发出来的利益冲突。

在当代中国，传统的宗法关系基本已被打破，与周边国家有外交上的国际法准则，佛教的地位也远没有历史上那么重要。但是，我国作为多民族国家的国情并没有改变，尤其是跨境民族在国际交往中的复杂性，

[①] 在西行求法的高僧那里，有不少认为印度菩提迦耶这个佛陀觉悟的地方是世界中心，自己所在的华夏则是"边国"。

依旧需要认真对待。面对这些复杂情况，佛教所宣扬的平等观念，在当代中国仍然具有重要的现实意义。

佛教为什么是一种文化？这是因为佛教属于一种社会教化，有助于国家治理、民族团结、社会稳定，在中国历史上发挥了融合不同意义模式的桥梁作用，是化解很多族群矛盾的重要途径。在当前的中国文化建设中，佛教劝大家珍惜生命，关爱他人，千万不要以自己为中心；佛教劝大家回归人间，乐观随缘，不要死守纯粹的理念。佛教，过去是、将来还会是中国文化的润滑剂，充分展现了中国社会"和而不同"的文化理想。

这种平等的观念，有助于强化民族、宗教的文化内涵，尊重文化多样性，关注地域特色及差异，以文化交流谋求相互理解，从而不断丰富"中华民族"的时代内涵。

（作者单位：北京大学人文学部、哲学系〔宗教学系〕）

"天下之虑"与"今世实谋"

——叶适保守主义思想观念评析

刘 光 临

南宋浙东学派是包括叶适"永嘉学派"、陈亮"永康学派"、吕祖谦"金华学派"等各学派的总称，与朱熹的道学、陆九渊的心学三足鼎立。相比于朱陆，"浙东儒哲讲性命者多攻史学，历有师承"①，以对历史现象的研究为依据，着力于治国之道与正己之道的统一。现有叶适思想研究的成果颇丰，首先是对其思想属性及其师承之研究。楼宇烈认为，永嘉学派"从广义上说可泛指自北宋以来出生于永嘉地区的一批学者，从狭义来说，则指从薛季宣、陈傅良到叶适所形成的一个学派"②；张义德也同意这一区分并将前者称为"永嘉之学"，后者则是"永嘉学派"③，并以叶适为此学派的集大成者。二人都认为这一学派由薛季宣开创，叶适任职婺州期间"向他求教，书信不断"④，视其为薛氏传人。对此周梦江有不同看法，他认为薛季宣对叶适的影响有限，"叶适与薛季宣之间，每人

---

① 章学诚：《章氏遗书》卷十八《邵与桐别传》，《章学诚遗书》，文物出版社 1985 年版，第 177 页。
② 楼宇烈：《叶适》，《中国古代著名哲学家评传》（续编三），齐鲁书社 1982 年版。
③ 张义德：《叶适评传》，南京大学出版社 1994 年版，第 107 页。
④ 张义德：《叶适评传》，南京大学出版社 1994 年版，第 56 页。

一生各只有一封信"①,陈傅良对他影响更大,叶适"陪公游四十年"②,此外,他与陈亮、吕祖谦等浙东学人都有交游,故其学术能集浙东学派之大成。

浙东诸学之中,以叶适所代表之永嘉学派最为强调历史演变与宋朝典章制度之关系,主张"欲折衷天下之义理,必尽考详天下之事物"。叶适对于宋朝时弊的指摘,譬如用人和制度方面的资格、荐举、铨选之害,"吏胥之害"、"监司之害"和财政方面的"经总制钱之患"、"折帛之患"和"合买之患"等所谓"天下之害",在当时即引发了广泛争议。朱熹批评叶适之学"专去利害上计较",但亦不可否定其"于制度名物上致详"③之学术特征。叶适对于历史问题的探索都以寻求历史变化的过程与根由为主旨,而他对当下时代的危机感也源于对近世时代变迁之解读。具体而言,叶适以为宋朝的富庶和承五代而来的募兵制度使得赵宋体制本身不同于汉唐而自有其特色,故南宋积弊之重却不能简单取法汉唐,更不必倡言复古井田。

叶氏的历史意识明显不同于当时推崇三代之治的道学主流思想,他能够辩证地看待利与弊,视危机和发展相生相伴,并不因时代危机就否定当下,而是强调在实际政治操作中对本朝制度因势利导加以厘正。这实质是一种保守主义的历史观念,与道学"明其道不计其功"的理想主义形成了鲜明对照。最新思想史研究重视将儒学发展放回它原有的历史脉络中重新加以认识,在历史化与哲学化双重参照系下取得"一种动态的平衡"④,本文即通过将叶适思想的历史理论框架和他对于时政措置的具

---

① 周梦江、陈凡男:《叶适研究》,人民出版社 2008 年版,第 23 页。

② 《叶适文集》卷一六《宝谟阁待制中书舍人陈公墓志铭》,转引自周梦江、陈凡男:《叶适研究》,人民出版社 2008 年版,第 18 页。

③ 黎靖德编:《朱子语类》卷三十七,岳麓书社 1997 年版,第 884 页;卷五十五,第 1172 页。

④ 余英时:《朱熹的历史世界》"总序",生活·读书·新知三联书店 2004 年版,第 3 页。

体论述相联系,力求还原叶适经世之学的问学途径。

一

叶适治学集事功派之大成,对其思想内容之研究成果最多,且重点集中于哲学思想、历史思想和经济思想。国内研究者很早就注意到叶适对道统和太极等理学概念的批判,包含了朴素的唯物思想,也各自从不同角度加以阐明。吕振羽曾将叶适及永嘉学派均视为"哲学上的唯物主义",带动了后来的研究,他也敏锐地提出叶适模糊认识到"历史是一个发展的过程",包遵信则认为叶适从经验论出发,"轻视理性认识,不懂得认识的辩证法,也就不可能把唯物主义坚持到底"[①];对此一观点周梦江提出了商榷,认为叶适阐明了客观世界的物质统一性,他所提出的"夫物之推移,世之变革,流行变化,不常其所,此天地之至数也"反映了其对物质世界变化运动的认知,具有唯物主义本质[②];楼宇烈也将叶适的哲学归于唯物主义,并认为就思想表达而言,叶适较陈亮深刻得多,他尤其重视叶适"物在"则"道在"的唯物主义思想,认为这是他对程朱理学和陆氏心学离开实事而空谈性命道德的批评的理论基础。

张义德对挖掘叶适唯物主义思想用力最深也最为全面,他在《叶适评传》一书中深入剖析了叶适对道统论的批评,赞扬了其"物在"则"道在"的唯物主义思想,还提出叶适有"凡物皆两"和"中和"的辩证法思想、"内外交相成"的认识论以及功利与义理统一的伦理思想。[③]

关于叶适思想,除了前述唯物主义的阐发,还有功利主义方向的解

---

① 吕振羽:《论叶适思想》,载《叶适集》,中华书局1961年版,第3、19页;包遵信:《叶适哲学思想的评价问题》,《社会科学战线》1978年第3期。

② 参见周梦江:《对〈叶适哲学思想的评价问题〉一文的商榷》,《杭州师范学院学报(社会科学版)》1988年第5期。

③ 参见张义德:《叶适评传》,南京大学出版社1994年版。

释。全祖望在《宋元学案》曾云"永嘉功利之说，至水心始一洗之"，认为叶适代表了功利思想的集大成者。从功利主义角度研究叶适思想早在20世纪中叶即已经开始，萧公权在《中国政治思想史》中主张"宋代政治思想之中心，不在理学，而在与理学相反抗之功利思想"，"此亦儒家思想之大变，与理学家之阴奉佛老者取径虽殊，而同为儒学之革命运动"，而又认为其中"叶适与朱陆相抗，集功利思想之大成"，直接绍述了全氏的说法。① 张义德则认为："以叶适为代表的永嘉学派，最具特色的思想是功利主义，他们以此与道学、心学相区别，而与永康学派互为同调。"②

对于上述两派的说法我基本赞同而略作修正，唯物主义的说法虽然在形而上的抽象层次上辨析深入，却和南宋士人的一般认同相距太远，而功利主义说法固然突出了永嘉学派重视事功的思想作风，但是往往忽略了作为其论敌之一的理学家也是致力于将经学和政事结合，其修身同时也不忘平天下。我综合历史化和哲学化这两个方向，将永嘉事功学派与理学的争论放诸唐宋变革以来的中国历史脉络之中，主张叶适思想实则是以经验理性为基础的保守主义，这主要体现在以下三个互相关联的层次。首先，本体论和知识论层次上提出"物之所在，道则在焉"，相信知识获得必以事实经验为基础。其次，再将这一方法论应用到人文、社会和历史的具体观察，强调"万物皆变"的天下之道，即理性只能体现在历史变化的趋势之中，而其变化原因和判断标准也应当从历史具体过程和演变细节中寻求，包括本朝典章在内的国家和制度的发展自有其正当性而应该成为士人知识积累的核心。最后，他进一步推论后世取代前世都是历史逐渐演变之结果，肯定了当下（宋朝高度发达的制度和经济）的不可超越性，也详细论说了宋朝所面临的危机和挑战，强调了文明的高度发展本身就构成了其内在危机根源，繁荣和危机是紧密联系的一体，

---

① 参见萧公权：《中国政治思想史》，辽宁教育出版社1998年版，第414页。
② 张义德：《叶适在南宋学术界树起的三面旗帜》，载张义德、李明友、洪振宁编：《叶适与永嘉学派论文集》，光明日报出版社2000年版，第45页。

这实质是否定了理学家的政治理想,因为现有体系就是当下最合理的存在而不可能在此之外还能找到根本性的解决方案。

就第一个层次而言,叶适继承了薛季宣的"道器"说而有"道物"说。薛季宣"道器"说主张,"道无形,舍器将安适哉?且道非器可名,然不远物,且常存乎形器之内"①,所以"道"和"器"须臾不可分离。叶适晚年在《习学记言序目》中曾总结说:

> ……物之所在,道则在焉,物有止,道无止也。非知道者不能该物,非知物者不能至道。道虽广大,理备事足,而终归之于物,不使散流,此圣贤经世之业,非习为文词者所能知也。②

"道器"说或"道物"说是永嘉学派哲学思想的集中体现,学者早已辨析明白,并名之为唯物主义,但诉诸当时社会背景,叶适反对先验性的道或心之类概念,认为只有先格物致知,然后才能达到意诚、心正③,其主张的道物关系说更似经验理性。叶适不仅仅是一般层次上质疑和反对二程、朱熹等人所提倡的道与道统等道学观念,还在认识论上动摇了道学的根本,提出了一个替代性的理论框架,"夫欲折衷天下之义理,必尽考详天下之事物而后不谬"④,也就是理论概括必来自对具体事物的观察和把握。叶适又进一步强调,"经,理也;史,事也",由是可知"事"就是经验事实的发生、积累和相互影响,而离开对经验事实的学习与反思,也就是空言无凭。与道学家用心性来主宰经验知识、用天理来统治现实世界的论说相比,叶适将分析问题的视角拉回到"事物",把经验知识的获得

---

① 黄宗羲:《宋元学案》卷五十二,中华书局 1986 年版。
② 叶适:《习学记言序目》卷四十七,中华书局 1977 年版。
③ 参见周梦江、陈凡男:《叶适研究》,人民出版社 2008 年版,第 174 页。
④ 叶适:《题姚令威西溪集》,《水心文集》卷二十九,《叶适集》,中华书局 1961 年版,第 614 页。

与积累作为修养的门径和良政的前提,是所谓"圣贤经世之业",进而将学术和政事统一起来。① 从政治哲学来看,叶适的分析框架实质上肯定了经验世界中现实(存在)的合理性,毋宁是保守的,这在其政治思想的第二个层次愈益明显,并会与道学话语产生直接冲突。

道学家秉承二程以来的政治理想,以兴起斯文为己任,由内圣而外王,"思致天下于三代",致力于"秩序重建";在宋神宗熙宁变法时期,二程和王安石都是以尧舜之道作为其政治改革的蓝图。按照余英时的最新研究,即使在王安石新法失败后,他们依然不放弃内圣外王的政治理想,"为秩序重建作更长远的准备"②。据余氏所言,道学家也在致力于学术和政事的统一,并从宇宙论(形而上学)和历史观(道统)方向"发展了关于秩序重建的双重论证"③。道统的成立对于宋朝政治文化的影响至关重要,也赋予了其激进的政治色彩,因为道学家追求一种精神上的超越,上溯尧舜三代,将三代之下直至其晚近的一千五百年都视为道统崩坏、私欲横行而争权夺利的历史,"尧舜、三王、周公、孔子所传之道,未尝一日得行于天地之间"④。上述道统思想也特别表现在朱熹和陈亮在孝宗淳熙十一年(1184)开始的王霸义利之辩,朱熹在其中重点批评了陈亮"义利双行"、"王霸并用的观点",而两人反复争议的话题就是三代与汉唐历史能否比较及其各自意义。朱熹在回应陈亮的观点时,明白指出:"尝谓天理人欲二字,不必求之于古今王伯之迹,但反之于吾心义利邪正之间",根本否定了陈亮试图从汉唐君主典范中寻求治理国家方

---

① 汤勤福将叶适的历史思想总结为以王道为基础的功利主义思想,认为叶适对六经的看重是"强调学习与理解六经可以致道成德",并非要"法六经"或"法三代"。(参见汤勤福:《论叶适的历史哲学与功利思想》,《云南社会科学》2000 年第 1 期)

② 余英时:《朱熹的历史世界》"绪说",生活·读书·新知三联书店 2004 年版,第 111—120 页。

③ 余英时:《朱熹的历史世界》"绪说",生活·读书·新知三联书店 2004 年版,第 122 页。

④ 朱熹:《答陈同甫》,《晦庵集》,文渊阁四库全书本。

法的努力。① 在朱熹看来，一味追求历史细节和制度变化的学术探讨，无疑是偏离了求学的初衷，《朱子语类》曾有朱熹对陈亮和吕祖谦史学研究的评论：

> 先生说："看史只如看人相打，相打有甚好看处？陈同父一生被史坏了。"直卿言："东莱教学者看史，亦被史坏。"
>
> 陈同父祭东莱文云："在天下无一事之可少，而人心有万变之难明。"先生曰："若如此，则鸡鸣狗盗皆不可无！"因举易曰："天下之动，贞夫一者也。天下何思何虑？同归而殊途，一致而百虑。天下何思何虑？"又云："同父在利欲胶漆盆中。"
>
> 因言："陈同父读书，譬如人看劫盗公案，看了，须要断得他罪，及防备禁制他，教做不得。它却不要断他罪，及防备禁制他；只要理会得许多做劫盗底道理，待学他做！"
>
> 或问："同父口说皇王帝霸之略，而一身不能自保。"先生曰："这只是见不破。只说个是与不是便了，若做不是，恁地依阿苟免以保其身，此何足道！若做得是，便是委命杀身，也是合当做底事。"
>
> 陈同父学已行到江西，浙人信向已多。家家谈王伯，不说萧何张良，只说王猛；不说孔孟，只说文中子，可畏！可畏！②

朱熹将读史比喻成看人斗殴，没有任何益处，更甚者等于阅读劫盗案件，只懂得了做强盗的道理，感慨陈亮"一生被史坏了"、困在"利欲胶漆盆中"。永嘉事功学派第二代权威陈傅良在宁宗嘉泰三年（1203）去世，楼钥在为其写的神道碑里追记陈氏跟随薛季宣习史的具体内容：

---

① 参见束景南：《朱熹年谱长编》，华东师范大学出版社 2001 年版，第 794—795 页。具体争论的评述参见田浩：《功利主义儒家——陈亮对朱熹的挑战》第三至第五章，江苏人民出版社 1997 年版。

② 黎靖德编：《朱子语类》卷一百二十三，岳麓书社 1997 年版，第 2677 页。

> 公亲见伊川先生,得其传以归,中兴以来,言理性之学者宗永嘉,
> 惟薛氏后出,加以考订千载,自井田、王制、司马法、八阵图之属,该
> 通委曲,真可施之实用。凡今名士得其说者,小之则擅场屋之名,大
> 可以临民治军之际惟公(指陈傅良)游从最久,造诣最深,以之研精
> 经史,贯穿百氏,以斯文为己任,宗理当世之务,考核旧闻,于治道
> 可以兴滞补弊,复古至道,条画本末粲如也……①

由此而知,永嘉学派重视历史学习,尤其重视制度之学,考订千载,两相对照我们在这里可以进一步追问,为何道学家如此厌恶和排斥以实证为基础的史学研究呢?

朱陈围绕王霸义利展开的这场著名争论经过诸多学者研究,而田浩的研究对我们理解朱陈二人间的对立颇有启发性。田浩发现陈亮用来攻击朱熹三代理想政治的两把尖刀,首先是历史方法带来的对儒家经典的质疑,所谓"废经而治史,略王道而尊霸术",其次则是用实用主义伦理观支持其事功伦理学,他因是将其称为浙江功利学派的代表②,并以为陈亮既"没能提供一个充实的替代物以取代朱熹的思想",在辩论中又由于没有得到叶适的及时支持而落入下风,这些都加速了 12 世纪功利思想的衰落。③ 我除了赞同上述精湛分析之外,也在这里试图引入叶适本人的思想来补正田浩对浙东学派和道学关系的看法。首先,田浩正确指出了浙江功利学派除追求事功之外,对历史研究极其重视,而且也提出陈亮思想中的政治保守主义倾向④,但他仍然忽略了这三种倾向是如何结

---

① 楼钥:《陈傅良神道碑》,《止斋文集》附录,文渊阁四库全书本。
② 陈傅良:《止斋文集》,文渊阁四库全书本。
③ 陈傅良:《止斋文集》,文渊阁四库全书本。
④ 田浩指出,(陈亮)"通过感觉去发现内在于事物的标准这一方法对于广泛的政权意识更为开放"(田浩:《功利主义儒家——陈亮对朱熹的挑战》,江苏人民出版社 1997 年版,第 143 页),他还分析了陈亮在道学与政治保守主义的过渡阶段(1168—1178)。(参见该书,第 54—70 页)

合在一起的。

在我看来，事功学派实际上秉持的是保守主义的政治哲学，因为我们不仅可用"保守主义"此一词汇来概括这三种倾向的内在联系，而且可以明白地揭示出浙东学术特别是永嘉事功学派是在高度肯定宋朝制度、承认其发展的前提下来批评时弊，与道学在对待当世政治与社会议题时的立场有判若鸿沟的差距，而叶适才是最完整地总结了事功学派思想的集大成者。针对道学形而上的先验道统观，叶适则将经验理性可以观察到的历史逻辑视为"道"或曰"人道"，而人类社会的历史演化进程则是唯一的真实。① 前引吕振羽先生曾对于叶适的历史观念有所瞩目，特别指出叶适能认识到"古今异时"，所以会有制度变化②，唯因其固守在唯物主义框架中而未能专从历史保守主义方向展开研究。用现代术语来讲，历史不仅是展示了人类社会全部的真实，也是唯一能够体现道或价值的本体；而从永嘉思想的角度分析，朱熹所念念不忘的由"三代之治"所传承的道统及其体现的"天理人欲"之分，脱离了社会历史的本体，无疑是彻底的谎言，其据以改造社会的理想也等同于一种呓语。

---

① 景海峰曾指出，叶适企图"将这套事功之学义理化、系统化，提升至社会历史本体的高度"，他"否定朱、陆的性体与心体，特别是理学的太极观，对永嘉经制之学意义重大，先验观念对现实社会制度运作的钳制受到挑战，事功的意义在历史过程本身中即可得到说明，它的合理性也无需头上安头、重床叠架去寻找，而就在历史发展的长河之中"（景海峰：《叶适的社会历史本体观——以"皇极"概念为中心》，载张义德、李明友、洪振宁编：《叶适与永嘉学派论集》，光明日报出版社 2000 年版，第 259—260 页）。杨国荣最近更提出区分天道与人道的类似观点，"从历史上看，社会领域的活动总是以道为依归，而道自身则体现于这一过程"，"从天道的层面而言，此所谓的'道'涉及世界的终极原理以及对这种原理的把握，就人道的层面而言，这里的'道'则以社会历史的一般法则和社会文化理想为内容"（杨国荣：《物·势·人——叶适哲学思想研究》，载复旦大学哲学学院中国哲学教研室编：《潘富恩教授八十寿辰纪念文集》，上海古籍出版社 2012 年版，第 388 页）。

② 吕振羽：《论叶适思想》，载《叶适集》，中华书局 1961 年版，第 20、21 页。

二

朱熹、叶适二人并无正面交锋的机会，但朱熹自己对于道学主张和永嘉学派之间的巨大差异是清楚的。在他和陈亮书信来往辩论之际，也曾提到自己收到叶适来信并将复函附于给陈亮的信后，就是在这封复函里他公开表达了对叶适持功利观念的失望，"此等议论近世盖多有之，不意明者亦出此矣"①。在朱熹一次和学生讨论经权和君子小人之论时，他又批评永嘉学者说：

> 永嘉学问专去利害上计较，恐出此。又曰：正其谊不谋其利，明其道不计其功。正其谊，则利自在；明其道，则功自在。专去计较利害，定未必有利，未必有功。②

道学批判浙东学者时，常将对手的思想体系简化为功利取向（"专去计较利害"），但是朱熹对历史研究的敌意揭示了历史逻辑是事功思想在方法论上能够成立的基础。永嘉学派主张的"器物"说，在宇宙观上对道学所主张的道统说作了釜底抽薪式的否定，而在方法论上则主张"天自有天道，人自有人道"，转而采用具体的历史分析来取代道学家的道德判断。叶适曾对"人道"加以议论说，"天文、地理、人道，本皆人之所以自命，其是非得失，吉凶祸福，要当反之于身"③，而具体的方法就是反复学习实践，"无验于事者其言不合，无考于器者其道不化"。既然道遂广大，"而

---

① 朱熹：《答叶正则一》，转引自陈来：《朱子书信编年考证》（增订本），生活・读书・新知三联书店 2007 年版，第 242 页。
② 黎靖德编：《朱子语类》卷三十七，岳麓书社 1997 年版，第 884 页。
③ 叶适：《习学记言序目》卷二十二，中华书局 1977 年版，可参见张义德对天道、人道的区分。（张义德：《叶适评传》，南京大学出版社 1994 年版，第 264—268 页）

终归于物",那么理解"人道"也就是人类社会本体的知识就只有学习历史这唯一途径,可谓史学之外再无真知。儒家学者动辄引用先秦经典来匡正现实中的弊病,更以经义概念和价值作为当下制度建设的基础。对此,叶适挖苦他们如此推行先王之治难免失败结局:

> 先王之治不见于后世,德薄功浅而俗化陋。儒者为之感愤太息,思有以易之,而未能自信于必行,皆求之于经……盖周礼六卿之书,言周公之为周,其于建国、设官、井田、兵法、兴利、防患、器械、工巧之术咸在,凡成、康之盛,所以能补上世之未备而后世之为不可复者,其先后可见,其本末可言也。于是儒者莫不为欣然自喜,以为可以必行而无疑矣。虽然,使先王之治所以必不行,而后世谀闻寡见之君,因遂以经为不可尽信者,其必自是书始矣。[①]

兴复三代之治是道学家的理想,也是他们政治实践的目标,不过从叶适的保守主义历史观来看,这是完全不懂得历史变化趋势的愚蠢想法。叶适还举管仲为例来说明这类想法何以愚蠢:

> 天下之才,未有过于管仲者也,皆不若仲而已矣;皆不若仲,则皆师其故智而拾其遗说。然其所以使后世廓然大变于三代者,岂非其一人之力也,治变而世变,世变而俗成。然则后世之事,有望管仲而不可及者矣,而况于三代乎!若桑弘羊之于汉,直聚敛而已耳,此则管仲、商鞅之所不忍为也。盖至于唐之衰,取民之利,无所不尽,则又有弘羊之所不忍为者焉。然则居今之世,理经援古,皆欲一举而尽复三代之治,以寒致暑而进病者于膏粱,不知其不能食而继之

---

① 叶适:《周礼》,《水心别集》卷五,《叶适集》,中华书局1961年版,第702—704页。

以死也,而何以为之哉!①

叶适认为"天下之才,未有过于管仲者也,皆不若仲而已矣",可即使管仲如此英明无双,他也是而且只能是顺应时代形势而为。所以"居今之世,理经援古,皆欲一举而尽复三代之治",就像"进病者于膏粱",只会导致病人的死亡也即社会的崩溃——这里他对道学理想主义的鞭挞可谓无情,而后者的荒唐无知实源于其不懂得"使后世廓然大变于三代者,岂非其一人之力也",也不懂"治变而世变,世变而俗成"。叶适这里已经假定历史本身变化就有其合理性,不需外求,更不必言称三代。不管是观察其演变过程还是揭示其因果关联,首先需要观其大势,而所谓"势"才是叶适历史逻辑展开的核心概念,他自己在《治势》一文中解释说:

> 故夫势者,天下之至神也,合则治,离则乱,张则盛,弛则衰,续则存,绝则亡。臣尝考之于载籍,自有天地以来,其合离、张弛、绝续之变,凡几见矣,知其势而以一身为之,此致天下之大原也。②

他在同一篇文章中又将这"势"一概念应用于三代以来的所有朝代:

> 天下之势,其乱也有门,其亡也有途……天下之乱与亡有五,而人主之得罪于民不与焉:一曰女宠,二曰宦官,三曰外戚,四曰权臣,五曰奸臣。此非特秦汉之近世事为然也,而三代亦莫不然。③
> ……然而天下之势,周密而无间,附固而无隙,不忽治而乍乱,

---

① 叶适:《管子》,《水心别集》卷五,《叶适集》,中华书局1961年版,第705—706页。
② 叶适:《治势上》,《水心别集》卷一,《叶适集》,中华书局1961年版,第639页。
③ 叶适:《治势中》,《水心别集》卷一,《叶适集》,中华书局1961年版,第639页。

几亡而仅存，可以传之后世，垂之无极，则远过于前代。夫学者之言治也，其远而在尧、舜，则常苦于迂阔而不信；其近而在汉、唐而可信也，则又以其不能久安长治而不足称。然而祖宗之天下，亦可谓盛治而无以加矣。①

"势"既然作为一种历史变化趋势，也就被赋予某种必然性，可以涵盖三代，也可解释当下。因此叶适在这里又批评提倡三代者为"迂阔而不信"，而提倡汉唐，则汉、唐"不能久安长治而不足称"，比较起来本朝之立国"可谓盛治而无以加"，也就是顺应天下大势。相对于陈亮在辩论中立场的游弋反复和观点的遮遮掩掩，以叶适为代表的永嘉学派在立场上更明白自觉地站到道学的反面，用历史的合理性来肯定当下统治的正当性，这种鲜明的历史保守主义，是对道学理想主义历史观的彻底否定。虽然叶适一直回避与朱熹的正面冲突②，但是在其论说里我们可以读到他肯定三代之后历史演进的合理性，将包括宋朝在内的历史发展与古代同等看待，在警惕当下危机之时也不吝赞扬宋朝的繁荣与进步。

叶适的保守主义政治思想是以其"道物"说的宇宙论和历史演变的方法论为基础，而将上述观念进一步落实到其所生活的时代，就衍生出其保守主义思想的第三个层次：他既肯定宋朝制度的正当性和社会经济的高度繁荣，又指出与繁荣相生相伴的财政危机及各种严重的政治与社会问题，是所谓"天下之虑"。叶适对于当下的利和弊、成就与危机都有充分论说，其精彩部分往往为后世学者所摘取。历史学者强调叶适尝试从历史上政治制度得失的层面探求治国理政之方法，经济思想是叶适经

---

① 叶适：《治势中》，《水心别集》卷一，《叶适集》，中华书局 1961 年版，第 640 页。

② 田浩认为在这场辩论后，叶适和朱熹甚少思想交流，甚至中断了一段时间的通信；而且叶适可能是在重读陈亮死后遗留的文稿后"下定决心与道学分裂"（田浩：《功利主义儒家——陈亮对朱熹的挑战》，江苏人民出版社 1997 年版，第 132—133 页）。

世思想的重中之重，也为学者所重视。但是不少研究往往各取所需，在选取的某一具体领域突出强调其中的一面。这里我们还要深入分析叶适为何对当下社会与制度的判断充满矛盾性？这和保守主义的分析框架有何直接关联？

叶适的历史思想与其治国理政思想有密切联系，是其事功思想的主要表达。叶适也是通过历史分析将"当下"与历史演变趋势相关联而加以解释的，他在前述《周礼》一文中的后半篇又展开其历史论说：

> ……且又有甚不可者非特此也。古之治天下，必辨其内外大小之序，而后施其繁简详略之宜。三代之时，自汉、淮以南皆弃而不有，方天下为五千里，而王之自治者千里而已，其外大小之国千余，皆得以自治。其正朔所颁，礼乐征伐自天子出，朝会贡赋，贤能之士入于王都，此其特大者也；而其生杀废置犹不能为小者，天子皆不预焉。而天子之自治，亦断然如一国，不能如秦、汉之数郡，又有贤圣而为之臣，皆久于其官而不去。其为地狭，为民寡，而治之者众。始之以勤，终之以无倦，行之以诚，故其米盐靡密，无所不尽，而宫内之隐可以悉布之书而无愧。盖其自治者至，则诸侯之效上也捷，辅相之尊，通行于四海而教率之。而天子又为之巡狩其国，以一道德，同风俗，而正其律度量衡……今也包夷貊之外以为域，破天下之诸侯以为州县，事虽毫发，一自上出，法严令具，不得摇手，而无圣贤为之臣，其臣不能久于官而遽去，而又有苟简诈伪之心焉。乃欲其米盐靡密无所不尽，以求合于周礼之书；而又易其大者，将以复井田封建之旧；其论所以高而难行，人情不安而至于乱也。夫因今之地，用今之民，以周公为之，其必有以处此矣。然则读是书者，深思而徐考之可也。①

---

① 叶适：《周礼》，《水心别集》卷五，《叶适集》，中华书局1961年版，第702—704页。

叶适将三代西周时地狭民寡与秦汉加以比较，指出两个时代之间存在着幅员和人口的巨大差异，进而决定了不同的治理方式，即西周天子和诸侯自治与秦汉中央集权的郡县制，所以以当今之形势，不仅《周礼》不可以应用，就是起周公本人于地下，"因今之地，用今之民"，也只有采用郡县制这一条出路。不仅如此，叶适还在"管子"一篇中进一步指出，从地狭民寡的诸侯自治演变到中央集权的郡县制，暴力和财富在推动国家制度演进上发挥了关键作用，也直接塑造了宋朝的根本制度：

> 王政之坏，非一人之力，及其后之也，亦非一人之功——王政之坏久矣。其始出于管仲。管仲非好变先王之法也，以诸侯之资而欲为天子，无辅周之义而欲收天下之功，则其势不得不变先王之法而自为。然而礼仪廉耻足以维其国家，出令顺于民心，而信之所在不以利易，是亦何以异于先王之意者！惟其取必于民而不取必于身，求详于法而不求详于道，以利为实，以义为名，人主之行虽若桀、纣，操得其要而伯王可致。此其大较而已矣。
>
> 昔者先王畏兵之为祸也，是故多其节目而为之法制，使之可以自卫而无以求胜，繁重委曲而不能深晓其义。盖以为吾之仁义行于其间，而讨除天下不仁不义之人，而何忧知利之为患也，是故放绝屏远而不言。其言者，明之以不齿之罚，使虽酒食之微而皆不得以自肆。故其上下习为辞逊而不可争，以为如是而天下之大利何求而不成。夫此二者，先王治天下之大权也。故凡为管仲之术者，导利之端，启兵之源，济之以贪，行之以诈，而天下之乱益起而不息。若咎犯、先轸之于晋，范蠡、大夫种之于越，孙武、吴起、申不害各于其所辅相之国，讲明其说而增益其意。数百年之间，先王之政，隳坏亡灭，至于商鞅破井田，立㮚量，李斯废封建，燔诗书，而后荡极而无遗。盖王政之坏，始于管仲而成于鞅、斯。

悲夫！ ①

叶适在这里详细说明管仲开启了后世历史演变的重要模式，即"导利之端，启兵之源，济之以贪，行之以诈，而天下之乱益起而不息"，而且他还指出这并不是管仲个人的意愿，"其势不得不变先王之法而自为"，只不过是缝合历史变化的端机而已，而所谓先王之政也绝无复兴的机会。永嘉学者如薛季宣、陈傅良均于制度考疏中特别重视兵制和兵法，而叶适完全继承此点，并将暴力因素升华到国家制度变迁的因果关系层次。宋朝的国家制度不仅受此模式影响以兵立国，而且因为由唐代府兵制度变化为募兵制度，以致"兵以多为累"，叶适进而呼吁当下所有问题都需由此出发而斟酌改革，"不尽天下之虑而终失天下之大计，此最大事，不可不极论也"②。叶适在"实谋"一篇中详尽分析了募兵制造就了宋朝立国之固、天下之大和制度之盛，同时也指出这也是其内在的危机根源，这就引发出本文标题所言的"天下之虑"与"今日实谋"的讨论。由于其内容重要，我在下面逐段引用分析：

> 有大利必有大害。为国者不敢专大利而分受其大害，以人参之，使其害消，昔之帝王莫不然。国家因唐、五季之极弊，收敛藩镇，权归于上，一兵之籍，一财之源，一地之守，皆人主自为之也。欲专大利而无受其大害，遂废人而用法，废官而用吏，禁防纤悉，特与古异，而威柄最为不分。虽然，岂有是哉！故人材衰乏，外削中弱，以天下之大而畏人。是一代之法度又有以使之矣，宜其不能尽天下之虑也。

这里叶适从唐宋变革的角度阐明了宋朝立国的基础，即兵权和财权

---

① 叶适：《管子》，《水心别集》卷五，《叶适集》，中华书局 1961 年版，第 705—706 页。

② 叶适：《实谋》，《水心别集》卷十，《叶适集》，中华书局 1961 年版，第 767 页。

的高度集中，是谓"大利"，叶适也在它处概括这一历程而言，"以财少为患之最大而不可整救，其说稍出于唐之中世，盛于本朝之承平，而其极甚乃至于今日"。宋朝立国固有其必然，但是当政者必须深明其由此导致的困境，即养兵必然费钱，叶适进一步分析说：

> 何谓今日之实谋？今壤地半天下，兼三国之吴、蜀，比南北之宋、齐、梁，又财利之渊也。北方地虽适半，计其赋入，十分之二三耳。地大财富，足以自为也；然而五六十年，不足以自为而听所为于虏者，则有故焉。盖自昔之所患者，财不多也，而今以多为累；自昔之所患者，兵不多也，而今以多为累；自昔之所患者，法度疏阔也，而今以密为累；自昔之所患者，纪纲纷杂也，而今以专为累。请姑言四事之最急者。

> 今天下之财，其为缗钱者，茶、盐、榷货以二千四百万矣，经总制钱以千五百万矣，上供、和买、折帛以千余万矣，又别计四川之钱引以三千一二百余万矣，古无有也；不特古无有也，宣和以前无有也。是财多也。而用之亦如是其多，今略计户部之经费为千五百余万，此祖宗盛时一倍之用也，至于以六千余万供四屯驻之兵，此开辟以来所未有也。故财以多为累而至于竭。[①]

宋朝人口增长，经济繁盛，国家财税不断随市场扩张而增长，但是仍然赶不上兵费之增长，以致财税"以多为累"，法度"以密为累"，纪纲"以专为累"。简而言之，叶适指出的宋代制度弊病的根本在于其本来设计之精密和军事—财政体系的高度发达。毫无疑问，宋代职业化、市场化的军事动员方式一开始就对国家财政产生巨大压力，而愈到后期这一

---

① 叶适：《实谋》，《水心别集》卷十，《叶适集》，中华书局 1961 年版，第 767—769 页。

体制的内在性矛盾就愈明显,到南宋后期财政压力的痼疾已成为无法摆脱的危机。叶适的危机观也是当时士人精英的普遍看法,但是叶适所谓"以财少为患之最大"的深入诊断,绝不可以简单理解为宋朝国家模式的失败。即使危机论提倡者如叶适,也并未谋求用宋朝以前的府兵制度或者任何兵农合一的方略作为解决财政危机的主要对策,这也从根本上证明了叶适的保守主义思想特色。从今天眼光看,叶适在将宋朝国家制度合理化的前提下图谋改革,其理性成分远高出道学家描绘的理想主义政治图景,因为从公共财政角度看,宋朝募兵制引发的国家在公共财政领域的扩张也许一时是过度的,但是和税收货币化特别是专卖制度并行而来的财政危机往往是国家能力创新的必要背景。[①] 晚清财政改革乃至20世纪80年代以来的改革开放都有类似的表现,即改革往往肇因于政府缺钱,而改革越成功,政府敛钱越多,就愈感缺钱。从理论上讲,如欲彻底地根治这种金钱(税收)饥渴症,最有效手段莫若以实物取代货币,从而摆脱对金钱也是市场的依赖。但是揆诸中西历史,凡有此极端情形发生者均是因为革命或征服等外在暴力因素而致的改天换地,却从没有该体系内部精英可以自断四肢、紊乱经脉以求生存的事情。

(作者单位:香港岭南大学历史系)

[①] 我自己对宋朝公共财政的研究证明了宋朝军事—财政体系的发达,并将其称之为世界历史上第一个近世财政国家。(参见 William Guanglin Liu, "The Making of a Fiscal State in Song China, 960–1279", *Economic History Review*, Vol. 68, Issue 1, Feb. 2015, pp.48–78)

朱熹对中庸之道的诠释与建构*

朱 汉 民

  自中唐至北宋的儒家学者如韩愈、张载、二程等将《中庸》从《五经》礼学体系中独立出来，并对其作出新的诠释，使《中庸》的经典地位和思想内涵开始发生变化。而到了南宋，朱熹进一步将《中庸》纳入《四书》的新经典体系，并对《中庸》作出一系列创造性诠释，推动了儒家中庸之道的思想创新和理论建构。此后，中庸之道的哲学意义得到进一步提升，《中庸》开始成为中华文明的核心经典。

  在早期儒家《中庸》及相关典籍中，中庸之道主要体现为一种实践性智慧和德性，明显具有知行一体、主客互动、天人合一的思想特点。朱熹《中庸》学的突出特点和重大贡献，就是以"理"诠释"中"。他在诠释《中庸》一书时，继承了原典里的中道思想和智慧，但是他对原典的中庸之道作出了以理为依据的创造性诠释。这样，他讲的中庸之道已经不局限于原来的涵义，而是纳入以"理"为核心的哲学系统、思想体系。故而他的中庸之道，能够从知行一体中拓展出知识理性，从主客互动中拓展出主体精神，从天人合一境界中拓展出天理哲学。总之，朱熹通过上述几个不同的思想维度，推进了中道之道的思想发展与哲学建构。

---

* 原文发表于《哲学与文化》2019 年第 7 期。

一、从知行一体拓展出知识理性

"六经"原典的"中"与"礼"密切联系,礼具有宗教禁忌与生活实践一体化的思想特点。到了春秋战国时期,儒家诸子进一步将"六经"的"中"提升为"中庸之道"。儒家诸子在建构中庸之道思想时,保留了与"六经"之"礼"相通的实践型特点。《中庸》记载孔子的话说:"舜其大知也与!……执其两端,用其中于民,其斯所以为舜乎!"可见,"中"既不是纯粹的知识,也不是纯粹的行动,而是人的自觉实践活动中的合宜、适当与恰到好处,"中"完全是知行一体的。

早期儒家的"中"源于三代先王的经世活动,故而其中道仍是一种知行一体的,其长处是强调知必须和行结合起来,坚持了儒学的实践务实品格。但是,这种知行一体难以使"中"成为确定性标准和知识化程序,普通学者并不容易把握"中道",他们对"中"的判断和执行,往往在观念上比较模糊而实践中难以捉摸。譬如,孔子及其儒家之所以将"中"称为"时中",因为他们意识到,实践活动的程序合理、行动恰当,总是与主体实践过程的具体时空联系在一起,并不是确定不变的。可见,怎样在不同时空实现"中",并没有一个确定性标准,只能够靠动态化知行过程中实现对"中"的直觉性领悟。儒家原典记载的"执中"、"中行",均是一种实践性的经验和体悟,对"中"的把握与确认必须依赖于人们在社会实践中的感悟和直觉。如何从"中道"拓展出一种知识理性,以建构出一种普遍化、程序化的认识指导自己的社会实践?这就需要进一步开拓"中道"的知识理性。

宋儒在此走出一大步,朱熹建构的《中庸》学拓展了儒家的知识理性,他努力从一种实践理性的中庸之道,发展出了一种具有知识理性色彩的天理论和格物致知论。朱熹早年开始从李侗学,即"受《中庸》之书,求喜怒哀乐未发之旨未达"①，到晚年他的理学体系及其"四书"学的完成，终于将一种以直觉体悟为特征的中道，发展成一个包括自然、社会、宇宙等各种知识原理在内的百科全书式的学术体系，从而为新儒家奠定了知识理性的哲学基础。

朱熹《中庸》学的重大贡献，就是以"理"诠释"中"。朱熹将那一个原本会随着时空变化而改变的动态性、不确定性的"中"，改变成为一个具有相对确定性标准、法则的"理"。朱熹诠释《中庸》时，逐渐将这一个不确定的"中"，诠释为一套以"理"为核心的思想体系，使得他建构的中庸之道发生了很大变化。在《中庸章句》的篇首中，朱熹解释了作为篇名的"中庸"的内涵，他说：

> 此篇乃孔门传授心法，子思恐其久而差也，故笔之于书，以授孟子。其书始言一理，中散为万事，末复合为一理。"放之则弥六合，卷之则退藏于密"，其味无穷，皆实学也。②

这一段话既是对"中庸"两字的诠释，也是对全书中庸之道的诠释。其中有两个重要观点值得特别关注：其一，将全书的"中道"统一以"理"诠释之；其二，这一个"理"既可以是"一理"，又可以是"万事万物"之中的"分殊之理"。这一对"中道"的诠释，表达和实现了朱熹对中庸之道的思想拓展与哲学提升。既然"中"就是万事万物之中存在的"万理"，人们可以通过观察、积累、推理而建构起表现"万理"的知识体系。也就是说，对"一理"的把握靠精神信仰或哲学思辨，而对万事万物之"分理"的把握却只能够靠知识积累与理性思考。

---

① 朱熹：《答何叔京》，《朱子全书》第 22 册，上海古籍出版社、安徽教育出版社 2010 年版，第 1802 页。

② 朱熹：《四书章句集注·中庸章句》，《朱子全书》第 6 册，上海古籍出版社、安徽教育出版社 2010 年版，第 32 页。

由于朱熹《中庸章句》将"中"诠释为"理",以"理"为基础完全可以建立一套客观化、形式化的知识体系。他认为天下万事万物各有其理,这时,"中"就可能发展出相对独立的知识理性,建构以"理"为支撑的知识体系,正如他所说:

> 上而无极、太极,下而至于一草、一木、一昆虫之微,亦各有理。一书不读,则阙了一书道理;一事不穷,则阙了一事道理;一物不格,则阙了一物道理。须著逐一件与他理会过。①

朱熹的"格物"、"穷理"之所以是一种"知识理性"的追求,是因为"穷理"与"执中"确实有极大的区别。"执中"是一种知行一体的动态过程,"中"是一种总是与主体实践过程的具体时空联系在一起的合理、恰当,而"穷理"探究的却是一种可以独立于"行"之外的"知","理"表述的是客观事物的规律、规范,朱熹说:"中是虚字,理是实字。"②这是朱熹以"理"释"中"的重要原因。

为什么"理是实字"?朱熹对"理"有一个解释:"至于天下之物,则必各有所以然之故,与其所当然之则,所谓理也。"③"理"虽然在春秋战国时期就已经是一个被诸子使用较多的概念,但是只有在两宋时期才成为兼容理性与信仰、自然与社会的核心概念,朱熹将其定位为天下之物的"所以然之故"与"所当然之则",应该是推动了两宋中庸之道的重要发展。

首先,朱熹以"理"为"所以然之故",其实包含万事万物的本质、规律、机制的意义,这当然也与两宋时期科技发展有密切关系。众所周知,

---

① 朱熹:《朱子语类》卷十五,《朱子全书》第 14 册,上海古籍出版社、安徽教育出版社 2010 年版,第 477 页。

② 朱熹:《朱子语类》卷六十二,《朱子全书》第 16 册,上海古籍出版社、安徽教育出版社 2010 年版,第 1512 页。

③ 朱熹:《四书或问·大学或问上》,《朱子全书》第 6 册,上海古籍出版社、安徽教育出版社 2010 年版,第 512 页。

两宋是中国科学技术发展最繁荣的时代，在各个领域均取得了突出的成就。朱熹以"理"释"中"，确实与他的科技背景有密切联系。朱熹是一个十分关注当代科技发展的学者，他掌握了包括天文学、地质学、生物学、物理学、数学等诸多领域的知识学问，在某些领域还有特别的创建。譬如，朱熹对生物化石、地质变迁、宇宙演化的许多见解，都是走在当时世界科技界的前沿。① 著名中国科技史专家李约瑟也曾经肯定，朱熹是"一位深入观察各种自然现象的人"②，并赞扬了他在许多科技领域的重要思想和杰出贡献。朱熹的科技思想与两宋科技发展有密切联系。两宋时期，许多科技领域的学者就开始以客观精确的"理"来表达模糊的"中"、"宜"。《周礼·考工记》有"天有时，地有气，材有美，工有巧，合此四者，然后可以为良。"所谓"巧"就相当于"中"，李泽厚将其称之人类"生产技能中所掌握的'度'"③。但是，到了北宋，科学家们往往称之为"理"。沈括的《梦溪笔谈》中，就将中国古代先民在科技活动领悟的"中"、"宜"以"理"称之。"理"不是模糊的"中"，而是人们经过观察、积累、推理而认知的客观规律、本质。他提出："大凡物有定型，形有定数。……非深知造算之理者，不能与其微也。"④ 掌握了自然界的"造算之理"就可以提升人们的科技知识。再如农学家陈旉《农书》卷上《天时之宜篇》提出："顺天地时利之宜，识阴阳消长之理，则百谷之成，斯可必矣。"⑤ 从"顺天地时利之宜"的恰当、适度，转化为"识阴阳消长之理"的理性认知，表达了宋代科技知识水平的发展。

其次，朱熹"所当然之则"的理是从社会规范提升而来，与唐宋之际礼法制度的变革有关。《六经》是三代礼乐典章的记载，故而是"以礼为本"；《中庸》原本是《礼记》的一篇，是早期儒家以"中"诠释"礼"的重

---

① 参见乐爱国：《朱子格物致知论研究》，岳麓书社 2010 年版，第 182—225 页。

② 《李约瑟文集》，辽宁科学技术出版社 1986 年版，第 521 页。

③ 李泽厚：《人类学历史本体论》，青岛出版社 2016 年版，第 240 页。

④ 沈括著，胡道静校证：《梦溪笔谈校证》（上），上海古籍出版社 1987 年版，第 304—305 页。

⑤ 陈旉：《农书》卷上《天时之宜篇》，文渊阁四库全书本。

要典籍。因唐宋之际的重大历史变迁，宋儒希望重振儒家礼义文明，他们既希望复兴儒学，又追求创新儒学，故而对汉唐礼乐制度采取有因有革的态度。但是，礼乐制度因革的标准如何确立？宋学强调礼仪有更根本的"礼意"，推动熙宁变法的王安石说："知礼者，贵乎知礼之意。"① 而寻求社会改革的理学派朱熹则进一步强调"礼意"就是"理"，礼仪制度必须合乎"所当然之则"的道理。朱熹说："礼学是一大事，不可不讲，然亦须看得义理分明，有余力时及之乃佳。不然，徒弊精神，无补于学问之实也。"② 礼学固然重要，然而义理是礼学的依据，这固然是要将儒家礼乐制度重新奠定在天理基础上，但同时也是为唐宋之变的礼乐重建提供一个人文理性的依据。为了建设一个合"理"的礼仪制度，朱熹还编撰了《仪礼经传通解》、《家礼》等著作。据朱熹的学生王过说：朱熹在编撰《仪礼经传通解》时，"欲以《中庸》、《大学》、《学记》等篇置之卷端为'礼本'"③。《中庸》、《大学》之所以能够成为"礼本"，是因为它们均是朱熹以"理"诠释"礼"的核心经典，即"礼"必须合乎"所当然之则"的"理"，才是宋代礼仪重建的理性依据。

由于朱熹的"分殊之理"是一个可以通过知识理性而掌握的对象，故而学者应通过博学、审问、慎思、明辨的知识化途径而获得。《中庸》原来就将中庸之道的实行分为两个不同的境界和方法："自诚明，谓之性；自明诚，谓之教。"对于广大的士君子而言，均是"自明诚"的"贤人之学，由教而入者也"④。为了强化《中庸》学的知识理性，朱熹还将《中庸》博学、审问、慎思、明辨、笃行称为"为学之序"，与《大学》格物致知的"八

① 王安石：《礼论》，《王文公文集》，上海人民出版社 1974 年版，第 338 页。
② 朱熹：《答陈才卿》，《朱文公文集》卷五十九，《朱子全书》第 23 册，上海古籍出版社、安徽教育出版社 2010 年版，第 2848 页。
③ 朱熹：《朱子语类》卷十九，《朱子全书》第 14 册，上海古籍出版社、安徽教育出版社 2010 年版，第 663 页。
④ 朱熹：《四书章句集注·中庸章句》，《朱子全书》第 6 册，上海古籍出版社、安徽教育出版社 2010 年版，第 49 页。

目”结合起来，以拓展出来一种以“理”为本的知识理性。他在补《大学》
“格物致知传”时说：“所谓致知在格物者，言欲致吾之知，在即物而穷其
理也。盖人心之灵莫不有知，而天下之物莫不有理，惟于理有未穷，故其
知有不尽也。”①朱熹强调“理”的多样性，天下之理是不可穷尽的，为此，
他强调在广泛格物、大量积累的基础之上，达到一种豁然贯通的境界。
但是，豁然贯通必须以逐渐积累为前提与基础，理存在于天下万事万物
之中，应该以不同的认知方法去穷理，不断积累对于理的认识与把握。

　　朱熹这一对知识理性的执着追求，使得他能够成为那一个时代最博学
的百科全书式的学者。他不仅对经学、史学、诸子学、文学、宗教等传统知
识有全面的了解和深刻的见解，同时也是自然科学领域最博学的学者。总
之，在以朱熹为代表的宋儒这里，“天地时利之宜”的恰当、适度，能够转化
为“所以然之故”的自然之理，以致明清以来形成以科技知识为主体的“格
致学”；而“人事之仪则”的恰当、适度，则转化为“所当然之则”的人文之
理，强化了儒家智识主义传统，也推动了两宋以后学术史的发展。②

二、从主客互动中拓展出主体精神

　　儒学“中道”源于三代先王的政治实践，在早期儒家的经、传、子的
典籍中，“中”广泛体现为圣王、君子无过与不及的政治实践。“中”作为
主体与客体互动过程中的合宜与适度，既体现为人的目的性活动，又受
制于客观事物的法则，体现出人的目的性与事物规律性的耦合关系，也
就是《中庸》的“发而皆中节谓之和”，即“中和”。

　　尽管儒家的“中”存在于主客互动的实践活动过程中，但是仍然可以

---

① 朱熹：《四书章句集注·大学章句》，《朱子全书》第 6 册，上海古籍出版社、安
　徽教育出版社 2010 年版，第 32 页。
② 参见余英时：《从宋明儒学的发展论清代思想史——宋明儒学中智识主义的传
　统》，《中国思想传统及其现代变迁》，广西师范大学出版社 2004 年版，第 157 页。

分别有客体化礼义和主体化人心的不同体现，在儒学典籍中被分别称为"礼义之中"与"人心之中"。① 《六经》体系是"以礼为本"，"六经"倡导的主要是客体化的"礼义之中"。《尚书·商书·仲虺之诰》载："王懋昭大德，建中于民。以义制事，以礼制心，垂裕后昆。"② 这个"中"就是"礼仪"，所以才有"以义制事，以礼制心"之说。可见，在《六经》体系中，礼义才是中道的根本，"人心之中"必须依靠"礼义之中"才能够得到规定、制约（"以礼制心"）。在以《五经》为主导的汉唐时代，"礼义之中"是儒家思想的主导，《五经》规定了"礼义之中"的中庸之道。

其实，早期儒家形成了重心性的思孟学派，子思的《中庸》就体现出明显的将礼仪与心性联系起来的特点，他们发现了"人心之中"的重要性。但是，两汉经学的目标是要建立一套适应中央集权的礼法制度，子思以人心立中的思想并不被人们关注，所以《中庸》被看作是《五经》中礼学的组成部分。而到了两宋时代，理学家重新发现并强烈认同"人心之中"的重要性。在"礼义之中"与"人心之中"的不同关系中，强调并确立人心之中的重要性，并进一步对如何达到人心之中的修身实践作了深入探讨。在以周敦颐、二程、张载、邵雍、朱熹为代表的道学家群体中，心性之学成为他们关注的核心思想，他们特别强调中庸之道的关键不再是礼法制度而是人的心性。由于《中庸》一书的核心思想就是将"中庸"归结为心性，故而子思《中庸》一书受到前所未有的重视。

朱熹将《中庸》列为"四书"的新经典体系时，首先强调《中庸》是讲

---

① "礼义之中"的"礼义"大多指礼仪，与"仁义"中的"义"不同。如《礼记·乐记》："是故先王本之情性，稽之度数，制之礼义。"在《汉书·礼乐志》就写作"制之礼仪"（《礼乐志二》，《汉书》卷二十二，中华书局 1964 年版，第 1037 页）。又如汉贾谊《新书·胎教》："然后，为王太子悬弧之礼义。"（贾谊：《新书校注》，中华书局 2000 年版，第 391 页）王聘珍注："义，读为仪。"（贾谊：《新书校注》，中华书局 2000 年版，第 398 页）

② 《尚书正义》卷八《十三经注疏》第 2 册，北京大学出版社 1999 年版，第 198 页。

"心法"的经典。他在《中庸章句》开篇即明确提出："此篇乃孔门传授心法，子思恐其久而差也，故笔之于书。"①朱熹以《中庸》为"孔门传授心法"之书，就是要强调儒家中庸之道的根本不是外在礼法，而是主体内在的"心性"。初看起来，朱熹大讲《中庸》"心法"，似乎与陆王心学区别不明显。其实，朱熹、陆九渊的心性之学本有相同之处，比较汉学的"礼义之中"而言，宋学更为强调"人心之中"。但是，朱熹、陆九渊的"人心之中"又有重要区别。尽管朱熹特别重视"心"，但是他又说："这个典礼，自是天理之当然，欠他一毫不得，添他一毫不得。惟是圣人之心与天合一，故行出这礼，无一不与天合。"②朱熹虽然强调"心"的主体性，但是"心"又依据"天理之当然"，故而其"心"纳入性理之学的体系中。根据朱熹"心统性情"的思想，作为主体的"心"是兼有并统摄"性"与"情"两个方面，虽然《中庸》的"心法"凸显了人的主体性，但是"心"必须依于形而上的性理，故而朱熹又称其为"道心"。显然，朱熹的"心法"不同于陆王那种不分"性"、"情"，将形而上、形而下混同的"心即理"观点。

所以，朱熹的"人心之中"纳入理性化主体的"心统性情"中，在"礼义之中"与"人心之中"的不同中道中，朱熹强调并确立了"人心之中"的理性依据。朱熹将《古文尚书》的"人心惟危，道心惟微，惟精惟一，允执厥中"，确定为尧舜禹三圣传授的十六字"心传"，就因为这十六字"心传"将"允执厥中"与人心、道心联系起来。朱熹解释这一"心法"说："心之虚灵知觉，一而已矣，而以为有人心、道心之异者，则以其或生于形气之私，或原于性命之正，而所以为知觉者不同，是以或危殆而不安，或微妙而难见耳。"③虽然朱熹也标榜自己的学说是"心学"，但是他还从主体

---

① 朱熹：《四书章句集注·中庸章句》，《朱子全书》第6册，上海古籍出版社、安徽教育出版社2010年版，第32页。

② 朱熹：《朱子语类》卷八十四，《朱子全书》第17册，上海古籍出版社、安徽教育出版社2010年版，第2184页。

③ 朱熹：《四书章句集注·中庸章句序》，《朱子全书》第6册，上海古籍出版社、安徽教育出版社2010年版，第29页。

性之心中,确立了能够决定实践恰当、合理的天理依据。

朱熹在诠释《中庸》之书时,特别重视思孟学派"人心之中"思想,但是他又发展出一种凸显主体性精神的"心法"。所以他认为,礼、乐、刑、政体现出来的"礼法之中",其实源于主体性之"人心之中",他说:

> 人物各循其性之自然,则其日用事物之间,莫不各有当行之路,是则所谓道也。……圣人因人物之所当行者而品节之,以为法于天下,则谓之教,若礼、乐、刑、政之属是也。盖人之所以为人,道之所以为道,圣人之所以为教,原其所自,无一不本于天而备于我。①

朱熹认为"礼义之中"既是"本于天"的理,又是"备于我"的性。也就是说,礼、乐、刑、政体现"中道"只不过是我心中之理的制度化。从这个意义上说,朱熹中庸之道又可以称为"心法"。

正由于朱熹立足于中庸之道的"心法",所以他在诠释《中庸》时,特别关注《中庸》所说:"喜怒哀乐之未发,谓之中;发而皆中节,谓之和。中也者,天下之大本也;和也者,天下之达道也。"这里将人内在"心法"的"中和"与天下之"大本"的"中和"联系起来。朱熹明确诠释这一内在之中就是"吾之心",并且明确指出"吾之心"能够主宰"天地之心"、"天地之气"。他说:

> 盖天地万物,本吾一体,吾之心正,则天地之心亦正矣;吾之气顺,则天地之气亦顺矣,故其效验至于如此。②

---

① 朱熹:《四书章句集注·中庸章句》,《朱子全书》第6册,上海古籍出版社、安徽教育出版社2010年版,第32页。

② 朱熹:《四书章句集注·中庸章句》,《朱子全书》第6册,上海古籍出版社、安徽教育出版社2010年版,第33页。

我们注意到，朱熹在《中庸章句》之首解释"中"的意义时强调："中者，不偏不倚、无过不及之名。"显然，他论述的"中"，首先就是"心"的"不偏不倚、无过不及"。朱熹不仅特别凸显了中道的主体性精神，还将这一主体性精神的"心法"提高到形而上的层面，将它与宇宙意义的"天地之心"、"天地之气"联系起来。

在《六经》体系里，汉唐儒家探寻客体化的礼法制度即礼义之中，而到了"四书"体系里，宋儒强调主体性的道德自觉即"人心之中"。经过朱熹等诠释的《中庸》之义，则是继承了思孟学派"人心之中"的主体性精神，将其提升到为自然立法的思想高度。但是，朱熹诠释的《中庸》学，其"中"如何可以既是客观法则的"理"，又是主体精神的"心"？这是一个值得深思的问题。我们强调这几点理由：其一，从中庸之道的思想渊源来看，早期儒家的"中道"存在于主客互动的实践性活动，它具有客体和主体两方面因素，朱熹在提升中庸之道的思想时，既需要拓展其法则的客观性，又需要拓展其心法的主体性；其二，从中庸之道的文化功能来看，它也包含内圣外王之道的两方面表达，以"理"释"中"可以开拓"外王"开物成务的一面，而以"心"论"中"则可以开拓"内圣"心性修养的主体精神一面；其三，从中庸之道的哲学体系来看，它其实是儒家天人境界的哲学建构，"中"提升为"理"以后，"理"既可以是"天理"，也可以是"人性"，也就是我们将进一步讨论的，朱熹如何将中庸之道建构为形而上的天理哲学。

三、从天人境界建构出天理哲学

在早期儒学那里，中庸之道是在人的生活实践中总结、提升出来的。孔子提出的"过犹不及"、"乐而不淫，哀而不伤"，均是在两个极端中寻求适度、合宜的德性和智慧。子思进一步认为，人们应该"各循其性之自然"即可实现中庸之道，这一"性之自然"源于自己的内在主体，但也合乎外在客观法则。人的"性之自然"之所以如此完美,是因为它来自伟大的天。《中庸》开篇提出:"天命之谓性,率性之谓道,修道之谓教。"人的中道之性源于伟大的天命。但是,人性与天命的关联是靠什么建立起来的呢?《中庸》描述的其实只是一种天人合一的精神境界或神秘直觉。这一天人合一境界的哲学依据是什么,就成为后来儒家学者必须解决的一个重要问题。

汉代儒家主要是通过阴阳五行的自然哲学来思考天人之际的问题。汉儒建构了一套完整的礼法制度,形成了"礼法之中"的中庸之道。但是,他们认为,这一"礼法"并不是汉代儒家创造出来的,而是依据于阴阳五行的"天道"。也就是说,"礼法之中"的人道秩序,依据于"自然之中"的天道秩序。这就把礼法之中归结为阴阳五行的自然秩序,这一种天人合一的中庸之道主要是将人和天作外在形象和功能结构的比附。这是一种人与天的简单类比,在理论上还存在许多问题,在现实中也暴露出许多难以解答的问题。所以,汉唐儒学将中庸之道以及人性与天命的关系等重要的哲学问题,留给了后来的儒家学者。

由于受到佛道之学的挑战和启发,宋儒意识到以天人论中庸不能够仅仅是一种神秘直觉,两汉儒家的中庸之道将人和天作简单的比附,并不能真正解决中庸之道。隋代王通有《中说》一书专论中道,他的天人之论明显地体现出汉唐儒家通过阴阳五行的自然哲学来思考天人之际问题的思想特点。但是,北宋儒者阮逸为《中说》撰写"序言"时说:

> 大哉,中之为义,在《易》为二五,在《春秋》为权衡,在《书》为皇极,在《礼》为中庸。谓乎无形非中也;谓乎有象非中也,上不荡于虚无,下不局于器用;惟变所适,惟义所在,此中之大略也。《中说》者如是而已。①

---

① 阮逸:《文中子中说序》,载曾枣庄、刘琳主编:《全宋文》第 12 册,上海辞书出版、安徽教育出版社 2006 年版,第 25 页。

阮逸之"序"明显表达出宋儒重建形上意义的哲学体系以阐发中庸之道的追求。他以无形和有象的统一说"中",使中庸之道既不流于广漠的虚无,又不拘泥于具体的器用,这种说法讲"中庸之道",恰恰体现出宋儒的思想追求和学术贡献。如何使得儒家中庸之道能够"上不荡于虚无,下不局于器用",从而充分表达出中道是一种"谓乎无形,非中也;谓乎有象,非中也"的存在?宋儒必须能够作出一系列创造性的思想建构。宋初阮逸以无形和有象的统一说"中",恰恰表达了宋儒创建的一种新的中庸之道哲学的登场。

《中庸》之"中"是"天下之大本"、"天下之达道",一个于主体性实践活动相关的合宜、适度的行动,如何可能成为一种外在超越性、必然性的"天道"?程朱等宋儒"发明"了"天理",他们在诠释"中"的时候,强调"中"就是形而上的"理",并将"天命之中"、"礼法之中"、"人心之中"均以"一理"贯之。这样,原本是"天命之中"、"礼法之中"、"人心之中"的不同中道,通过一种哲学化的"理"而实现了统一。朱熹的《中庸》学不仅是要解决"谓乎有象,非中也"、"下不局于器用",故而论证了中庸之道与形而上之天道的联系;他还要解决中庸之道"谓乎无形,非中也"、"上不荡于虚无"的问题,他必须让"中道"回归到世俗社会的"平常"生活。儒家之学不同于佛老之学,就在于它的入世和平常。所以,朱熹等宋儒必须重建"中庸之道"平常与超越的合一,这正是宋代儒家士大夫的学术使命。

儒家的中庸之道本来就来自生活实践,"中"主要是"行"的恰当、合理、适度。以朱熹为代表的宋儒引入"理"来诠释"中","理"可以具有脱离"行"的相对独立性,但是,朱熹特别强调这一理学化了的中道仍然是一种"平常"之道。朱熹在解《中庸》的篇名时,以"不偏不倚、无过不及"解"中",却是特别以"平常"解"庸",强调"庸,平常也"①。因为"中"

---

① 朱熹:《四书章句集注·中庸章句》,《朱子全书》第 6 册,上海古籍出版社、安徽教育出版社 2010 年版,第 32 页。

虽然是形而上的"一理",但是在人类生活的现实世界,我们面对的总是形而下的器物,"理"总是以"分殊"的形态存在于万事万物之中。所以朱熹在诠释中道之"理"说,总是要反复强调"中"其实就是"平常之理"。他解释为什么"君子时中"时说:"盖中无定体,随时而在,是乃平常之理也。"①可见,"中"不仅是能够上达与形而上的天道,而同样应该下学与生活日用,是一种我们时时刻刻不可须臾离的"平常之理"。

经过朱熹的诠释,儒家"中庸之道"完全成为形上之天道与形下之器物合一的哲学理论。在他的《中庸》学的思想里,"中"既是一个与人的喜怒哀乐有关的心理情感,它总是表现为一种形而下的"平常"生活;又是一个超越的人的喜怒哀乐的本然存在,是一种形而上的"天理"、"天道"。这样,中庸之道就是一种"上不荡于虚无,下不局于器用"的存在,是平常与超越能够合一的普遍存在。朱熹通过对《中庸》原典的诠释,使中庸之道的核心价值、思维方式意义均发生了重要变化,使得原本主要是道德价值、政治价值的中庸之道,具有了不一样的思想视界和多元意义。特别是他们将中庸之道深入到精微的心性发端、情感念虑,并且提升到广大的宇宙化生、天地阴阳的,还能够从人的内在心灵和外在宇宙中,同时追溯出一种超越世俗的形上价值,进一步使中庸之道获得了超越性的哲学化的重要意义。

朱熹在对《中庸》一书开篇的"天命之谓性,率性之谓道,修道之谓教"的诠释中,融入了一个具有形而上意义的宇宙论哲学,使早期儒学的这一个简约思想具有了形而上宇宙论理论背景新思想,故而其思想内容变得更加丰富、深刻、系统。他诠释说:

> 命,犹令也。性,即理也。天以阴阳五行化生万物,气以成形,

---

① 朱熹:《四书章句集注·中庸章句》,《朱子全书》第6册,上海古籍出版社、安徽教育出版社2010年版,第34页。

而理亦赋焉,犹命令也。于是人物之生,因各得其所赋之理,以为健顺五常之德,所谓性也。率,循也。道,犹路也,人物各循其性之自然,则其日用事物之间,莫不各有当行之路,是则所谓道也。①

在朱熹看来,外在"天命"是天之理,内在"人性"是性之理,而人们生活实践的"中"就是中之理,他以"理"来表述人们实践、行动的恰当、合理、适度。当《中庸》的"天命"、"性"、"中"均被纳入一个以形而上之"理"为核心的宇宙本体论哲学,这样,儒家的"中庸之道"就获得了系统的、哲学化的论证。于是,无论是个人的喜怒哀乐的主体之中,还是社会的礼乐刑政的客体之中,其实均因源于形而上的宇宙之中。从而不仅在学理上论证了中庸之道与宇宙天道的联系,也为儒家人文信仰奠定了理性的基础。

儒家的"中"与社会生活实践密切联系,"中"主要是一种社会生活实践的合宜、恰当、适度。所以,《中庸》以及早期儒学的中庸之道,体现出知行一体、主客互动、天人合一的思想特点。但是,宋儒将《中庸》从《六经》的礼学体系中单独抽出,将其纳入的"四书"学的理学体系之后,儒家传统的中庸之道开始发生了一系列重要变化,中庸之道获得了重要的思想变化和理论提升。朱熹及其宋儒从中庸之道的知行一体中拓展出儒家的知识理性,从主客互动中拓展出主体精神,从天人合一境界中拓展出天人一理的哲学,使儒学发展到一个新的历史阶段,充分体现了宋代新儒家的思想开拓和知识创新的精神。

朱熹所确立、完成的"四书"学体系,其中庸之道的核心价值、思想体系得到进一步的提升。他通过对"四书"原典的诠释,进一步推动中庸

---

① 朱熹:《四书章句集注·中庸章句》,《朱子全书》第6册,上海古籍出版社、安徽教育出版社2010年版,第34页。

之道的文化拓展与思想重建,使得原本主要是道德价值、政治价值的中庸之道,进一步发展为思辨性哲学与超越性信仰结合的思想体系。

(作者单位:湖南大学岳麓书院)

王船山哲学研究的误区之克服及其发展之可能

——关联"当代新儒学"到"后新儒学"的哲学反思

林 安 梧

一、缘起：由唐君毅、曾昭旭两位先生的启发

我对船山学的学习，其实是偶然，但却有必然者在。我在台湾师范大学读大二时，参与了《鹅湖》月刊，任职执行编辑，主要帮忙校对。当时，《鹅湖》主编为曾昭旭先生，他的博士论文就是《王船山的生平与学术》，后来此书改为《王船山哲学》，在台湾正式出版。① 由于担任《鹅湖》的执行编辑，与曾先生接触的机会增加了许多，除编务的问题以外，大大小小问题，包括人生的艰难种种，自然也就多有所请教。就在这最为切近的距离中，"即事言理"地思考了许多问题。连带着这"即事言理"，船山哲学所涉相关的"即器言道、即欲言理、即气言理、即势言理"也慢慢浸润其中，思维方式也起了一定的变化。我想这应该是我最切近于所谓"师徒制"的学习了。曾老师也慷慨地将他的博士论文赠送给我，仔细阅读之后，让我对王船山的生平与学术有了总的理解，也引发了学习

---

① 曾昭旭：《王船山哲学》，台湾远景出版事业有限公司1997年版。

船山学的动机。这书写得条理整然、义理周遍，更可贵的是，曾老师有着自己对于船山哲学的总体建构。这建构可以说是承接唐君毅先生的船山学而来。① 当然，唐君毅先生重在"融通统贯"，曾昭旭先生重在"归本一源"，我后来的研究路数可以说继承两位先生最多，走的是"两端而一致"的路子。

20 世纪 80 年代之后，我转到台湾大学哲学系学习，这学习过程是十分重要的。台湾大学哲学系较强的是西方哲学，而西方哲学的资源对我研究船山学起着相当大的作用。学问的传承与发展，自有其因缘；而生命性格的底色却往往有着决定性的力量。我除在《鹅湖》学圈里面生长，硕士、博士阶段则在台湾大学，此间除了从牟宗三先生学习外，主要学习的都是西方哲学。特别是在社会科学的哲学、历史哲学、文化哲学、政治哲学等等，如随郭博文先生学"十九世纪欧洲哲学"、"历史哲学"②，随历史系徐先尧先生学习"德国史学史专题"，这些思考都影响了我关于船山哲学的研究。③ 当然，张永儁先生的清代哲学、宋明理学，自然也就关联到船山学。我的《王船山人性史哲学之研究》一书，也就在这样的发展过程中孕育而生了。④ 这本书重视船山学的历史性与人性的辩证性，一方面点出了人性所隐含的"历史性"，也点出了历史性所隐含的贞一之理，这"贞一之理"与"人性"的恒定性有着深相契入的关系。

我受船山学思想越深，就越觉得与曾昭旭先生有所差异。在《王船

---

① 唐君毅的船山学主要见其所著《中国哲学原论——原教篇》，台湾学生书局 1980 年版。

② 郭博文，台湾台中人，美国耶鲁大学哲学博士，台湾大学哲学系教授，台湾·清华大学人文社会学院院长，传述历史哲学、社会哲学、十九世纪欧洲哲学的学者。

③ 徐先尧，台湾嘉义人，日本东京帝国大学毕业，台湾大学历史系教授，是台湾最早的迈乃克（F. Meineck）史学专家，对于德国史学史有极深切研究。

④ 林安梧：《王船山人性史哲学之研究》，台湾东大图书公司 1987 年版。（此书是林安梧的硕士论文，导师是郭博文、张永儁两位教授）

山人性史哲学之研究》一书将行出版之际，获知此书获得了"行政院新闻局"首届学术著作奖时，我在特为此书写的后跋中，曾感慨地说："就在这艰难困苦的具体存在体受中，从师问学，由宋明儒学的熏习而渐渐涵入船山学之中。从我之'艰难困苦'终而会悟到船山之'贞定与勉强'，但鲁钝如吾仍未达到船山之'从容蕴藉'。船山'从容蕴藉'的境界，我心向往之而未得，但其'贞定与勉强'则是我的实践指针。尽管我仍是'艰难困苦'，但由之而肇致'生命的探索'与'知识的追求'两者的粘合为一，使得我终稍能契接船山'人性史的哲学'。"① 这里说的"从容蕴藉"正是强调"归本一源"的曾昭旭先生。我则一直在艰难困苦中，踽踽独行，"贞定与勉强"却是我理解船山学的底色。这与我出身于农家，来自大地母土的教养，有着密不可分的关系。

有评论者说，我的思考与研究向度，可以说是"船山学的左派"，而曾昭旭先生则较接近于"船山学的右派"。曾先生更直接地说若以"两端而一致"来说，他所重在"一致"，而我重在"两端"。一致者，融通而无碍也；两端者，则更显其对比张力也。这说法是分明的。若以船山学来说，"物者，心之物也；心者，物之心也"，曾昭旭先生强调的是"物者，心之物也"，一切归本于心。我则更重视"心者，物之心也"，强调本心不离器物、不离具体性、实存性，而心物通统于"道"。曾昭旭先生认定的船山学仍然是本心论为主要色调的一元论，我则特别重视心物两端而成的辩证同一性，而这样的辩证同一性绝对不能忽视具体的实存性与真实的物质性。这个思考后来成为我构作"后新儒学"的主要思考向度。②

---

① 参见林安梧：《王船山人性史哲学之研究·卷后语》，台湾东大图书公司1987年版，第190页。

② 参见林安梧：《后新儒学论纲》，1994年写于美国威斯康星大学麦迪逊校区，当时我正在此担任访问学者，并参与林毓生教授的研究与学习。此文后来收入林安梧《儒学革命论：后新儒家哲学的问题向度》一书，并进一步铺衍开展为《咒术、专制、良知与解咒：对"台湾当代新儒学"的批判与前瞻：对于〈后新儒家哲学论纲〉的诠释》，此书1998年由台湾学生书局印行。

二、六经责我开生面：王船山的悲愿及中国近现代的发展

进一步须得注意的是：港台新儒学似乎是受阳明学的影响多，受船山学的影响较少，这原因何在。其实，当代新儒学或有承于朱子学者，如冯友兰氏是也。或有承于阳明学者，如唐君毅、牟宗三是也。虽然，唐君毅对船山学颇为重视，但总的来说，他还是以阳明学为核心去开展其哲学的。牟宗三虽然部分论及船山学的历史哲学，也重视到了他的哲学的辩证性，但总的来说，牟先生基本上算是忽略了船山学。至于劳思光更是对船山学多所误解，船山学的特点，劳思光几乎没能见到其可贵处。[①] 在香港、台湾来说，特别是在当代新儒学的哲学建构里，船山学并没有受到充分的重视。这是十分可惜的。我以为船山学是值得重视的，正如同他所自撰的“六经责我开生面，七尺从天乞活埋”，作为自题画像的中堂联，这对联表达了船山学宏阔而深远的思考。上联说的是，他立基于六经，要重新诠释六经，并在诠释的转化中有着崭新的创造。下联则显示，他处在地坼天崩，明朝灭亡“跼天之倾，蹐地之坼，扶寸之土不能信为吾有”的困境。[②] 就在这亡天下的哀恻之中，他总结批判了宋明儒学，并回到六经的传统，开辟了崭新的创造。

我的理解，船山不只是总结了宋明儒学，而且还开启了一个崭新时代的可能，可惜的是，这时代并没有及时到来，倒是经过了两百多年后才姗姗来迟。用我的总的理解来说，明代的儒学思想是由朱子学所强调的“超越形式性原则”，进而转到阳明学的“内在主体性的动能”，进一步，刘宗周则强调了“纯粹的意向性”，到黄宗羲、王船山才真切地正视到“存

① 劳思光在所著《中国哲学史》卷三，论及船山处，多所误解。我曾有文章讨论此。（参见林安梧：《对于船山哲学几个问题之深层反思——从劳思光对船山哲学的误解说起》，《船山学刊》2003 年第 4 期，第 5—8 页）

② 参见王夫之：《船山记》，《船山全书》第 15 册，岳麓书社 1996 年版。

在的历史性"①。这应该是一个如实而适当的发展。可惜的是清代君主专制、父权高压、男性中心，这三纲更是无限制地加剧，康熙帝励精图治，又利用了朱子学，将他的超越形式性与绝对皇权的专制性彻底地结合在一起。

这样一来，政治社会共同体的建立看似稳实了，但人们的思维却是退堕了，帝制式的儒学被强化了，批判性的儒学隐伏了，而生活化的儒学则俗化了，渐渐失去了他原初的生气。② 原先所强调的实学本是为了经世济民，现在反而落入了故纸堆的考据。原先的心性之学，以理学所强调的客观形式性原则反而堕入教条的窠臼之中；而心学最强调的主体实践的动能，由于思想与实践的不自由异化扭曲了，要不"情识而肆"，要不"虚玄而荡"③。可以说，清朝建立以后，整个中国的思想是一次大退堕，这是很可惜的。

若说这不是个退堕，而是个转折，但却是复杂的转折，因为权力的不均衡，使清朝的高压，让原先的思想走了回头路，那些正在往前迈进的思维也就因此而陷溺与异化了。我并不赞成余英时对于清代思想史的内在解释，因为更为深刻的部分并不是那样，倒是钱穆先生的《中国近三百年学术史》在这方面有着较为恰当的解释。他们师生两者是不同的。因为钱穆真有向道的热诚，余英时基本上是个学者，他的进路还是比较接近洋汉学，这是有很大不同的。④

---

① 参见林安梧：《明清之际：从"主体性"、"意向性"到"历史性"的一个过程——以阳明、蕺山与船山为例的探讨》，《船山学刊》2006 年第 2 期。

② 帝制式的儒学、批判性的儒学、生活化的儒学的区分，参见林安梧《"血缘性纵贯轴"：解开帝制·重建儒学》一书，第十章第一节。（台湾学生书局 2016 年版，第 177 页）

③ 我在台湾师范大学指导的贾承恩博士于此论之甚详。参见《存在的张力——王船山哲学辩证性之诠释》第四章，台湾师范大学国文学系博士论文，2010 年。

④ 参见林安梧：《中国近现代思想观念史论》第五章第五个长注，台湾学生书局 1995 年版，第 128 页。

除此之外，清代闭关锁国的政策，致使西学中断，失去了异文化的交谈与互鉴，一切回到高压的皇权，尽管前期康雍乾三代精明治事，号称盛世，其实顽强而封闭的意识形态却成了难以解开的生命之癌，慢慢衍生，愈形沉重，最后终敌不过西方近代海外殖民的锐进。坚船利炮打破了皇清的锁国，整个帝国就这样摧枯拉朽地被打得粉碎。中国人陷入从来未有的存在迷失之中，这不仅是存在的迷失，而且是形而上的迷失，是整个意义的匮乏阙如，而生命成了一个不知自己为何物的存在，也就是陷入了严重的意义的危机之中。①

中国近现代思想史与这里所说的意义危机密切相关。这提法主要来自张灏，林毓生也有类似的提法，他用了意识的危机。② 我们且举鲁迅的《阿Q正传》来说吧！阿Q不知道自己是谁，自己姓什么，名字叫什么，自己是什么地方人。简单来说，阿Q是一个丧失了灵魂的人，是一个失去存在底依的人，阿Q只有靠着精神胜利法糊弄自己，靠着生命本能般的生存意志，却是想去革命的，但后来却是被送上了断头台。用唐君毅先生的话来说，中国文化真的是花果飘零，几乎灭绝了。③

极为可贵的是，中国文化并没有因此就趋向花果飘零，更没有因此而灭绝，虽然几次在灭绝的边缘，但总是被救了回来。海内外的士君子仍然有以天道性命自任者，他们仍然寻求灵根自植。他们努力地探索宇宙造化之源，用自己的生命去体会证察这生生之德，像熊十力就此而成就了调理整然、高明宏伟的理论，虽然他的《新唯识论》有取于佛教，却是从佛教唯识系统超拔出来的"体用哲学"。④ 他的弟子唐君毅、牟宗三，

---

① 参见张灏：《新儒家与当代中国的思想危机》，《幽暗意识与民主传统》，新星出版社 2006 年版。

② 参见 Yu-sheng Lin, *The Crisis of Chinese Consciousness: Radical Antitraditionalism in the May Fourth Era,* Madison, Wisc.: University of Wisconsin Press, 1979。

③ 参见唐君毅：《说中华民族之花果飘零》，台湾三民书局 1974 年版。

④ 参见林安梧：《存有、意识与实践：熊十力体用哲学之诠释与重建》，台湾东大图书公司 1993 年版。

则进一步转化创造了各自的体系。但明白地说，尽管他们彼此仍有异同，却无疑是以心学为核心调适而上遂的发展，他们强调的是中国人的道德主体的真实确立，他们强调的是主体实践的动能的重新发现。

我们可以这么说，一个被禁锢了的理学，被外力冲破了，几乎成为无家可归的失丧之人，最重要的是把魂找回来，钱穆先生一生为故国招魂，说的正是这道理。[①] 待得魂兮归来，重新建构，顺着世界的大逻辑往前发展，迎来了新的文化复兴之可能。这时候，也才有机会再正视到由阳明心学所启动的生活世界，再如实关注到整个历史社会总体，而这一波跨度极大。这也就是我们这时代以有机会重新正视到一个有活力的儒学新发展。他不只是寻求超越的形式性原则，也不只是立起内在的主体能动性，他更是发现整个存在的历史性，重新正视到历史社会总体的丰富性，船山哲学也就在这一波中被重新正视。

三、破解"逆格义"的误读：船山哲学
诠释方法论的反思

记得在 2003 年的国际船山学会议上，关于船山哲学的研究，我提出了较为根源性的反思，特别是在研究方法论上的反思。那篇文章是从劳思光对王船山哲学的误解说起的。要回到更早的年代来反思。1985 年春夏，我正欲着手书写有关船山的专著而广搜多方前辈相关著作，其中最令我不解的是在港台颇负盛名的劳思光先生对船山哲学居然有着严重的误解。我以为真应该针对船山哲学的核心性问题提出反思，对比于劳思光于中国哲学史中的理解与诠释，指出其可疑处与可商榷处，借此以彰明船山学的要义，并进而探索中国哲学诠释上所面临的严重问题，借

---

① 参见余英时：《一生为故国招魂——敬悼钱宾四师》，载《犹记风吹水上鳞——钱穆与现代中国学术》，台湾三民书局 1995 年版，第 17—29 页。

此对"格义"提出批评，并指出其超克的可能。①

我以为，简单地视船山学为"实在论"是不准确的。经由典籍之对比阐发，我指出劳思光的误解多因"格义"（更恰当地说是"逆格义"）所致。② 格义实又不可免，我们必得去面对"格义"这方法的限制，并走出"格义"，而进到一转化与生长之可能。

经由经典脉络与思想理路的仔细考察，我们发现以"实在论"一词来为船山学定位是不恰当的。我们应由"道器论"、"理气论"、"理欲论"、"理势论"的相关文献之诠释，归结于"两端而一致"的理论核心，进而指出以"人性史哲学"一词来总摄船山学，这才较为适当。如果我们进一步做深层的元思考（meta-thinking），我们发现当前中国哲学之研究，应当正视"古代的典籍汉语系统"、"当前的生活话语系统"以及"当前的学术话语系统"，做一切实的反思，检讨三者彼此的关系，并检视西方话语霸权所可能造成的宰制，进而提出批判与超越克服之道。

我认为劳思光把船山学理解为实在论是不适当的，劳先生的主要论点是怎样构成的。劳思光先生于所著《中国哲学史》（三下）论及船山处，颇多误解。大体说来，他所强调者盖视船山哲学是一"实在论"之立场，说王船山并非依严格思辨过程而建立者；故其说只能顺讲，不能反求其确定起点何在。他以为就这点来说，这是论断船山之学所最应留意之枢纽问题。依劳思光之说可以整理如下：

1. 船山之说，实依常识层面而建构，其结果所成之学说，似包含许多论断，涉及许多部门之理论，又有特殊强调之种种观点；学者若只从其所形成之系统着眼，则每每但觉其广大，而不能细察其立说基础之得失。如此，则不免有见其长而不知其短之病矣！

---

① 参见林安梧：《对于船山哲学几个问题之深层反思——从劳思光对船山哲学的误解说起》，《船山学刊》2003 年第 4 期。以下所论，亦由此文总结概括而来。

② 参见林安梧：《中西哲学会通之"格义"与"逆格义"方法论的探讨：以牟宗三先生的康德学与中国哲学研究为例》，（台湾）《淡江中文学报》第 15 期（2006 年）。

2.理论之建立其所涉者有两个层面，一是理论之后果，二是理论之基础，谭嗣同、梁启超等对船山多所赞许，而于其说之理论结构似皆未能确知；即如唐君毅所论船山思想亦未正视其理论基础之问题。

3.船山立说确欲肯定历史文化，若严格检查其理论基础，则船山如何建立此肯定，正是待决之重大问题；倘基础不固，则后果之可喜不能为此种基础上之缺失辩护。反之，理论基础如有困难，则有此而生之种种理论后果，皆当在可疑之列矣！

4.今客观言之，船山学说以其实在论观点建立其形上学与宇宙论，然其根本旨趣仍在"内圣外王"之传统儒学目标上，故船山一如宋明其他儒者，必依其形上学而提出一套道德价值理论。此为其学说之主要枢纽所在；盖必通过此一部分理论方能通至历史文化之观点也。

5.再者，船山论史之作，如《读通鉴论》、《宋论》等，大部皆承文人作史论之旧习；随取一事，发挥议论，并非对整个历史之意义，或历史知识之标准等问题，做严格析论者，则是否可称作"历史哲学"，当视此词之确定用法如何而定。

劳思光的哲学反思能力很强，方法论意识很强，但他陷溺在他的分析架构之中。我仔细考察了船山学，做成"人性史哲学"的论断。对应着劳思光的以上质疑，我有着以下的回应：

1.船山哲学并非一实在论，而应是"人性史哲学"，他强调的是"人性"与"历史"的辩证关联所成的系统。这系统虽散落于其经典之诠释脉络中，但并不意味着他没有系统，而应该说：它虽然没有系统相，但却有着严密的系统性，甚至可以说，是经由严格之思辨过程而建立者。再者，船山学虽用"六经责我开生面"的理解与诠释方式，但这并不意味他的学问只能顺讲，而不能逆讲，其实，我在《王船山人性史哲学之研究》一书中，就是想通过逆讲的方式来彰显船山学的特色。

2.船山学虽无系统相，但却有其系统性，他一方面从历史文化的深度理解中去"观历史之势"，并经由这样的"通古今之变"，而"究天人之际"，以"贞一之理"与"相乘之机"的辩证统合下，体常以知变，由变而识常，既"审心念之几"，更"参造化之微"。易学可以说是"船山学"的核心所在。

3. 船山学当然有其理论基础，只是这样的理论基础并不同于劳思光所以为的是"实在论"者，而是"人性史哲学"论者。这样一套哲学的构造，并不是以一"基础论式"的思维方式而开启的，而是以"哲学诠释学"的方式而开启的。劳思光在基源问题的把握上出了问题，其分析的历程虽有可观，但出手错处，并已经是错了，因此对船山多所误解。

4. 船山之根本旨趣自可以说是在"内圣外王"之传统儒学的目标上，但他并不是经由一实在论观点去建立其形上学与宇宙论，他是经由"人性史哲学"之"哲学诠释学"对这理想提出恰当的诠释与建构。换言之，船山并不是依前面劳思光所以为的形上学而提出一套道德价值理论，并进一步将此推到历史文化的层面，展开其理解。

5. 相对来说，船山经由历史文化与经典之诠释，并经由人性的深层体会，因而通之，调适而上遂于道；"历史文化或经典"、"人性"与"道"三者有其互动循环的关联。船山论史之作，散布于其诸多经典诠释注疏之中，《读通鉴论》、《宋论》是最重要的两部史论之作，他不同于文人作史论之旧习，表象上是随取一事，发挥议论，但深入视之，他真切地体会到整个历史的意义，而展开其"人性史哲学"之论断。像他说秦始皇是"天假其私以行其大公"，说东晋王导是"保江东以存道统"，这都发前人之所未发，实为难得。

显然，这的确涉及了很根本的方法论问题，不只方法论而且又涉及方法论意识的深层反思。我在《王船山人性史哲学之研究》一书中，努力地证成船山学是我所说的"人性史的哲学"。我以为如劳先生所说，我们可以说船山学较有"实在论"的色彩，但并不是"实在论"，因为严格说来，船山说"物者，心之物也；心者，物之心也"，这就足以说明他并不是一个实在论者；他是一个"道器合一"论者，是一个"理气合一"、"理欲合一"、"理势合一"论者①,这建立在他极为独特的"两端而一致"方法论上②。以"道器合一"言之,船山的《周易外传》较重"由器而言道",重的是历史发生学的向度,而在《周易内传》则较重上溯其源,而指出"道之为一隐然未现之则",这重的是形而上理由的追溯,是存有学的根源探索。然则,须得注意的是:这两端是一致的,他成立了极为独特的"存有发生学"的思考向度。③

以"理气合一"言之,"理"指的是"形式性"、"法则性",而"气"指的是"材质性"、"能量性";但船山将两者辩证地绾成一不可分的整体,并且将"气"往上提一层来加以诠释,它成了"对比于理气两端而成的辩证性概念"。这是"理气合一"而又以"气"为表述之总概念,因此不是"唯气论"。以"理欲合一"言之,"理"指的是"形式性"、"法则性",而"欲"指的是"生命力"、"具现力";若将两者绾合为不可分的总体,则"欲"并不是一般所以为的"贪取、占有",而是因为人生命中的意志自由落实具体化的过程中错位了,因而使得我们的生命在有限中有了无限的需索,而引生了欲望的贪取、占有。船山对于"纵欲"与"遏欲"的对比分明彰显了此中的异同,也正视了"欲望"的"可欲之谓善"。④ 以"理势合一"言之,"理"指的是"形式性"、"法则性",而"势"指的是"事的趋力"、"事的形势",船山经由"贞一之理"与"相乘之机"将两者辩证地统合在一起,他一方面重在"体常而识变",而另一方面则重在"由变而识常"。特别值得注意的是,他关联到整个历史社会总体,与"人性"的辩证关联,

---

① 参见林安梧:《王船山人性史哲学之研究》第五章,台湾东大图书公司 1987 年版,第 97—132 页。

② 参见林安梧:《王船山人性史哲学之研究》第四章第四节,台湾东大图书公司 1987 年版,第 87—93 页。

③ 参见林安梧:《王船山人性史哲学之研究》第三章第二节,台湾东大图书公司 1987 年版,第 47—54 页。

④ 参见林安梧:《王船山人性史哲学之研究》第五章第三节,台湾东大图书公司 1987 年版,第 116 页。

指出了"人性的历史性"以及"历史中的人性"①。

如上所述，我们便可以恰当确立船山学所说"道大而善小、善大而性小"，"道生善，善生性"是何所指；而他主张的"继善成性，竭天成能"，"命日降，性日生日成"，"习与性成，未成可成，已成可革"也就了然可知了。船山哲学中"天道论"、"人性论"与"历史哲学"三者是一个不可分的整体，三者伴随而生，此即是"自然史的哲学、历史人性学、人性史哲学"②。

四、现代新儒学、后新儒学对船山哲学的融摄与发展

大陆与台湾海峡两岸船山学的研究偏重各有所不同，大陆的船山学研究，本来是方兴未艾的，一直与马克思主义传统有着密切的关系，而台湾则是从阳明心学再进到船山学的。这吊诡的对比颇为有趣。甚至我们可以发现台湾在新儒学发展之后期，慢慢正视到船山学，而大陆则是船山学原先就方兴未艾，而后来才慢慢倾向于宋明理学，特别是这几年阳明心学很热。对比而论，海峡两岸的船山学研究，各有特色。相较来说，大陆的船山学研究是很有历史的，从王孝鱼、嵇文甫、张西堂、萧萐父、唐明邦，乃至王兴国、郭齐勇等，可谓名家辈出。香港、台湾的船山学研究也颇有可观，学者横亘老中青三代，从唐君毅、罗光、许冠三，乃至曾昭旭、曾春海、戴景贤、林安梧等。总的来说，我以为大陆由于马克思主义哲学传统的关系，对于唯物辩证法有较深入的探讨，而船山学在这方面的确有着极为可贵的发展；另外，他们更能注重到整个历史社会总体的问题，就此来说，都是可贵的。

当然，以前的学者，由于时代的因素，有了些教条性的限制；但明显

---

① 林安梧:《王船山人性史哲学之研究》第五章第四节，台湾东大图书公司 1987 年版，第 118—129 页。

② 林安梧:《王船山人性史哲学之研究》第三章"人性史哲学的人性概念"，台湾东大图书公司 1987 年版，第 45—70 页。

的，这些现在都不是问题，船山学应有更宽、更广的发展。这二十多年来，大陆有关当代新儒学的研究可以说是方兴未艾，颇见其盛，较可惜的是，能注意到"船山学"在"当代新儒学"中的因子，而深入梳理诠释的并不多见，至于要阐其微奥、发其幽光的那更是少之又少了。当然，大陆青壮一辈的船山学学者也不少，但注意到当代新儒学与船山学关系的并不多。我认为方红姣的博士论文《现代新儒学与船山学》，在这方面起的作用值得做积极肯定。[①] 台港这些年来对于船山学的研究虽亦有之，但总是少了些；再以当代新儒学内部来说，唐先生以降，真把船山学作为自家思考方式，入于骨髓灵魂之中，以"两端而一致"作为思考核心者，真正不多。

"回到船山"让现代新儒学摆脱道德形上困境、走向生活世界，这是一条可能的路径。正如方红姣所论，"回到船山"能否成为现代新儒学摆脱道德形上困境、走向生活世界的一条可能路径？我是给出了肯定的回答。我试图开启一哲学人类学式的诠释方式，从历史主义的角度切入，注重存在主义和现象学方法，主张回溯到船山思想，并由此为"后新儒学"的发展提供一个可能的发展向度。我也相信这一发展向度的提出在儒学思想发展史中的"革命"意义至少是值得讨论的。

记得在 1991 年写完博士论文《存有、意识与实践：熊十力体用哲学之诠释与重建》，后来 1993 年于台湾东大图书公司出版的卷后语里，我曾这样写道：

> 近数年来，面对当代新儒学之传承发展，我之提出由"牟宗三而熊十力"，再由"熊十力而王船山"，区区之意，尽在于斯。由"熊十力而牟宗三"，此是"顺遂其事，合当其理"，由"牟宗三而熊十力"，此是"上遂于道，重开生源"。若继而论之，由"熊十力而王

---

① 方红姣：《现代新儒学与船山学》，中国社会科学出版社 2015 年版。

船山",则强调历史社会总体的落实与开展,是人性史之重新出发也。(当然,吾于此处所言之王船山、熊十力、牟宗三,盖以哲学之大类型观之,至若其他先贤之为哲学家者亦伙矣,可借镜者甚多,非敢疏略也)相比西方哲学而言,牟先生之学可以总摄调适康德之学,进而交融乎德国观念论之传统,代表的是当代中国哲学中的唯心论传统,唐君毅先生之学亦可置于此,而与牟先生形成双璧共论之;熊先生之学则可以总摄调适自胡赛尔(E. Husserl)以来之现象学及契尔克伽德(SørenAabye Kierkegaard,又译齐克果、祈克果,1813—1855)以来之存在主义传统,进而交融乎诠释学乃至其他后现代诸大哲的传统,此是现象学式的生活学之传统,梁漱溟先生之学亦可同置于此共论之;船山之学特重历史社会总体与人性的辩证关联,此当可以总摄调适自马克思之学,进而交融乎新马克思之学,开启一新社会批判,欲其有一新的重建也,此是中国儒学重气的传统义下的唯物论传统,徐复观先生之学亦可同置于此共论之。我预言:中国当代哲学之再造必以如斯三者之大综合而有所新的开启也。①

港台当代新儒学"回到船山"的呼吁并不强,我之所以确定这方向是对的,与我开启的"后新儒学"有密切的关系。自 20 世纪 90 年代以来,我大体循这路线而展开,1994 年我趁访学美国威斯康星大学之便,写了《后新儒学论纲》,并在杜维明先生所主持的哈佛大学儒学讨论会上,做了第一回的讲述,这可以算是正式宣告了后新儒学的发展路向。大体说来,我仍然赞同道德的形而上学,但此"道德"两字已非牟先生所说之道德。我在《存有、意识与实践:熊十力体用哲学之诠释与重建》的卷后语

---

① 林安梧:《存有、意识与实践:熊十力体用哲学之诠释与重建·卷后语》,台湾东大图书公司 1993 年版,第 373—374 页。

里是这么说的——

> 道者，总体之谓也，此活生生的实存而有之总体也，环绕此活生
> 生的实存而有之总体而有一根源性的动源之谓也。
>
> 德者，本性之谓也，由此活生生的实存而有之总体的根源性动
> 力所开启而落实于人，坚持之而有以依为准则之谓也。
>
> 这样说的"道"、"德"是第一义的道德，这样的道德不是规范、
> 不是限定；这样的道德是生长、是生活。由此生长、生活的道德，才
> 得衍生出具有规范义及限定义的道德，中国《易经》传统强调"生生
> 之德"者，本义在此。①

1994 年，我写就了《后新儒学论纲》，后来这论纲被我铺衍了许多文
章，1998 年在台湾出版了《儒学革命论：后新儒家哲学的问题向度》。原
先的《后新儒学论纲》，是 1994 年在美国威斯康星大学麦迪逊校区访问
时写的。这篇文章旨在对于 1949 年以后于台湾发荣滋长的"台湾当代
新儒学"，展开批判与前瞻。起先我指出：

> 往昔，儒家实践论的缺失在于这实践是境界的，是宗法的，是亲
> 情的，是血缘的，是咒术的，是专制的，这些一直都挂搭结合在一起，
> 分不清楚。再者，笔者指出实践概念之为实践概念应当是以其自为
> 主体的对象化活动所置成之对象，而使此对象如其对象，使此实在
> 如其实在，进而以感性的透入为起点，而展开一实践之历程，故对象
> 如其对象，实在如其实在。后新儒家的实践概念是要去开启一个新
> 的"如"这样的实践概念。这是以其自为主体的对象化活动作为其

---

① 参见林安梧：《存有、意识与实践：熊十力体用哲学之诠释与重建·卷后语》，台
湾东大图书公司 1993 年版，第 371 页。

启点的，是以感性的擘分为始点的，是以整个生活世界为场域的，是以历史社会总体为依归的。这么说来，后新儒家的人文性是一彻底的人文性，是解咒了的人文性，而不同于往前的儒学仍然是一咒术中的人文性。这旨在强调须经由一物质性的、主体对象化的、实存的、主体的把握，因而这必然要开启一后新儒学的哲学人类学式的崭新理解。总而言之，老儒家的实践立足点是血缘的、宗法的社会，是专制的、咒术的社会；新儒家的实践立足点是市民的、契约的社会，是现代的、开放的社会；后新儒家的实践立足点是自由的、人类的社会，是后现代的、社会的人类。①

这样的观点，相对于当代新儒家的本心论，或唯心论，有很大的不同，这转向与船山学有着密切的关系。这关联到现代化之后的思考。"后新儒学"是对于新儒学所起的全盘的批判性思考与转化重建。记得我当时写好之后，传真给李泽厚先生，他笑着告诉我，你这样的思考会不会被逐出师门，我从容地告诉他，不会的。显然地，在存有学方面我并不同意牟先生的"两层存有论"，并不是以"道德本心"为核心，不是以"一心开二门"的方式来开启，而是由熊十力的体用哲学逐渐转化而成为"存有三态论"②，这是由"存有的根源"而"存有的彰显"，再而落实为"存有的执定"所成的理论系统。这里所说的"存有"乃是"天地人我万有一切通而为一"的总体根源，我意在由牟先生的心学传统回溯到道学传统（或者说是"气学传统"），这是由阳明学转到蕺山学，再转到船山学的发展，是由"道德的主体性"转而为"纯粹的意向性"，再转而为"存在

---

① 林安梧：《儒学革命论：后新儒家哲学的问题向度》，台湾学生书局1998年版，第40页。
② 参见林安梧：《儒学转向：从"新儒学"到"后新儒学"的过渡》第二章"后新儒学的思考：对'两层存有论'的批判与'存有三态论'的确立"，台湾学生书局2006年版，第41—64页。

的历史性"①。

这也可以说是由牟宗三而熊十力,再溯回王船山的发展。在心性论上,我重估了朱子学"性即理"的学说,不赞成牟先生对朱子"别子为宗"的分判,不认为朱子是"横摄的静涵静摄系统",而认定其为"横摄归纵的道德认知实践系统"②。我深知朱子之所重在"道德超越形式性原则",而且深深同意朱子所说"涵养用敬"、"格物致知"如一车之双轮、一鸟之双翼,而"敬贯动静"、"直通天地"。对阳明学的"致良知"、"心即理"则将之转化为"本体实践学",并与船山学接轨。

船山心性学重在"继善成性"、"竭天成能"、"习与性成",一方面它肯定了根源的实践动力,另一方面则重视落实于历史社会总体的陶养与学习历程。他一方面经由人性之常的贞定,落在历程中去彰显"人性的历史性",以成就其"历史人性论",又因之而呈现了"人性"与"历史"的辩证性,以成就其"人性史的哲学"。船山之学并不同于心学圆教系统,重在"诡谲的相即",而是重在"实践的辩证"。他所重不在"一体之二用",而是"两端而一致"。他之所重不只是"道德良知",也不只是"乾元性海",而是"乾坤并建"。落在经验实践上,强调历史发生的优先性,而落在理论溯源上,则强调形上之道的优先性;如此而说"道器合一"、"理气合一"、"理欲合一"、"理势合一"。我以"两端而一致"的思考方式贯彻通达于船山学的整个体系,这样的思考方式自 1986 年以来,可以说已深入我的思考生命之中,成为我日后哲学建构的最基本思考之一。或者说,这早已预示我将会提出由牟宗三而熊十力,进而上溯于王船山的路线;这已预示着"后新儒学的思考"③。

---

① 参见林安梧:《明清之际:从"主体性"、"意向性"到"历史性"的一个过程——以阳明、蕺山与船山为例的探讨》,(台湾)《国文学报》第 38 期 (2005 年)。

② 林安梧:《朱子哲学当代诠释方法论之反思——从"继别为宗"到"横摄归纵"》,《河北学刊》2009 年第 3 期。

③ 林安梧:《从"牟宗三"到"熊十力"再上溯"王船山"的哲学可能——后新儒学的思考向度》,(台湾)《鹅湖》2002 年第 7 期。

这样的后新儒学思考，似乎与原先的当代新儒学有着一个翻转，新儒学重在"心体"，而我似乎更重视"物体"。或者说，我更重视船山学的"即器言道"，"即气言理"。但值得一提的是，我想说我重视物体，但我不是不重视心体，我认为心物本为一体，物者，心之物也。心者，物之心也。心物不二，但应从物边先看过去，不能老从心边看过来。船山学的道器合一、理气合一、理欲合一、理事合一，都是本末通贯的，而从实存面、具体面最为本体的发生处来思考的。是即器言道，即气言理，即欲言理，即势言理，作为本体发生的优先来思考的。当然不会只有这一面，他们是"两端而一致"的，也会从形而上面贯彻到形而下面，形而上形而下是一体的。

近三十年来的"后新儒学思考"，可谓"思之，思之，鬼神通之"，时时刻刻莫不以船山学为核心，以熊十力哲学为生源，而区区之意莫不在于承继、转化牟先生"两层存有论"，而另为"存有三态论"之建构，强调"社会正义"优先于"心性修养"，此是由"新外王"而调节一"新内圣"①。这不是"一体而两用"而是"两端而一致"，我以是欲重建一"本体的实践学"、"本体的诠释学"。当然，从熊十力到牟宗三，当代新儒学对船山"乾坤并建"和重"气"的哲学并不赞赏，以目前情况来说，重船山、重气的"批判的新儒学"在港台新儒家中影响远远不及"护教的新儒学"大。不过"风物长宜放眼量"，未能正视历史社会总体、疏离于生活世界的儒学其生命力终究是有限的，思想发展的辩证历程将证明儒学只有回归生活世界才会有自己真正的前途②。力学华夏文化已历四十余年，从"新儒学"而"后新儒学"，我近三十年来与牟先生思路已大有不同，但我绝不敢如梁启超所说"著论求为百世师"，我幸得牟门诸师友的包容，也不致

---

① 林安梧：《后新儒学的新思考：从"外王"到"内圣"——以"社会公义"论为核心的儒学可能》，（台湾）《鹅湖》2002 年第 2 期。

② 参见林安梧：《"风物长宜放眼量"：学习船山学的一段因缘》，（台湾）《哲学与文化》2007 年第 12 期。

"献身甘作万矢的"。虽偶有龃龉，但毕竟是一两位学友见所不及，心量所限，何庸置虑，再说他们多少都是关心我的。

五、结语：对比、转化、创造与生长

21 世纪，中华重兴再造，已现生机，虔诚祝祷，我们真要如梁氏所说"誓起民权移旧俗，更研哲理牖新知"。我想时间给了我们这一代人，以及下一代人新的机会、新的任务，我们当不必如梁启超先生那么悲愤地说"十年以后当思我，举国犹狂欲语谁"，但"世界无穷愿无尽，海天寥廓立多时"①，却是吾辈所当肯认者、勠力者。牟宗三先生《论圆善》有赞，曰：

> 德福配称浑圆事，何劳上帝作主张，我今重宣最高善，稽首仲尼留宪章。②

吾于此另有所议，拟为对赞，曰：

> 德福配称究竟事，当须天道做主张，我心稽首最高善，承继五教存宪章。③

牟先生之诗偈，正乃其心学极致之立场也，我所和的诗偈，则是对比着船山学，而可以视为一气学道论立场之对赞也。很明白地，我之从牟

---

① 这两首诗是梁启超于 1901 年（光绪二十七年）写的。（《岭南历代诗选》，广东人民出版社 1993 年版）

② 牟宗三先生此诗，参见《圆善论》第六章章末，可视为本书之总结。（台湾学生书局 1985 年版，第 335 页）

③ 参见林安梧：《关于"天理、良知"的"超越性"与"内在性"问题的一个反省——以牟宗三先生的新儒学系统为核心的展开》，载香港浸会大学宗教及哲学系编：《当代儒学与精神性》，广西师范大学出版社 2009 年版，第 134—147 页。

宗三，而熊十力，进而追溯到王船山，这样的路子，是从心学的路子，回归到道学的路子。这样的进一步回归我认为是新儒学之后，必然要走的一条路径。当然，这不会是唯一的路径，但却是一条值得思索的路径。

因为这条路径，更为正视历史社会总体，更为直面人的生活世界，以及存在之本身。这是回到"志于道，据于德"，也是归返"道生之、德畜之"的儒道同源之脉络。"道"为根源，"德"为本性，一方面强调人之立志、参赞，另一方面说的是存在总体之朗现、生长。我也因之发现，并主张儒道同源互补。用船山学的语句来说，本末通贯、交与为体、两端而一致。

如上所述，显然，我与我的老师牟宗三先生哲学是有基本差异的。这与船山学的研究有着密切的关系。我主张"存有三态论"，牟先生主张"两层存有论"。他主张本内圣以开外王，我则以为必须要好好学习新外王而回过头来重新调节内圣。他重视的是圣贤君子的儒学，我则朝向于公民儒学的转化与建构。其他在哲学史的理解上也有很多不同。我在《林安梧访谈录：后新儒家的焦思与苦索》中，大体简单说了一下。若简单地来讲，我更重视的是生活世界、历史社会总体，牟先生重视的是本心，而且以本心为核心，强调心体是无与伦比的。我一直以为儒学应该要归返宇宙造化之源，归返天道论。或者，我常强调的，儒学有三个支点：天道论、心性论、道统论，是不能缺任何一支的。我认为以前的儒学是如此，以后的儒学更需均衡地发展。

2020 年 2 月 22 日修订于台湾元亨书院

（作者单位：慈济大学宗教与人文研究所；元亨书院）

民国时期的"五教"观念与实践*

——以儒商冯炳南为例

彭 国 翔

一、前 言

中国传统文化的主体构成,世人多以儒释道三教称之。例如,陈寅恪先生(1890—1969)1933 年在《冯友兰〈中国哲学史〉审查报告三》中仍说:"故自晋至今,言中国之思想,可以儒释道三教代表之。"但是,按之思想史的实际,耶教(Christianity)——无论是天主教(Catholicism)还是新教(Protestantism)——和伊斯兰教(Islam)在元明以降,都早已大规模传入中国。①陈寅恪先生的这种讲法,或许只能说明在像陈先生这样的知识人心目中,中国传统文化的主体仍是儒释道三教,而较晚传入中国的耶教和伊斯兰教,似乎仍然处在客位,没有在广大知识人中获得认同。不过,如果我们的观照范围不限于像陈先生那样的儒家知识人,

---

* 原文发表于《中国文化》第 39 期(2014 年)。

① 耶教和伊斯兰教传入中国的最早时间都可以追溯到唐代,但彼时尚未成气候。大规模的流传,要到元明以降。关于耶教和回教在中国的历史发展,分别参见王治心《中国基督教史纲》(青年协会书局 1940 年初版;上海古籍出版社 2004 年重印)、傅统先《中国回教史》(台湾商务印书馆 1969 年版)。

而是将整个中国人对于宗教传统的意识与实践纳入考察范围之内，那么，可以说，同样就是在陈先生所在的民国时期，在传统"儒、释、道"这"三教"的意识之外，儒、释、道连同耶教和伊斯兰教在内的"五教"观念，也已经在社会上广为流传，为广大世人所接受。

1940 年，活跃于上海的闻人冯炳南（1888—1956）曾经举办"五教演讲"并印行《五教入门》，在当时的上海产生了不小的影响。由于以往冯炳南大概并未进入研究者的视野，本文将首先介绍冯炳南其人其事，进而专门考察冯炳南举办"五教演讲"和出版《五教入门》的事迹，重点分析其"五教"的思想观念与社会实践。冯炳南并非像陈寅恪先生那样，属于知识界的代表人士。因此，他的案例恰好可以具体说明，20 世纪 40 年代中国人对于自身宗教传统的自觉认识，很多已经由"三教"转为"五教"。本文的考察虽然以冯炳南为例，但笔者的这一判断并不仅仅由此单一案例得出。事实上，1922 年在中国北方的奉天，有一位名叫王有台的警界人士，在其所著《孔道我闻录》中，已经有"儒释道耶回五教"之说了。王有台的友人凌近光在给《孔道我闻录》所作的序文中，也特别称赞该书首篇《儒释道耶回五教辩》一文"论各教归宿，如权衡物，弗爽毫厘"。冯炳南多半并不知晓王有台其人以及《孔道我闻录》一书的存在。但冯炳南的"五教"观念和实践，可以说恰好与十八年前远在北方的王有台遥相呼应。这一点，足以说明五教的观念在民国时期已经不是一个偶然的现象了。

二、冯炳南其人其事

有关冯炳南的史料散漫无归，其生平难以详考。本文既非关于冯炳南的传记研究，无须详考其生平事迹。在重点考察其五教的观念与实践之前，本文仅交代其人的大致情况及其一生中的两件大事，作为了解其人的必要背景。

冯炳南是广东高要人，20 世纪 40 年代是旅居上海的大商业集团"粤商集团"的代表人物之一。①与"粤商集团"的其他几位人物往往专营一业不同，冯炳南是一位兼营多业的实业家。除了上海电力公司的董事长之外，他还是南洋烟草公司的董事、世界书局股东。1937年宋子文控股南洋烟草公司一事，就是由冯炳南出面结识广东银行的邓勉仁，由邓出面与宋子文说合的。不过，除了商业之外，冯炳南更是一位著名的大律师。当时上海的同仁律师事务所是一所规模很大、颇具影响的机构。该所律师人数远较一般事务所为多，律师费亦较一般事务所为高，业务兴旺。该律师事务所全由冯炳南一人出资，所内所有律师和职工，都由冯炳南一人聘用。本文所要交代的冯炳南生平中的第一件大事，即与其主持同仁律师事务所的大律师身份有关。

1845年11月，上海开始有了租界。租界内的公园起先基本上都是不对华人开放的。但租界毕竟是在中国的国土上，当时很多生活在租界的华人也是租界的纳税人，他们对此也有不满。因此，1881年虹口医院医生恽凯英和1885年怡和洋行买办唐茂枝等人，已经致函当时租界最高管理机构工部局，要求公园向华人开放。②但是，这一要求一直没有得到真正的满足。"华人与狗不得入内"的故事③，如今仍然常常被提起。

---

① "粤商集团"由旅居上海的广东商界领袖组成，主要代表人物除了冯炳南之外，还包括陈炳谦、郑伯超和陈雪佳。陈炳谦是英商祥茂洋行买办，郑伯超是南洋兄弟烟草公司总经理，陈雪佳是英国太古洋行买办。当时活跃在上海的广东籍商人，除了"粤商集团"之外，还有广州与香港两地银行家组成的"省港财团"，为首的是李煜堂代表的"广东银行"与李星习代表的"东亚银行"这两家。

② 《上海英美租界工部局1881年年报》中有1881年4月6日恽凯英写的《虹口医院恽凯英等八人致工部局秘书函》，函文为："我们都是租界的居民，而且是纳税人，想请问你有什么条文规定中国人不可以进入公共花园？我们没有见到官方有关这方面的档。昨天，我们中有位先生冒昧地想进入花园，不料被门警阻挡了。"

③ 历史上究竟有没有过这样一个告示牌，至今仍有争议。诚然，历史档案中至今仍未找到明文的条例。不过，在工部局最早的文件，即1885年的《公共租界工部局巡捕房章程》中，第24项（共6条）第1条是"脚踏车及犬不准入内"，第5

不过,中国人究竟什么时候以何种方式最终使得租界当局取消禁令,争取到了自身的权益,一直语焉不详。事实上,当时根据国际公法起诉租界当局,致使英、法殖民者不得不向中国人全面开放公园,从而维护了民族尊严和权益的带头人,正是冯炳南。

上海租界的公园陆续取消禁令,全面向华人开放,是在 1928 年 6 月之后。② 这当然有时代的大背景,当时北伐战争胜利,民族主义高涨,汉口租界被收回,上海的租界在这种形势下,面对华人的要求,不能不有所让步。但直接的原因,却不能不归功于上海华人绅商为了开放租界公园

条则是"除西人之佣仆外,华人一概不准入内"。1885 年的《外滩公园游览须知》中第 1 条为"狗及脚踏车切勿入内",第 5 条为"除西人佣仆外华人不准入内"。1909 年《公共租界工部局公共娱乐场所(今鲁迅公园)规章》第 3 条为"华人不准入内,除非是侍奉外国人的佣人",第 7 条为"狗不得入园,除非加嘴套及用皮条牵住"。此外,许多经历过旧上海的人都表示见过"华人与狗不得入内"的牌子。如郭沫若 1923 年 9 月 2 日《月蚀》中写道:"上海几处的公园都禁止狗与华人入内。"方志敏在《可爱的中国》中写道:"有几个穷朋友,邀我去游法国公园。一走到公园门口就看到一块刺目的牌子,牌子上写着:'华人与狗不准进园'。"但有人指出"华人"和"狗"并列只是民间的概括,并非正式官方文字的内容。如陈旭麓曾说:"这块牌子,是人所共知的。但有没有这个牌子呢?后来查了,其实没有这个牌子,但有一些游园规则,其中一条是'狗与××不准入内',一条是'华人不准入内'。后来我们把它联系起来便是'华人与狗不准入内'。"(《陈旭麓文集》第二卷《思辨留踪》,华东师范大学出版社 1997 年版,第 165 页)但是,对于"华人与狗不准入内"的伪造说,陈岱孙不仅在 1982 年写的《往事偶记》中说他 1918 年在上海外滩公园亲眼见到过"华人与狗不得入内"的牌子,更在 1990 年 7 月 12 日致函上海黄浦区园林管理局,强调"华人与狗不得入内"是公园门口地上的牌子,不是游园规则中的某一条。并且,陈岱孙还指出,到 1920 年时,这块牌子仍然存在。

② 上海档案馆《园林志》载:"1928 年 4 月 18 日公共租界纳税(外国)人年会决议:从 6 月 1 日起,向中国人开放公共公园(按:今外滩公园)、极司非而公园、虹口公园、外滩草地及其沿岸(按:今延安东路以北)绿地。7 月 1 日,顾家宅公园(按:今复兴公园)对中国人开放。"《申报》1928 年 4 月 19 日第 4 版亦载:"公共租界纳税西人年会十八日下午二时在市政厅开会。……开放梵王渡公园、虹口公园、外白渡桥公园(按:即外滩公园)、蒲滩草地及其沿岸、昆山公园。"

一事与租界当局的持续交涉。为了促成租界公园向华人开放,当时的上海总商会推选冯炳南和吴蕴斋、刘鸿生为代表,组成开放公园华人委员会,通过法律的途径来解决问题。从 1926 年 3 月 20 日开始,冯炳南即不断与工部局交涉,书信往复不断,有理有据,最终使工部局不得不决定租界公园全面对华人开放。

为了开放公共租界公园一事,冯炳南曾函致当时工部局的三位华人董事贝淞荪①、袁履登 (1879—1954)、赵晋卿 (1882—1965)②,还有致各家西文报纸的英文意见书。致三位华人董事的书信以及致西文报纸英文意见书的译文,都刊登在《申报》1928 年 4 月 18 日第 13 版上。③ 其他相关文件,也都陆续在《申报》刊载。

关于冯炳南生平的第二件大事,是他参与第一本中国人撰写的英文《中国年鉴》。

1935 年,商务印书馆在上海出版了 *The Chinese Year Book 1935—1936*。该书内页有孔祥熙 (1880—1967) 题写的"中国年鉴"四字,并有蔡元培 (1868—1940) 撰写的"前言"。在"前言"中,蔡元培指出此书是"为了适应广大英文读者长时期来的需求"而编写的。该书的出版,得到了多方的支持和帮助。不仅出版经费由当时的中国年鉴出版公司以及张静江 (1876—1950)、张学良 (1901—2001)、陈立夫 (1900—2001)、朱家骅 (1893—1963)、李宗仁 (1891—1969)、刘湘 (1888—1938)、杜月笙 (1888—1951)、孙科 (1891—1973)、于学忠 (1890—1964)、邵力子 (1882—1967) 等 45 位知名人士赞助,为了该书的编撰,更是成立了专

---

① 贝淞荪是贝聿铭的父亲。

② 这三位是 1928 年 4 月当选的首任华董。1929 年 4 月第二届选出的华董是袁履登、徐新六和虞洽卿。1930 年 5 月选出的五位华董则是袁履登、虞洽卿、徐新六、贝淞荪和刘鸿生。

③ 上海市地方志办公室保存有此函件,其官网上亦可查到。(参见 http://www.shtong.gov.cn/node2/node2245/node69854/node69868/node70028/node70035/userobject1ai69768.html)

门的董事会,并由董事会推荐《中国评论周报》(*The China Critic*)的编辑桂中枢任主编。董事会的成员都是当时文化、政治、经济等各界赫赫有名的精英人物,包括蔡元培、李石曾(1881—1973)、俞佐庭(1889—1951)、郭秉文(1880—1969)等十二位。而在这十二人的董事会当中,就有冯炳南。

该书的意义不仅在于是第一本完全由中国人编写的英文《中国年鉴》,更在于全书各章的撰写者,都是当时最为杰出的一批专业人士。该书各章及其撰稿人的情况如下[①]:

1935 年版英文《中国年鉴》撰写分工情况表

序号	各章名称	撰稿人	头衔
1	地形学	张其昀	国立中央大学教授
2	历史概要	顾颉刚	燕京大学教授
3	天文学	余青松	国立天文研究所主任、中国天文协会主席
4	气候	竺可桢	气候学研究所主任
5	人口	陶孟和	社会学研究所主任
6	国民党	崔唯吾	出版署前任主任
7	中央和地方行政系统	高一函	检察委员
8	行政院	彭学沛	行政院政治部主任
9	立法院	谢保樵	编译处处长
10	司法院	谢冠生	司法院总秘书
11	考试院	陈大齐	考试院院长
12	检察院	钱智修	检察院委员
13	国家经济委员会	秦汾	国家经济委员会总秘书
14	对外关系(1928—1935)	刁敏谦	外事部情报和宣传处前处长
15	华侨	陈春圃	华侨事务委员会委员
16	教育	王世杰	教育部部长
17	体育	褚民宜	行政院总秘书
18	海军	陈绍宽	海军部部长

---

① 参见平保兴:《民国时期出版的英文〈中国年鉴〉及其学术意义》,《年鉴信息与研究》2008 年第 2 期。

续　表

序号	各章名称	撰稿人	头衔
19	军队	杨杰	国立军事学院校长
20	航空	姚锡九	中国航空协会总秘书
21	铁路	曾仲鸣	中国铁道部副部长
22	航运业	何墨林	中国商船航行公司经理
		周凤图	水路交通部门主任
23	电信	颜任光	电信部电报处主任
24	邮政	张梁任	汇款和储蓄银行董事会储蓄部主任
25	中国农业科学的发展	谢家声	国家农业研究局主任等职
26	森林	凌道扬	工业部森林处处长
27	动物饲养业	蔡无忌	工业部上海政府检测局局长
28	渔业	侯潮海	渔业部门主任
		陈谋琅	工业部技术专家
29	农业经济	张一心	中国银行信用贷款董事长
30	合作运动	王志莘	新华信用储蓄有限银行总经理
31	劳工	骆传华	工业秘书等职
32	采矿冶金业	翁文灏	中国地理测绘前任主任等职
33	电影	高元	中国卓越电影有限公司销售经理
34	水利工程	李协	黄河委员会会长
35	饥荒	章元善	行政院秘书等职
36	商业	章乃器	浙江工业银行副经理
37	对外贸易	何炳贤	工业部对外贸易局局长
38	工业	刘大钧	中国经济统计研究所所长
39	公共财政	陈炳章	财政部秘书
40	银行、金融和信用	张肖梅	中国银行经济研究部主任
41	佛教	关坰	财政部顾问等职
42	基督教会	徐宗泽	《基督教杂志》总编辑
43	中国基督教运动和抗议援助	刘廷芳	燕京大学神学和心理学教授
44	伊斯兰教	哈国栋	伊斯兰教知名专家
45	健康和医药	刘瑞恒	行政院国家健康行政部主任

由此表可见，撰写该书各章的执笔人，不仅都是所涉学科在当时中国第一流的人物，有很多同时也在相关的政府部门担任实际的领导工作。例如第一章"地形学"的撰稿人张其昀（1900—1985）、第二章"历史概

要"的撰稿人顾颉刚（1893—1980）、第四章"气候"的撰稿人竺可桢（1890—1974）等等，几乎都是相关领域最为顶尖的不二人选。此外，有些章节的撰写人不仅是专业的学者，在撰写时更是所在部门的主管，具有丰富的实际经验，如撰写第十一章"考试院"的陈大齐（1886—1983），当时就是考试院的院长；撰写第十六章"教育"的王世杰（1891—1981），当时就是教育部部长；撰写第十八章"海军"的陈绍宽（1890—1969），时任海军部部长；撰写第十九章"军队"的杨杰（1889—1949），当时是国立军事学院的校长。如此阵容，使得这样一部《中国年鉴》的水平之高，恐怕是空前绝后了。而冯炳南能够与蔡元培等十二人并列该书的董事会成员，亦足见冯炳南当时的社会声望与影响力。

1941 年 12 月太平洋战争爆发后，日军进入上海租界。由于冯炳南的声望和社会影响力，日本人及汪伪次年即打算胁迫冯炳南和秦润卿、袁履登等人筹组维持会和伪上海市商会。冯炳南闻讯后，即同秦润卿到静安寺路（今南京西路）静安寺附近两座由客户抵押给福源钱庄的空屋内隐藏起来，使日伪方面无法挟持他出任伪职。这一点，表明了冯炳南在民族大义面前的鲜明立场和态度。此外，《栖霞寺志》第三卷载"上海殷商"冯炳南曾"助缘"栖霞寺中兴。冯炳南的母亲文太夫人是位"忠实的佛教徒"[①]，对孝道极为重视的冯炳南有捐助栖霞寺中兴，也是情理之中的事。

以上，主要是对冯炳南生平两件大事的简介。其他事迹，则因史料散佚，一时不能齐备。更主要的原因在于，本文并非冯炳南的生平传记，而是要从中国思想史和宗教史的角度出发，考察其"五教"的观念和实践。下面，我们就着重考察冯炳南人生中与其"五教"观念和实践有直接关系的事件，并分析其"五教"观念的历史意义。我们将会看到，在冯炳

---

① "忠实的佛教徒"是冯炳南在其撰写的《先母文太夫人行述》中的用语。而据冯炳南在《五教入门总序》中所称，冯母除"熟诵《关帝经》"外，还"手持《金刚经》、《玉皇经》"，且"一生以诚为主"，可以说是一位典型的三教共奉的中国传统妇女。

南的自述中,这件事才是其生平所欲从事的三件大事之一。上述两件事情,尚且不在其心目中的三件大事之列。

三、举办五教演讲与出版《五教入门》

1940 年 6 月至 7 月间,冯炳南为了要给母亲庆祝七十大寿,决定举办五教演讲并出版《五教入门》。冯炳南当时为母亲所作的寿词,曾经连载于 1940 年 6 月 29 日至 7 月 4 日的《申报》,并于 6 月 29 日在上海新新电台由其四子冯振威代其演讲播出,后来也收入了《五教演讲》一书的篇首。在这篇祝寿词中,冯炳南交代了举办五教演讲与出版《五教入门》的想法。

首先,他说:

> 为纪念家母的七十寿辰,由二十九日起,每天下午五点半至七点半(新钟点),在八仙桥青年会开始连续举行五教演讲五天;就是六月二十九,六月三十,七月一日,七月二日,七月三日,承蒋竹庄等几位先生担任主讲,这是万分荣幸,万分感谢的。

这里,冯炳南交代了五教演讲的时间和地点,以及演讲的人物。时间是 1940 年 6 月 29 日到 7 月 3 日,一共五日。地点在八仙桥的青年会,当时是上海基督教青年会的所在。①

至于主讲人,这里只提到了蒋维乔(1873—1958,字竹庄)。的确,

---

① 八仙桥的青年会位于黄浦区西藏南路 123 号,1940 年是上海基督教青年会的所在。现在是中华基督教青年会全国协会、女青年会全国协会、上海基督教青年会和青年宾馆的办公、营业处。根据上海市地方志办公室的记载,八仙桥的青年会大楼于 1929 年 10 月动工,1931 年建成。由当时著名的设计师李锦沛、范文照、赵深设计,江裕记营造厂施工。如今这座建筑已是上海市文物保护单位。

五场演讲中,蒋维乔一人就主讲了儒、释、道三讲。分别是 6 月 29 日的第一讲"儒家之要旨与道德"、7 月 1 日的第三讲"道教之要旨与道德"以及 7 月 3 日的第五讲"释教之要旨与修行"。除此之外,耶教和回教(伊斯兰教),则分别在 6 月 30 日和 7 月 2 日,由徐松石(1900—1999)和哈德成(1888—1943)各自以"基督教之要旨"和"回教之要旨与道德"的题目主讲。①

关于五教演讲的时间、讲题和主讲人,我们不妨条列如下:

第一讲,6 月 29 日,儒教:"儒家之要旨与道德";主讲人:蒋竹庄。

第二讲,6 月 30 日,基督教:"基督教之要旨";主讲人:徐松石;速记:沈文彬。

第三讲,7 月 1 日,道教:"道教之要旨与道德";主讲人:蒋竹庄。

第四讲,7 月 2 日,回教:"回教之要旨与道德";主讲人:哈德成。

第五讲,7 月 3 日,释教:"释教之要旨与修行";主讲人:蒋竹庄。

而在接下来的讲词中,冯炳南进一步指出,关于五教演讲一事,在他看来是"纪念家母寿辰最好的方式"。而之所以会这样认为,是因为这并

---

① 徐松石毕业于上海沪江大学,19 岁皈依耶教,抗日战争期间组织了国内第一个耶教的文社,向国民传教。徐松石也是一名民族学学者,能够用中英文写作,著有《华人发现美洲考》、《禹迹华踪美洲怀古》、《泰族僮族粤族考》、《基督教与中国文化》等。而有关哈德成的生平,《伊斯兰教小辞典》称其为中国伊斯兰教著名阿訇。又名国桢,陕西南郑人,回族。20 世纪初曾到麦加朝觐,在埃及游学多年,1924 年归国。1925 年任浙江路清真寺教长,与马刚侯等人发起成立"中国回族学会",任副干事长。同时创办会刊《月报》,阐扬伊斯兰教义。随后主持翻译《古兰经》,译就三卷,刊载于学会月刊。1928 年在上海参与发起和创办"伊斯兰师范学校",任教务主任。日军占领上海后,赴重庆,又至云南蒙自沙甸,组织马坚等人致力于《古兰经》的翻译和伊斯兰教文化事业。与王静斋、达浦生、马松亭并称"中国四大阿訇"。逝于沙甸。

非他的一时兴会,而是长时间深思熟虑的结果。他说:

> 现在举行的五教演讲,鄙人认为是纪念家母寿辰的最善的方法。鄙人对于社会认为必须改良的感觉,不自今年始,多年以前,已经有这个意见,不过在年轻时,忙于求自立,中年时,又为各种事业服务,闲暇的时间,实在没有,未遑及此,所以二三十年来,虽时时存着此心,但是时间能力,均感不足,所以迟迟未能为这个志愿觅得一个具体的办法。自二十六年起,病胃家居,缠绵数载,以十分之五六的时间与床褥做伴,身心都较为闲暇,便利用这几年的闲暇时间,把数十年来积蓄胸中没有系统的意思,加以整理,计划如何改良社会的问题,于是渐见具体,渐成系统,不过每逢计划一个办法,经历三数日之后,即又发觉种种缺憾,于是又需重头考虑研究,如是者无虑几十次之多。直至最近,才觉得较为缜密,较为进步,然而还未敢十分自信,未敢十分肯定,只算是略具雏形而已。今年适值家母七十的寿辰,趁此把我几年来的心得,或者可以独立举办的,或者需待群力协助的,使他们实现,以为家母的寿辰纪念。其次则因为自顾此身生存于社会,已逾半百之年,受赐于社会者甚多,应当对于社会有所酬报。五教演讲,是计划之一,还有其他,容后再说。

冯炳南长期思考最终所得的"较为缜密,较为进步"的"心得",也就是他计划要做的三件事。所谓"五教演讲,是计划之一,还有其他",就提示了这一点。事实上,在这篇祝寿讲词的后面,冯炳南明确提出了自己要做的三件事。其中第一件就是举办五教演讲和出版《五教入门》。他说:

> 第一件事,先请名儒硕学,将五教的要义,摘其与做人的道理有关系的,作概括简明的演讲。一方面延请通才,编撰儒、释、道、耶、

回五教入门，鄙人鉴于一切科学，都能标准化，都有定律，有一定的程序，有事物的论据，而道德方面，则向来没有这样具体。在理论和方法方面，一向都是杂乱而无标准的，而且往往聚讼纷纭，莫衷一是，就是有志于道德上的依归者，见效亦异常迟缓，不若科学之奏效速而功易见。因此，便觉得道德方面也有确定准程，教人入手的必要。儒、释、道、耶、回五教崇奉的对象，虽有不同，采用的仪式，虽然各异，但其宗旨，总无非是劝人去恶修善，如果人人能了解宗教的真意，人人能奉行宗教的真旨，则全世界不难臻于至善。不过五教的学说，意义精深，未必人人都能懂得其奥妙；然而其中亦有不少易于懂得易于实践的，这就可以作为做人的道德的入门方法。这部书，着手编纂，已经相当时日，每教各为一书，不久当可印行问世。

另外两件事则是要"翻译英国大儒斯迈尔的自助论，人格论，职责论，节约论，人生与工作，五部名著，以补五教入门之不足"，以及"发起社会福利事业"。

冯炳南以母亲七十寿庆为由举办五教演讲一事，在当时的上海产生了很大的社会影响。哈德成的孙子和外孙后来在回忆祖父的文字中曾专门提到此事，只是将时间误记成了10月。[①]

在举办完五教演讲之后，冯炳南除了重金酬谢了五位演讲人之外[②]，立刻以冯积善堂的名义，于当年印行了《五教入门》。《五教入门》包括《儒教入门》、《佛教入门》、《道教入门》、《耶教入门》和《回教入门》五册。[③]

---

① 哈德成的孙子和外孙的回忆文字，参见 http://www.mooncn.net/forum/showpost.php?p=678684。

② 例如，据哈德成的后人记载，五教演讲之后，冯炳南以5000元巨额酬金相赠。虽谢拒再三，仍坚持赠送。于是哈德成阿訇即将这笔酬金用作教育基金，帮助了不少贫穷家庭的穆斯林子女继续学习，为培养人才发挥了很大作用。

③ 笔者所用的《五教入门》现藏哈佛燕京图书馆。据悉也收录于林庆彰主编的《民国时期哲学思想丛书》第一编，第80册。

需要说明的是,这五部书并非五教演讲的演讲稿。除了蒋维乔撰写了《道教入门》之外,其他四部入门的作者并不是其演讲者。当然,除了蒋维乔之外,其他演讲者也并非与五部入门书毫无关系。比如,《回教入门》虽然作者是王博谦,但却是经过回教演讲人哈德成大阿訇审定并作序的。而蒋维乔不仅撰写了《道教入门》,还审定了《佛教入门》并为之撰写了序文。至于五教演讲的内容,则另外同样由冯积善堂出版印行了将五次演讲内容合为一册的《五教演讲》。我们先将《五教入门》各册及其作者陈列如下:

> 《儒教入门》,林嵩尊①
>
> 《佛教入门》,王博谦②
>
> 《道教入门》,蒋维乔
>
> 《耶教入门》,程伯群③
>
> 《回教入门》,王博谦

冯炳南不但举办"五教演讲",出版《五教入门》,还为《五教入门》亲自撰写了《五教入门总序》,并且还在作者的序文之外,分别为《佛教入门》、《道教入门》、《耶教入门》和《回教入门》撰写了单独的序文。正是透过这些序文以及他在为母祝寿的讲词,我们可以看到冯炳南有关"五教"的思想观念。下面,我们就以这些原始文献为据,对其"五教"观念予以初步的观察和分析。

---

① 林嵩尊1925年曾在上海创办中社,提倡国学,发行《中社杂志》。

② 王博谦,号水镜居士,在应邀撰写《佛教入门》之前,著有《学佛浅说》(佛学书局1928年版);该书有印光大师撰序,在社会上流传颇广。

③ 程伯群曾任中华基督教会长老会浙江大会、江南大会、江淮大会、江安大会"四联会"的总干事。著有《中国社会思想史》(世界书局1937年版)、《比较图书馆学》(世界书局1935年版),译有《林肯传》(世界书局1940年版)。

四、"五教"的思想观念

在为《佛教入门》、《道教入门》、《耶教入门》和《回教入门》分别撰写的序文中，冯炳南对各教都表示了高度的尊敬。例如，他在《耶教入门序》中说：

> 炳南于各教，尚无专一的信仰，加以频年以来，身弱多病，尘俗之事，又极繁忙，以至各教的经典，都没有深邃的研究和确切的认识。至于耶教，对于耶圣救世的精神，是向来相当的尊敬。平日友好之中，不乏崇奉耶教的人。每为谈及耶教教义，中间最占主要地位的纯洁、无私、诚实、博爱，四大纲领，谈者娓娓不倦，听者津津有味，认为切于为人的要道，尤与炳南平日所主张自利利人及易知易行的宗旨相吻合。

这里，冯炳南直陈"对于耶圣救世的精神，是向来相当的尊敬"。在《回教入门序》中，他也说：

> 余于各家宗教，既并无颛一之信仰，致于各教典籍，都未做深切之探讨。尤其对于天方教典，虽已久耳穆罕默德圣人之名，然于其教义之精微，犹如万仞宫墙，徘徊门外。然据平日所闻之一鳞一爪，觉有数端，与余夙昔所持之宗旨，颇有暗相契合之处。

在这两篇序文中，冯炳南都尊称耶教与回教的创始人为"圣人"，所谓"耶圣"和"穆罕默德圣人"。这种称呼，无疑更是显示了冯炳南对于耶教和回教的尊敬。

而在尊敬之外，从其篇幅不长的序文也可以看到，对于各教基本教义甚至各教之间的异同，冯炳南的理解与掌握甚至是颇为恰当和准确的。

例如,他在《佛教入门序》中指出:

> 又论者或谓儒教示人以仁、义、礼、智、孝、弟、忠、信,专重世间法;佛教导人以清净、寂灭,专重出世法。愚意佛家虽以出世法为究竟,仍以世间法为基础,并非专重出世法而抛荒世间法也。

关于佛教与儒家在基本义理上的同异,笔者曾经在考察中晚明的阳明学时予以较为细致的分析。[①] 冯炳南能够不为"世间法"和"出世法"的两分所限,能够看到佛教也有世法的一面,是其难能可贵之处。而他在《道教入门序》中,甚至对道家、道教的源流进行了简要的概述。他说:

> 道与儒同为中国固有之教,而道教发源最早。说者谓创始于黄帝轩辕氏,迫至周末老子,著为道德五千言,大畅清静无为之旨,冀以遏人世争竞之端。庄周、列御寇、刘安之徒,继踵而兴,各有论著,理论湛深,文采丰赡。盖极一时之盛。然仅名为道家,尚无所谓道教也。道教之名词,起于东汉张道陵,然而宗风一变,嗣后遂专重吐纳导引、符箓敕勒、采药炼丹以求长生。盖自道教成立,而老氏之遗绪,不可得而复闻矣。

这里对于道家、道教的判断,虽然极为简略,但基本上可以说是准确的。

在为各教分别撰写的序言之外,冯炳南在《五教入门总序》中,更是将五教放在一起加以讨论。他说:

> 古昔圣哲,莫不以爱人利人为心,讲道以牖民,著书以觉世。孔

---

① 参见彭国翔:《良知学的展开——王龙溪与中晚明的阳明学》(台湾学生书局2003年版),第五章"王龙溪与佛道二教"第二节"龙溪的三教观与自我认同"第二部分"自我认同",以及第七章"中晚明的阳明学与三教融合"第二部分"有无之境"。

子之教,孝弟仁义,忠信笃敬,己立立人,己达达人;老聃之教,和光同尘,善下不争,柔以胜刚,慈以为实;释迦牟尼之教,离欲去染,自觉觉他,普度众生,慈悲救世;耶稣基督之教,忏悔罪过,真实为善,至诚纯洁,无私博爱;穆罕默德之教,诚恳忠实,坚忍勇敢,对人行善,不喜作恶。教旨虽各有不同,而立意在爱人利人则一也。

在这段话中,冯炳南不仅概述了他对于儒教、佛教、道教、耶教和回教这五教"教旨"的理解,同时也提出了他认为五教教旨可以会通为一的看法,所谓"教旨虽各有不同,而立意在爱人利人则一也"。

在前引文中已经可以看到,在《耶教入门序》和《回教入门序》的开头,冯炳南都提到自己并无特定的信仰,所谓"炳南于各教,尚无专一的信仰","余于各家宗教,既并无颛一之信仰"。不过,这只能是冯炳南的谦辞,并不意味着他不具备信仰的虔诚。事实上,也正是在《五教入门总序》中,在表达了他自己对于五教教旨的看法之后,冯炳南紧接着表述了他对于信仰甚至什么是宗教的看法,他说:

炳南困学有年,慧根未种,虽泛览载籍,覃思佳训,而义理精微,未易穷其蕴奥。就大体观之,人类幸福,文化根荄,殆皆导源于教典,而事涉天人相与之际,其所以起凡情之回向者,或崇奉一尊,或汎神为教,玄契示象,非道一风同也;规律仪文,又昭然若判也。然究论修进之阶,则潜通默感,而皆以溉生匡俗为归,但期一本之真诚斯可矣。奚必溯回冥漠,沾沾株守于唯一皈依,而后始谓之信仰也哉?

顾非敢谓宇宙间无神也,阴阳之一长一消,万物之忽生忽灭,造化必有主宰者以斡运于中枢。近世文明日进,科学自诩万能,然如水如火如土如空气及太阳之光热,乃世界人类物类所必需,而赖之以生存者。科学家虽间有运其智能,殚精制造,然用力多而成效寡,终不能夺天工之巧,而溥其功用于寰球,况乎原料又必取诸天然也。

又如月绕地而行,每月一周;地绕日而行,每日自转一周,每年公转
一周,万古不易。是谁使之然者?天空之中,八大行星而外,小星几
如恒河沙数,各循轨道而行,不相冲犯,有吸力以引之使近,又有拒
力以隔之使离,往复循环,秩然不紊,又岂人之所能为耶?夫人生有
涯,耳目之聪明亦有限,亘古迄今,所谓创造之大圣者,亦不过因自
然之物力而改善之,未足以言创造也。其真能创造者,乃至广至大、
至灵至妙、变化不可知之神耳。在儒道两教谓之天,在释教谓之佛,
在耶教谓之上帝,在回教谓之真主。五教各宗其神,立极以教后世,
惟有诵其至言,契其妙义,可从则从之,可行则行之,但求裨益于我
之身心,而不必拘乎膜拜祈祷之仪式也。

所谓"或崇奉一尊,或汎神为教,玄契示象,非道一风同也;规律仪
文,又昭然若判也",表明冯炳南能够平情意识到各教的差别。而"但期
一本之真诚斯可矣。奚必溯回冥漠,沾沾株守于唯一皈依,而后始谓之信
仰也哉?"的反问,则表明了他对宗教信仰的理解显然不限于西亚一神教
(monotheism)的模式,可以说是一种宗教多元论(religious pluralism)的看法。
此外,从冯炳南这里对于科学"万能"论的批评来看①,他显然不是

---

① 在纪念母寿演讲词中,冯炳南同样表达了对于科学万能论的批评,所谓:"现值
家母的七十寿辰,不愿以世俗豪奢的过眼云烟方式,来举行庆祝,而想用一个较
有持久性的,对于人们的心灵和肉体,都有裨益的办法,以为纪念,鄙人认为一
个人的心灵和肉体,有同样的重要,肉体固然当求其健全,而心灵上的健全,亦
应该一样加以注意,肉体的健全,可以靠科学而获得,但是心灵上的健全,有时
亦不能乞灵于科学,所以人体的疾病,除了科学的治疗外,尚有许多要用精神来
治疗,世人只见科学的有形的煊赫的效果,有可以按案的准备迹象,便以为科学
万能,科学虽然有它的能力,然而不是万能的。""科学是探求事物的真理的方法,
而道德则是探求做人的真理的方法,做人的真理未曾获得,则事物的真理,何补
于我们?道德与科学,能够合作,则人类日进于文明,若道德与科学分离,则不
论科学进步,达到如何完善的程度,只足以加速人类退化而已。世界上没有科
学,人类还可以生存,如果没有了道德,则不能生存了。"

一位科学主义者。这一点，在直到今日科学主义仍然占据主导的中国，是十分难得的。不过，冯炳南虽然质疑科学万能，肯定宇宙间不无神的存在，但他对"神"的理解，却也并没有归于西亚一神教意义上的人格神，而是将儒道两教中的"天"、佛教中的"佛"、耶教中的"上帝"和回教中的"真主"，并置于"神"的地位，所谓"五教各宗其神"。更为重要的是，虽然冯炳南认为五教都是"立极以教后世"，但对于各教教义，他都秉持理性主义的立场，并不采取迷信的态度，所谓"可从则从之，可行则行"。至于"但求裨益于我之身心，而不必拘乎膜拜祈祷之仪式也"的话，则再一次表明，对于冯炳南来说，"膜拜祈祷"并非宗教信仰的必要内容。笔者曾经专门讨论过儒家对于宗教与信仰的看法①，从冯炳南此处所论来看，他的看法可以说显然是典型的儒家立场。

冯炳南对于"五教"的看法，可以说是一种儒家立场的"五教同源"论。事实上，他在《五教入门总序》中，就明确使用了"五教同源"的字眼。并且，这里所谓"源"，显然是儒家最为强调的"为善去恶"的道德意识。事实上，前引纪念母亲七十寿庆的演讲词中，已经有明确的表示，所谓"儒、释、道、耶、回五教崇奉的对象，虽有不同，采用的仪式，虽然各异，但其宗旨，总无非是劝人去恶修善"。这一点，在《五教入门总序》如下文字中，同样表示得非常清楚：

> 盖《五教入门》者，并非导人入五教之门，不过采辑五教教典中之嘉言懿训以导人入为人行善之门耳。方今危言簧鼓，圣教榛芜，人欲横流，人心亦日益陷溺，由是理智丧失，几不自知人之所以为人。兹编所纂著者，皆不外为人之要道，无人不能知、无人不能行者也。夫善则当好，恶则当恶，此人人之所能知，亦人人所应知；见善则趋，

① 参见彭国翔：《儒家传统：宗教与人文主义之间》（北京大学出版社 2007 年版），以及彭国翔：《唐君毅论宗教精神》（《儒家传统的诠释与思辨——从先秦儒学、宋明理学到现代新儒学》，武汉大学出版社 2012 年版）第三部分第一章。

> 见恶则去，此人人之所能行，亦人人之所应行。人苟好善而恶恶，又能趋善而去恶，则无愧于为人，士可以希贤，贤可以希圣，即与天地参无难矣。五教同源之旨不在斯欤？

"为人之道"是儒家最为关注的问题，所以"成人"是儒家传统的核心课题之一。正因为冯炳南将"为人之道"视为"五教"立教的目的，他在其《耶教入门序》中开篇就说："炳南因母寿而有五教入门之作，盖欲借各教圣人的遗言，以确示为人的模范"。而为人之道最为根本的内容，不外是"好善而恶恶"、"趋善而去恶"。这里，冯炳南直接使用了儒家的话语，最终将"五教同源"之源，指向了儒家"为善去恶"的道德意识与实践。"士希贤、贤希圣"，最终"与天地参"，正是儒家传统一贯的修身之道。

同样，如果说重视孝道是儒家传统最为重要的一项价值，那么，冯炳南以五教演讲的形式为母亲祝寿，自然是其践行孝道的直接表现，而他在《五教入门总序》中将"孝亲"归于不断"迁善改过"的"为人之本"，则更将其儒家伦理的价值信守表露无遗。[1] 他说：

> 今炳南生五十有三岁矣，日月虽迁，而影事历历，我有过而自知，我知过而速改，我改过而即可迁善，故此后省察存养之工夫，皆以改过为先务。五教之书，乃所以导我改过者也，导我改过，即所以助我为人矣。窃思为人之道，当求其本，其本何在，首在孝亲。

---

① "迁善改过"的观念与实践虽然不限于儒家，参见 Pei-yi Wu（吴百益）的 "Self-examination and Confessions of Sins in Traditional China"（*Harvard Journal of Asiatic Studies*, Vol. 39 , June 1979, pp. 5–38），但从明末清初以来，在儒家知识人的大力推动之下，在整个中国社会产生了极为深广的影响。关于明末清初"迁善改过"的思想与实践，参见王汎森：《明末清初的人谱与省过会》（《权力的毛细管作用——清代的思想、学术与心态》，台湾联经出版公司 2013 年版），以及吴震：《明末清初劝善运动思想研究》（台湾大学出版中心 2009 年版）。

也正是由于冯炳南最为看重为人之道，他在纪念母亲七十寿庆的演讲词中，曾自陈多年总结的心得与体会如下：

> 我曾细想，世界上做人的态度，不外五种，一利人利己；二利人不损己；三利人损己；四损人利己；五损人不利己。第一种最合理，第二种亦可以行得，第三种不是普通人人人所能做的，第四种就要不得，第五种更要不得。所谓简明的道德标准及方法，就是要教人如何可以做得到上面所说的最合理的态度，就是如何可以利人利己。

冯炳南这里总结的做人的五种类型以及他所提倡的"利人利己"的"为人之道"，应该是他平素最为津津乐道的。王博谦在其所著《佛教入门》和《回教入门》的最后，程伯群在其所著《耶教入门》的最后，以及蒋维乔和林嵩尊在为《道教入门》和《儒教入门》各自撰写的序文最后，都不约而同征引了冯炳南总结的五类以及"利人利己"的为人之道。并且，蒋维乔称之为"蔼然斯人之言，何其深切而着明也。吾愿读此书者，既得宗教上之利益，并每日三复斯言，应庶乎无大过亦"。王博谦更称其为"做人楷模"、"结论中之结论"。至于其儒家的立场，在林嵩尊的赞词中则透露无遗，所谓"聆先生之言，可以知先生之为人矣。儒家之先哲，皆以利人为心。而先生即本先哲之心为心"。

冯炳南在《五教入门总序》之外，分别又为《佛教入门》、《道教入门》、《耶教入门》和《回教入门》作序，却并未给《儒教入门》作序，这似乎非但不能说明他的厚此薄彼，也许恰恰说明，正是由于他的儒家立场，使他对于其他四教格外客气。

五、结　语

通过上文对冯炳南其人及其"五教"观念与实践的考察，我们可以看到，在 20 世纪 40 年代，以"儒释道耶回"作为流行中国的"五教"，已经是一个较为普遍的观念。并且，这种"五教"意识，以冯炳南的身份来看，也已经不限于学院知识人的范围。

事实上，冯炳南的"五教"意识在 20 世纪初绝不是孤立的个案。例如，1922 年奉天（今东北）同善堂出版了海城人王有台著、海城人凌近光校阅并撰序的《孔道我闻录》一册。该书第一篇即"儒释道耶回五教辩"。

在这篇文章的开头，作者王有台即指出：

> 主慈悲者，释也；言感应者，道也；倡博爱、尚清真者，耶与回也。上溯释迦、老子、耶稣、谟罕默德四教圣人，虽其立教精神各有不同，而其因时立论、劝人为善之宗旨则一也。

显然，王有台同样具有自觉的"儒释道耶回"这一"五教"意识。并且，王有台的儒教立场虽然比冯炳南有过之无不及，近乎"儒家本位"，似乎不像冯炳南那样能够平视各教而不将"五教"归"儒"，但以"为善去恶"为"五教"共同之源，则与冯炳南是相当一致的。

根据凌近光的序文，王有台"自变法维新，投身警界，旋办奉天习艺所（即奉天改良监狱之嚆矢）、惠工公司，继又接办同善堂诸善举"。如此看来，王有台其人显然更不是一位学院中的知识人。当然，虽然一直投身实业，包括当时奉天有相当影响的慈善事业同善堂[①]，像那个时代大多数不致过于贫穷的人家一样，王有台也是一方面自小接受儒家经典教育，一方面在中西文化冲撞的时代变局中，接受了近代西方文明知识系统的洗礼。这一点，从他的自序中显而易见。

不过，无论是王有台其人，还是《孔道我闻录》这部书，大概都不太

---

① 奉天同善堂在沈阳，前身是 1882 年（清光绪八年）盛京总兵左宝贵创立的各种慈善机构。1896 年盛京将军依克唐阿将之前左宝贵建立的慈善机构合并一处，取"万善同归"之意，正式命名为"同善堂"，由奉天督军公署管辖。

为人所知。即便在当时，应该也是没有什么影响。冯炳南读过此书的可能性是微乎其微的。但两人一南一北，相隔不过十八年，同样具有自觉的"五教"意识，可谓遥相呼应。这无疑表明，"五教"而非"三教"的观念，至少在民国初年，早已成为广大中国人而非学院知识人对于流行中国的五种价值系统的自觉意识了。

当然，由于儒释道耶回这五教元明以降已经成为中国社会的宗教事实[①]，这种自觉的"五教"观念，自然可以上溯得更早。例如，英国传教士慕威廉（William Muirhead, 1822— 1900）在1879年就曾经以中文出版过一本《儒释道回耶稣五教通考》，其中已经正式提出了"五教"的说法。有人认为，这似乎是最早明确提出"五教"之说的中文文献之一。[②] 但是，该书与冯炳南的"五教"观念截然不同，本质上是一部希望将中国基督教化（Christianized）的传教之书，并不能反映当时中国社会的宗教状况。所以虽然有"五教"一说，在该书自序中，慕威廉却开宗明义即宣称基督教"独为真理，其据甚多，不必与他教并驾齐驱。如日之光，难与萤火比例"[③]。其毫不掩饰的独尊耶教（Christianity）的心态，跃然纸上。更为关键的是，本文的用意在于以冯炳南为例，考察中国人自己对于"五教"的观念和实践，并不在于追溯"五教"一词在中文世界的起源，因此，此类域外来华的传教士之作，就不在本文的考察范围之内了。

此外，还有一种"五教"的思想与实践，如清末同光年间王觉一的"五教合一"运动以及后来由此发展而出的"一贯道"，以及1927年四川人

---

① 元朝时，当局已经意识到五教并存的社会现实，例如，《元史·本纪第五·世祖二》至元元年春正月癸卯（1264年2月26日）的敕谕中即载有"儒、释、道、也里可温、答失蛮等户，旧免租税，今并征之"的话。其中"也里可温"为耶教徒，而"答失蛮"即回教徒。

② 参见陈怀宇：《近代传教士论中国宗教——以慕维廉〈五教通考〉为中心》，上海人民出版社2012年版，第61页。

③ 慕威廉：《儒释道回耶稣五教通考》，日本十字铺书屋1879年版，第56页。哈佛燕京图书馆藏显微资料，Series G Humanities, No. 8。

肖昌明创立的"天德圣教"①，都是以共尊"五教"为名义的新兴民间宗教 (popular religion)。不过，这些民间宗教运动虽然也肯定"五教"，言其会通，其实都是试图在儒释道耶回之外另创一教，其五教意识与冯炳南所代表的受过教育的国民 (educated people) 对于"五教"的理解，已经截然异趣②，因此也不是本文所当考究的题中之义。

有趣的是，随着中国大陆宗教政策的调整，最近不少省市都有所谓"慈爱人间、五教同行"的活动。不过，虽然有个别学者呼吁建立儒教，至少就目前中国官方的宗教政策来看，法定的"五教"，仍是佛教、道教、伊斯兰教 (回教)、基督教 (Protestantism) 和天主教 (Catholicism)，而不包含"儒教"。显然，中华人民共和国官方的这种五教观与冯炳南所代表的清末以来、民国时期的五教观，又是颇为不同的。此中的关键，当然是可否将儒学理解为一种宗教传统。而该问题的关键，又在于如何理解"宗教"的概念与定义。如果宗教可以依照冯炳南理解的那样，"但期一本之真诚斯可矣。奚必溯回冥漠，沾沾株守于唯一皈依，而后始谓之信仰也哉？""但求裨益于我之身心，而不必拘乎膜拜祈祷之仪式也"。那么，儒家传统作为转化身心、变化气质的一整套理论与实践，当然可以视为一种宗教。由于笔者曾经对这些问题进行过专门的探讨③，此处也就不再重复和枝蔓了。

---

① "一贯道"和"天德圣教"1949 年之后皆绝迹于中国大陆，而在台湾和香港流传。后者逐渐式微而前者声势渐大。中国大陆改革开放之后，"一贯道"亦有逐渐回到大陆发展之势。关于王觉一与"一贯道"的研究，参见钟云莺：《王觉一生平及其〈理数合解〉理天之研究》(台湾花木兰出版社 2011 年版)；钟云莺：《近代一贯道的发展及其影响》，(载汉宝德、吕芳上等编：《中华民国发展史·教育与文化》上册，台湾联经出版公司 2011 年版)。

② 冯炳南所谓的五教会通，是强调"儒、释、道、耶、回"之间的共识与相通之处。这种会通意识，哈德成在其《回教入门序》中，也予以肯定。他说："夫世界之大宗教，曰儒、曰释、曰道、曰耶、曰回，五者而已。然各教之持说虽殊，而其重道德、屏私欲、致治平、福人群之宗旨则一。《易·系辞》曰'天下同归而殊途'，殆可为各宗教言也。"

③ 参见彭国翔：《儒家传统：宗教与人文主义之间》，北京大学出版社 2007 年版。

最后我想指出的是,冯炳南可以说是一位典型的儒商,他继承了中国历史上尤其是明清以来的儒商传统。[①] 儒商虽从事工商实业,却绝非仅仅关注经济利益的"经济人",而是关心政治,注重文化思想与社会公益的建设,认同儒家仁、义、礼、智、信的价值,甚至具有类似于清教徒(Puritan)一样的宗教情怀与虔诚(piety)。只不过那种虔诚并不局限于儒家一教,而是及于其他各种伟大的精神性传统,恰如冯炳南的"五教"观念及实践。

(作者单位:浙江大学人文学院)

---

① 关于中国历史上尤其是明清以来的儒商传统,参见余英时《儒家伦理与商人精神》(《余英时文集》第三卷,广西师范大学出版社 2004 年版)。

儒家的批判精神*

——知性探索的价值

杜维明演讲　　王顺然整理

黄勇（主持人）：

按道理来说，主持人应该对主讲人进行介绍，一般是大家熟悉的人介绍大家不熟悉的人。今天比较特殊，在这里知道我是谁的人少，但大家都知道杜维明先生，这就不需要我再做太多的介绍。对我来说，杜先生是我的老师，没有杜先生的影响，今天的我还是在海德格尔和罗尔斯的文字里转来转去。而我现在转向做中国哲学，主要是受杜先生影响。杜先生从来没有直接对我说"你要研究中国哲学、研究儒家"。只是我在做毕业论文的时候，听了杜先生的两个课，一个是朱熹，一个是庄周。这与我读大学时期接触的中国哲学研究完全不同，也导致了我对中国哲学研究的兴趣。还有一点，毫不夸张地说，杜先生是当今世界上最好的实践儒家理念的儒家学者（the best practicing Confucian scholar）。我觉得要成为一个好的实践儒家理念的人是不容易的，要做一个好的儒家学者也是不容易的，杜先生把这两个结合在一起。这对我而言尤为重要，做

* 本文为香港中文大学第一届新亚儒学讲座第三讲演讲整理稿（*The Confucian Critical Spirit——The Meaning of Intellectual Inquiry*），演讲时间：2013 年 11 月 19 日，地点：香港中文大学信和楼二号演讲厅。

儒家学者和做一个科学家是不一样的,儒家学者是必定要实践儒家理念的。在这一点上,我就特别想到杜先生提出的概念,叫作体知。体知这个词,实际上是杜先生发明的,有人说是杜撰,我觉得这个讲法是有问题的。一个方面,"杜撰"是凭空想象的,但是"体知"的概念在儒家传统里面是非常深刻的,尽管没有这个字,但是像"体而得之"之类的词句很丰富。实际上是宋明理学讲的德性之知,或者讲良知,与"体知"都有密切的关联。再一个方面,"杜撰"是挖空心思、绞尽脑汁想出来的,但是,"体知"这个概念我觉得并不是杜先生挖空心思想出来的,而是内心积淀出来的。换句话说,"体知"这个概念是杜先生在实践儒家这个理念的时候体知出来的。为什么说这非常重要呢? 一来,儒家知识是一种让你依照行动的知识;二来,儒家的知识也在行动中变得更深刻。像程颐,他晚年的时候跟他的学生说,我现在对仁义的解释和二十年前差不多,但是我内心体验的就不一样。从"体知"看,我觉得作为一个儒家的学者,一定要以杜先生为榜样,不仅是从对儒家学问的了解,更是在实践方面的落实。

杜维明:

非常感谢黄勇先生的介绍。信广来院长,各位老师、各位同学,我觉得非常荣幸,也非常高兴和大家一起来讨论"儒家的批判精神"。原来我是想对"批判精神"学术思想做一个梳理,这是一个值得讨论的问题。但现在我改变了意见,能够把这个"批判精神"讲出来就不容易,它的学术思想源流以后再找机会进一步讨论。

黄勇先生客气了。黄勇先生在美国教学那么长,现在到中文大学来担任哲学教授,我觉得是中文大学的荣幸。他在复旦已经拿到了哲学的博士学位,正如他刚才讲得,他到美国以后又拿到了神学博士学位。在哈佛大学念博士就很困难,要念神学博士就更困难。他的指导教授有好几位,都是第一流的大思想家。更难得的是,他不仅在哲学方面有很独特的造诣，他还编辑杂志《道》。我觉得很荣幸，我向他学的，远远比他从我这里学到的多。

黄勇先生提到的这个体知，我也希望和大家分享一下。我认为"杜撰"，不一定坏。我有一个非常熟的朋友，就用过"杜撰的体知"。非常有趣的是，我们把身体的"体"当作动词，有很多的这样的例子，比如"体味"，宋明儒学里面讲"体察"、"体证"，还有大家都知道的"体恤"和日本人常用的"体感"。但是，我发现"体知"这个词在先秦，乃至两汉以来几乎没有。也许只出现过一次，跟音乐有点关系。如果你要翻译英文的话，可以说"embodied knowing"、"embodied knowledge"。

最早讨论"体知"问题的时候，除了 Michael Polanyi 讲的"personal knowledge"、"tacit dimension"，几乎很少人谈到这方面的问题。现在很多人说"embodied knowledge"，强调讨论问题的时候不仅仅用你的脑、你的心，还要用你的身体。这让我想起了庄子说的"无听之以耳而听之以心，无听之以心而听之以气"。而这个"气"基本上就是"神"，这种理解的方式非常重要，不仅是儒学，道家或者是佛教，都有这种面向。

我记得 Emily Martin，曾经做过这样一个简单的分类。她说有两种考虑问题的方式，一种是"digital thinking"，大学里面知识的传授方式，多半都采用这种客观的、步骤非常明显的方式。比如数学，学到微积分，你大概不能跳过代数，这就像 A、B、C，如果直接从 A 到 C，那么你会问"What happened to 'B'？"它是一个线性思维，我们都比较熟悉。Martin 进而说，作为一个人类学学者，如果你的思路是这种线性的，那么你一生就会非常痛苦，因为你要讲的问题总有模糊性。这时她提出了"anthropological thinking"的观念。人类学的思考一个最简单的分别，就是内在的参与者与外在的旁观者这之间的复杂的互动。如果以人类学的思考方式研究问题，比如说要了解"新亚书院"，就不在于掌握所有有关新亚书院的背景资料、所有的出版的东西、所有学生等信息，而在于要到新亚书院，和大家交流，甚至和大家生活在一起。经过一段时间，我对新亚书院有了一些认知，这种认知一定不是唯一的，也不能保证知识的纯粹客观性。可是这种情况下，对和错，远远没有层次的高低更重要。也许我整个对新亚书院的印象都是错的，但是，我的体知让我对新亚书院有一个判断。如果我们去问创建新亚书院的几位大人物，像钱宾四、唐君毅、张丕介，对新亚书院的认识都是一种体知，而他们的智慧，不是数据，不是信息，甚至不是知识，而是智慧，一种个人的体验。这种知识性格，是从事儒学的研究、儒学的实践所必备的。

说到儒学的这种特殊且十分重要的学问性格，我们不得不提及轴心文明的说法。所谓的轴心文明就是 Karl Jaspers 在 1949 年出版的《历史的起源与目标》（*The Origin and Goal of History*）一书中所讲的，大概是公元前 6 世纪到公元 1 世纪，世界上出现了相对独立的四大精神文明，其列举的、最重要的四个典范性的人物就是苏格拉底、孔子、释迦牟尼、耶稣。Benjamin Schwartz 在 1976 年[①]，通过美国的社会科学院召开了一个非常重要的学术会议，讨论到底"轴心文明"的特点是什么。他就提出了"超越的突破"[②] 这个观念，就是说在公元前 6 世纪至公元 4 世纪这段时间，上帝的观念出现了，希腊文明中逻各斯的观念出现了，印度文明中的来世和轮回的观念出现了，或者说佛教就是涅槃的观念，而在儒家、道家中，天的观念出现了。"超越"的出现，在人类文明史上是一个重要的突破。"超越"之后产生的真正的价值、终极关怀，形成了完全与人类现实世界不同的另外一个世界。有些人认为这个超越的世界，通过人的理性永远无法了解，只有通过信仰。即使你能够了解，这个超越理想的世界落实到现实上就是有曲折的，不全面的。犹太教、基督教、伊斯兰教，

---

① 1972 年，史华慈向美国 DAEDALUS 杂志提出以"轴心时代"观念解释公元前第一个千年文化现象，并得到通过，于同年 9 月和次年 9 月分别在罗马及威尼斯召开讨论会。

② Transcendental Breakthrough: Transcendental and Mundane Orders、Secondary Breakthrough.

或者古希腊哲学、印度宗教，把凡俗和神圣分开来，把超越分给上帝、天。儒家与这个不同，孔子有"鸟兽不可与同群，吾非斯人之徒与而谁与"的入世的观念。入世的意思是不是他选择了不走超越突破的路？我们不知道，也没有文献证明。

马克斯·韦伯批评儒家的入世思想。那么我今天要对这个问题做一个回应。

是不是可以认同这个世界，但是不属于这个世界？既要入世又要出世，在基督教神学里面谈得很多了，说这个世界是一个恺撒的世界。佛教也很明显，这就是红尘，超越就是净土。而现在，很多人对孔子最大的误解，就是以为孔子一生就是想在政治上面有影响力，到处去游说，想谋一官半职。直到六十多岁不能在政治上有所发展，然后退而求其次，就来著书立说，发展了儒家的传统。我认为这个对于孔子的理解，它的错误不在于描述本身，而在于它没有理解孔子所说的政治。孔子对"政"有非常明确的理解。他和他的学生非常希望能通过道德实践来转化这个世界。虽然现实的孔子没有钱、没有权，但他当时不成功是命中注定，是时代背弃了他，不是他背弃了时代。

他接受了，所以他述而不作，他对这个世界的合理性，基本上是接受了。所谓合理性，就是现实世界存在的合理性，但是不是一套持之以恒，放之四海而皆准的。所以他要去改变它，但是改变的过程非常复杂。所以有个以色列的学者，后来对超越的突破做了一个修正，我接受他这个观念。他说，所谓超越的突破不是上帝啊，梵天啊，而是第二序思维的出现，就是 secondary order thinking。思考再思考这个可能性的出现。所以，找到上帝就是对人生的终极关怀做了选择，真正的价值意义就在那儿，找到 logos 也一样。也有一些人，对人的本身，就是如何做人，怎样做才是一个人，而且这个人就是活生生具体的人，这种思考，也是一种反思，就是对人的反思，你可以对人的终极价值的反思，可以对人的意义世界的反思，这样说来，修身哲学，就是孔子讲的如何做人，也是第二序哲学，也是超越突破的特殊情况。现在了解一下，这个特殊情况是以什么样的情况出现的。首先呢，有一个预设，一个特定的地方，有这样一个人，就是孔子所代表儒家哲学反思对象的一个人，具体活生生的一个人，再讲得露骨一点那就是必须对自己。这个人如果是活生生具体的人呢，他一定有族群，他不可能就是一个抽象的人，他有自己的意义，他属于自己的年龄段，他必须有他特殊的语言，生活在特殊的地域，属于社会的某一阶层，同时也有可能他有了基本的价值取向。一个具体的人，他的族群、他的性别、他的年龄、他的语言、他的地域、他的阶层等等，使它成为这样一个人，所以，一个人命中注定他就是这样一个人，这是具体的、活生生的，我们每个人都是这样，也是没有选择的，或者说选择的空间很少。那么一般的精神世界所体现的价值，都是把这一个活生生具体的人，在一种限定中的存在来打破。所以，耶稣是一个很重要的选择，说是"你跟我来，你的父亲已经死了，被埋葬，你不要对他再有情感的表示"。佛教更是要把所有的执着去打破。儒家的一个思维，就是孔子入世的思维，就是，如何把可以说是人类学上的、对人的限制，转化成为成就自己的助力。这是他的资源，也是他的包袱。牟宗三先生曾经用过一句话，叫"层层限定，层层破除限定"，就是说，你要知道自己的族群等等的限定。我记得有一个儒者说过这样的话："我很高兴我是人，我不是动物；我很高兴我是中国人，我不是夷狄；我很高兴我是男人，我不是女人；我很高兴我是知识分子，我不是其他阶层。"他讲人，基本上是讲人类中心主义，就是没有理会动物或者植物作为生命的意义；他讲中国人，就是讲文化中心，非我族类其心必异，他是非常狭义的文化中心主义；他讲男人，基本上就是歧视女性；他说士人，他就是精英主义。可是，另外一方面来理解，从责任，从自我了解来理解，他说什么。第一个他是说，我作为一个人，我有人的责任，但是这个人的责任，可以包括关爱其他动物，关爱世界，作为一个人的责任，并不表示限定在人类中心主义。第二是作为一个中国人，作为中国人的意思就包括做一个中国人的责任，那么华夏的理想和担当就要体现出来，突出你的价值，顺着这个思路，你就要表现出作为一个男人，作为一个知识分子要体现出的责任。所以我觉得，从《大学》"修身齐家治国平天下"的角度，要逐渐地分辨一个小的"私我"，进而逐渐向外开放的一个大问题。从而私的意味越来越小。所以作为个人的选择，就是"为己之学"，是一个"个人的我"，"己"当然是一个关系网的中心，家庭，什么是真正家庭的温暖，有人讲，儒家只能有对自己的人的亲近，这种观点绝对不是儒家。所以，家庭的温暖和所谓的"家族主义"是不一样的。从社群来讲，怎样和邻里和睦，和封闭的"地方主义"也是不一样的。从国家层面来讲，怎样从狭隘的"民族主义"转化成为多元的、开放的民族主义。进一步，怎样将人类中心主义和使人作为一个有责任的人分开。所以，牟先生说的"层层限定，层层破除限定"，其实就是在每一个层面都能够自我超越、自我批判、自我转化。这样他就变得实实在在，有根源性，同时有开放性。

　　《荀子》说，"水火有气而无生，草木有生而无知，禽兽有知而无义，人有气、有生、有知，亦且有义，故最为天下贵也"，从演化论的角度来讲，一切有生都来源于气。传统中所说的"气"，是一个纵横复杂的能量，有精神也有物质。任何东西都是靠"气"。但是生命的出现，不能用气的规则来定义。但是生命的出现又扎根在气，你不能说生和气没有关系。气不能导致生，但生必然需要气。同样，动物的知觉，就不是生命可以了解到，但是，动物是扎根在生命世界，扎根在气。到了人，从物质讲，与禽兽几希，与禽兽的分别太少了。但是有分别，那个分别本身就是人之本体。所以，人之本身，就是扎根在动物，扎根在生物世界，扎根在气之中。所以学任何事物都可以了解人本身，但是不能了解全面的人。这个时候，儒家做了一个很重要的选择。我们知道，在希腊哲学中，人就是理性的动物。而儒家没有这样一个规约，人就是人，如果你是一个活生生具体的人，这个人绝对是有感情的，你再理性也是一个有情感的存在，所以在这个层面，儒家不会出现"我思故我在"的情况，那种是一个严格意义下的规约主义的方式。另外，人作为一个关系网络的中心，一定具有他的社会性，人也有政治性，人还有美学欣赏的能力，另外，人一定是有历史性的。再来嘛，人还有追求永恒超越的能力。所以，在儒家，作为一个感情动物的人，在《诗经》里面体现；作为一个政治的动物，在《尚书》里面体现；作为一个历史的动物，在《春秋》里面体现；作为一个美感的动物，在《乐记》里面体现；作为一个社会的动物，在《礼记》里面体现。所以，马一浮讲国学就是传统经学，经学就是传统思想，把人的各个面向推展出来，这样我们能了解出人的多元多样。

儒家很早就有一种批判精神，对现实有一种强烈的批判精神。一个是 1993 年马王堆出土的《子思子见鲁穆公》中很有名的一段话。

鲁穆公昏（问）于子思曰："可（何）女（如）而可胃（谓）忠臣？"子思曰："恒称其君之亚（恶）者，可谓忠臣矣。"

一直在骂君王的就是忠臣。结果：

公不悦，揖而退之。成孙弋见，公曰："向者吾问忠臣于子思，子思曰：'恒称其君之恶者可谓忠臣矣。'寡人惑焉，而未之得也。"成孙弋曰："噫，善哉，言乎！夫为其君之故杀其身者，尝有之矣。恒称其君之恶者未之有也。夫为其（君）之故杀其身者，交禄爵者也。恒称其君之恶 ×× 禄爵者 ×× 义而远禄，非子思，吾恶闻之矣。"

只有子思子说的这种一直批判君王的、有抗议精神的才算忠臣。那么在孔子弟子中间，像曾子讲《孝经》，我们说他们是保守的、和谐的，比较能和社会打成一片。现代流行一个词叫"以德抗位"。传统中有这样三个价值，一个价值是爵、位，一个价值是齿、年龄，一个价值就是德。政治生活中是位最重要，乡党生活中是年龄最重要，但是在我们儒家的传统中，"德"最重要。尽管我年龄没有你大，但是我的修养比你高；尽管你是君王，"我"也可以批评你。这就是所谓"以德抗位"。

儒家还有一个"独夫"的问题。如果一个君王，不能履行他作为一个政治领袖的责任，则丧失了作为政治领袖的地位。杀死的便不是君王而是独夫民贼。值得注意，孟子考虑独夫问题的时候，讨论到君臣关系：

> 君之视臣如手足，则臣视君如腹心；君之视臣如犬马，则臣视君如国人；君之视臣如土芥，则臣视君如寇雠。

最原始的革命思想是革天命。什么是天命呢？天视自我民视，天听自我民听。下面这一段呢，非常明确。

> 齐宣王见颜斶，曰："斶前！"斶亦曰："王前！"宣王不说。左右曰："王，人君也。斶，人臣也。王曰'斶前'，亦曰'王前'，可乎？"斶对曰："夫斶前为慕势，王前为趋士。与使斶为慕势，不如使王为趋士。"王忿然作色曰："王者贵乎？士贵乎？"对曰："士贵耳，王者不贵。"

颜斶见了齐宣王。齐宣王说你（颜斶）过来，结果他说该你过来。左右就觉得很奇怪，王是人君，你是人臣，王说你来，你说他来，怎么能够对呢？他说："我过去体现我的尊重，羡慕你的势。你来的话，表示你尊重士。如果你认为我是来尊重、趋附势的，远远没有别人认为你尊重士的价值高。"王听了非常不高兴，颜斶又说："当年秦攻打燕，有命令说，有人敢进入柳下惠墓地五十步内采伐的，杀无赦，又有命令说，有人能拿下燕王的头颅的人，能当官，还能赏钱。"所以就说，一个王的头，还不如死掉的士人的墓地的树木。然后，王就是默然不悦，然后颜斶就讲了一段话，大家有机会可以去看一下。最后一段话很有意思，说："斶知足矣，归真返璞，则终身不辱。"就是玉没有雕琢前的尊严。士可杀不可辱，要有尊严。这两段话表现了一种非常深刻，而且意识非常强烈的一种价值。这个是先秦的典籍。

到了汉代，我所了解的，汉代事实上，有两种情况。一种呢，就是像公孙弘，这叫曲学阿势；另外呢，董仲舒代表的大儒。一般来讲，董仲舒是要建立一个汉代的神学的儒学。但是在我看，"天人三策"并不是这么简单。他就直说，假如天灾人祸多了的话，君王是要下罪己诏。这就建立了一套神学的观点来限制君王的权力。再举一个例子就是朱熹的上封事。所谓"上封事"呢，就是当时朝廷开放了四十天随便发言的时间，没有秋后算账。朱熹上了朝廷，奏了三个奏议，这个奏议是要宣读的。而且皇帝要坐在那儿听，大臣们旁听。这三个奏议就写成了上封事。第一个奏议，用今天的话讲，就是天下一片大乱，一片大坏。南宋受到金、受到元的侵略，民不聊生。这个奏议，皇帝点头了。第二个奏议，就说，你皇帝的旁边都是一群小人，四周都是一群奸佞。皇帝一听，有一点感觉压力大了。第三个奏议，也就是现在讲的这一段：

> 愿陛下自今以往，一念之顷，则必谨而察之，此为天理邪，为人欲邪？果天理也，则敬以充之，而不使其少有壅遏；果人欲也，则敬以克之，而不使其少有凝滞。推而至于言语动作之间，用人处事之际，无不以是裁之，则圣心洞然，中外融彻，无一毫之私欲得以介乎其间，而天下之事，将惟陛下之所欲为，无不如志矣。

朱熹就直说是你皇帝身上出了问题，你皇帝本身就是一个最糟糕的人。这等于朱熹作为老师在教训皇帝应该怎么干，应该怎么修身。

我要说的是，大家在教科书里学的、所谓的士，就是在封建政体中为专制政府服务的一群人物。这个我认为是对士的一个极大的侮辱。士，绝对不是这样一群为专制政府服务的人。士君子，他是要有一种独立的人格。甚至可以说士是否属于阶层，我觉得也值得讨论。他是在儒家传统里面，有非常深厚的理论传统的，有道德实践准则的，而且确实在政治文化中一直在起作用的。所以，当曾子提出"士不可不弘毅，任重而道远"的观念的时候，它所体现的，就是人性的光芒，最能够体现人文精神的价值。这是士的责任，不是对君王、对国家的敬重，而是最高的、人的价值。所以，《孟子》这本书，可以把它当作是士的自觉最全面的一本书。《孟子》这本书回答了我们作为士，何以自足。《孟子》同样系统回应了"在社会分工方面，具有人格自觉的士，究竟有什么价值"这个问题。农人事生产，工人事制作，商人通有无。比如法家认为耕战最重要，所以商人是不必要的，农人要，工人要，士人是绝对不能要的。但《孟子》认为，士首先要有主体性。他是自觉的，他是体现大体的，他是自得的，他的内在的资源是非常丰富的。可以说了不起体现士精神的孔子的门人，第一名就是颜回，什么都没有，一无所有，而且死得很早，但是他就能体现三月不违仁。仁的最高价值，他就能在这三月里体现出来。这个是主体意义的重要性，但是除了主体性以外，他确实有强烈的社会性。民本思想，民为贵。存在不是为了我的阶层，所谓无恒产而有恒心者，惟士为能。我们这批人是没有财产、没有价值，所有我们可以有独立的人格，为了所有人的福祉来奋斗。再来呢，它不是一个只是现实的存在，而有深刻的历史意识。它有历史传承，之前有周公，它有道统。所以他可以说望其不似人君，一看起来就不像个君王。另外，他可以很傲慢，这个毫无疑问。他所掌握的资源特厚，政治只是其中一个。你们说的那个权势，对他来讲，没那么大的诱惑。还有就是他的天的问题，天视自我民视，天听自我民听。孟子说是万物皆备于我。能够尽己之性就能尽人之性，就是孟子说的尽心知性知天。孔子也说，天之未丧斯文也，其他的对我没有什么干扰。还有就是对于未来事情的考虑，他所讨论的问题，不是为了过去，不是为了现在，他所展望的是未来。张载说的为万世开太平，讲得更清楚。让我想起了他们说的"地球不是我们祖先留给我们的财产，而是我们的子孙依托我们保存的资源"，是一种为了无限的世界、无限的未来负责任的关系。所以，孟子说的士的自觉，是建构在非常丰富资源的基础上的。

这就是我们刚刚提出来的，恒称其君之恶者是为忠臣。我刚刚提到，汉代有两个人真正把儒家价值和政治结合起来的，为汉代政治提供了重要的助力的人。一个是叔孙通，定朝纲，另一个就是宰相公孙弘，真正把儒家文化定位尊位。但是在司马迁的眼里，这两个人都是曲学阿势。你就是为了皇帝的地位，为了现实政治服务，你能代表政治的理想。真正代表儒家的，在司马迁眼里就是董仲舒，董子。在汉代是提出三纲，就是君为臣纲、父为子纲、夫为妇纲，大家对此各有看法，有人讲是一种权威主义，等级主义，男尊女卑的精神。我是对三纲进行比较严厉的批评，对三纲完全不能接受的，我甚至从文本上找到证据，证明这个三纲和法家的思想比较接近。法家有一段话，假如是臣不敬君，假如是子不敬父，假如是妇不敬夫，这个社会没有办法维持。

但是，现在我对这个问题有一个不同的看法。很多大陆青年学者做了很多的研究。另外，王元化先生，他接受了陈寅恪的观点，他讲三纲六纪是中国文化的核心，甚至就像柏拉图讲的理念，是最高的理想。同样，王国维对三纲六纪也保持着同情的理解。狄百瑞，哥伦比亚大学的教授，曾经针对我的批评，对我说，你再仔细重读一下《白虎通义》。定下三纲就是《白虎通义》，这个是汉代的宣帝时期，经过很多大臣的辩论讨论，逐渐把它推出来，这代表我们的共识。我认为，三纲是一个很严密的等级制度，但是，狄百瑞认为所有关于三纲的话都有很严密的体系。凡是讲到君的，都是讲君如何因为臣的谏而改变了，不是君对臣的领导，而是臣对君的谏。所有讨论父子的，都是说儿子怎么样让他的父亲成为一个好父亲，说得坏一点，就是大舜和瞽瞍的故事。夫妇的故事，都是讲妻子怎么样转化一个不负责任的丈夫的故事。就是说汉代，在当时的社会，尽管为臣、子、妇是边缘化的角色，但是他们都是能够为这个社会价值作出转化贡献的人。但是，我如今也还是很难接受三纲的。但是，五伦和五常，我认为是毫无疑问的。五伦就是：父子有亲，君臣有义，夫妇有别,长幼有序,朋友有信。这样讲就是父慈子孝,如果父不慈,就难以能够子孝。在《孝经》里面,曾子说过这样几句话,"子从父之令,可谓孝乎?"我们遵从父亲的命令如何?孔子的回应非常强烈,"是何言哉?是何言哉?"你这说的什么话?一个君要有七个谏臣,让他做一个像样的国君,诸侯有五个,大夫有三个。我们在一般的社会里面,如果你对你的父亲只是他说什么你做什么,那就是你不负责任,陷父于不义。你的责任就是让你的父亲做一个像样的父亲,这是做父亲的责任。如果你父亲把你打伤了,就是你陷父于不义,你对他更坏。我们作为父子关系,作为孩子的责任,应该怎样做,这里面有很多非常细致的考虑。所以说,父慈、子孝、兄良、弟悌、夫义、妇听、长惠、幼顺、君仁、臣忠。另外,就是夫妇有别,我们对于以前的别,已经不能接受了,男主外女主内,现在甚至可能换过来。"别",作为基本价值,并不是歧视女孩子。讲到五常,仁义礼智信,大家更熟悉。这是传统,是主流,虽然主流在实践上很困难。钱穆先生讲,外朝逐渐转向内朝,皇帝四周的宦官外戚的权力越来越大,宰相的权力越来越小。到了宋代,司马光讥笑孟子,对孟子的抗议精神,他认为过分傲慢。我刚刚也提到,即使在朱熹的时候,也有抗议精神。一旦到了专制政体非常严峻的时候,朱元璋看了《孟子》前面一段,什么独夫啊,非常生气,就要把孟子逐出文庙,孟子太不尊君了。结果,就有一位大臣带着棺材,上朝就说,如果你(朱元璋)真的要把孟子逐出文庙,我就撞死,我为孟子而死。朱元璋一听觉得你这有点儿太过分了吧,然后决定暂时不要。在明代,后来确实把《孟子》的这一段给删掉了,但是孟子还是在文庙。另外我还举一个例子,就是明代的于谦,大家如果到过杭州会知道,于谦当时相当于国防部长吧。当时瓦剌军也先打进来,把皇帝给俘虏了。于谦竟然说服大臣们,再立一个皇帝。当也先带着皇帝来讨价还价的时候,于谦说,他又不是皇帝,我们有皇帝。也先最后把老皇帝送回来了,就有两个皇帝。开始,老皇帝(明英宗)有一段时间还是比较守法的,但是后来经过政变,夺回了政权。老皇帝要处理于谦的问题。他是不是忠臣，这就成了问题。但是在整个儒家的"士"阶层之中，他就是一个大英雄。你想想，在哪个文化中间，有这种情况，皇帝被抓了以后，我们还可以再立一个皇帝。所以，到了宋代，到了明代，到了17世纪，我的一个朋友写了一篇很重要的文章，说在中国，公、官、私三个观念是分开的。反观日本其时，公和官是完全和在一起的。在中国当时，士阶层认为朝廷受到宦官和外戚的影响，已经变成了私欲的集团。公就在天下，它在天下就不在朝廷。当一个政府，当一个朝廷成为一个私欲集团，那么公义就应该在民间。所以在明代，就出现家事国事事事关心的状态。而每一个人本身的，很有可能连官位都没有，或被解雇的，他也得有气派。这个就是一种儒家抗议精神的突出表现。整个清代的发展是一个非常复杂的过程。因为，在掌握儒家象征资源这一方面，清代特别的关注。我只举一个例子就可以说明问题的复杂性。应该是在乾隆的时候，有一个地方官，他觉得他的父亲受到很多人的尊重。他就上奏议，请皇帝考虑，准许他的父亲进文庙。结果乾隆震怒，一个地方官，居然有胆，向皇帝建议，让自己的父亲进文庙，下令判这个人死刑。怎么死法，还是要讨论，到底是凌迟，还是斩首。还有类似于文字狱之类的。如何表现士的抗议精神？钱穆先生指出了，直到晚清的末年，才逐渐表现出来。从文本上看，大家基本都同意，儒家有这样一个抗议精神的传统。这个传统从孔子开始，毫无疑问，子思子体现了孔子的这种精神，延续到了宋代。

我的一位在芝加哥大学任历史学教授的朋友爱德华·希尔斯曾提到，现代意义的文明社会，我们追溯到苏格拉底。苏格拉底在雅典，在雅典，最了不起的是百分之五十是公民。真正能接受苏格拉底教育的是少数的少数，都是精英。再比如柏拉图的洞穴观点。我们所有的人都在洞里，面对一个方向，手都被绑起来了，看不到外面的山河大地。哲学家看到了外面的山河大地，但是哲学家到了洞里面，对我们一点儿办法都没有。因为我们没看到，所以，唯一的办法就是把我们的枷锁都去掉，带到外面去，但是哲学家基本上没有多大兴趣把这一批没有反思能力的人带到外面去。而孔子是第一个在民间讲学的。孔子的弟子中间，有商人——子贡，有军人——子路，有无家可归的，有赤贫的，士农工商，各个阶层。这真正代表人文教育，孔子从一开始就是有教无类，我跟你们就是一样的。每个人，不管什么样的背景，通过自己的努力都可以成为君子。所以每一个人都可以受教育，且应该受教育。也因此，这个文化就发展出来一种强烈的学习文明。儒家的传统里面、孔子的传统里面，第一个就是学，孔子十五而有志于学，一直学一直学，七十从心所欲不逾矩。很多17世纪的儒者就问，如果孔子和释迦牟尼活得一样长，活到八十多岁，那后面这八年怎么办？大家都会认为，他会更奋斗，更努力。他自己对自己的描写，也就是好学，学而不厌，诲人不倦。他认为他最好的学生是颜回。有人问他，你弟子中间还有没有好学的了？他说没有了，原来有一个颜回，可惜他已经死了。好学，在他讲起来，有最高最高的价值。所以中国社会上，现在也强调，活到老学到老。这个氛围很好，而且很宽容，殊途同归，但是人人不同，因人而异，因材施教，我认为为己之学就是这样，成就了他的主体性、独立性和他的尊严。这个是最起码、最重要的一个条件，没有这个条件，你不是儒家的思想。今天，我们讲知识分子，关心政治，参与社会文化，他绝对和以前希腊哲学讲的哲学家，没有太大关系，他和希伯来的先知，没有太大关系，他和基督教里的僧侣，没有太大关系，他和印度传统的巫女、长老，没什么太大关系。但是，和儒家的士和士君子的关系非常密切。

19世纪，俄罗斯的 интеллектуальный——"知识分子"出现，那个时候有一个基本的信念，所有的知识分子都是认同启蒙，这些人，绝对是对现实政治是不满的。所以，知识分子就是要有批判，没有批判就不是知识分子。就是抗议精神，抗议的对象就是政治，在宽广一点儿就是体制问题。所以，俄罗斯的传统到今天，沙特罗夫就是知识分子，戈尔巴乔夫很有知识，但是不是知识分子，戈尔巴乔夫的夫人是俄罗斯大学的教授，她也不是知识分子。因为，只要是和政治纠缠不清的就不是知识分子。这种观点对中国影响太大了，尤其是五四以来。但这是完全不现实的，不可操作的，像法国的知识分子和政治的牵连是非常复杂的。德国的知识分子，德国的教授都是政治官员，当然德国的知识分子都是和政治有密切关系的。美国的知识分子，美国的教授如果可以到华盛顿做政府的官员，是一项殊荣。英国的知识分子也是如此。那么我们看五四以后，中国的知识分子，特别是1949年以来，真正发挥极大影响的，也有他的政治身份。你不能说胡耀邦不是知识分子，胡耀邦是有很多作为的，我们非常清楚、非常尊重。这些知识分子就是孟子的士，他有他的自觉性，他有他的文化意识。他确实是为民请命，不代表他个人，在这个情况来看，儒家所代表的批评精神和今天意义下的有现实观的知识分子是有关系的。如果往前看，也就有了文化中国这样一个观点。文化中国的观点最早是一批马来西亚到台湾念书的学生提出来的，他们马来人到台湾念书，那时的中国是一个文化意义上的中国。这也就有了傅伟勋的《文化中国与中国文化》。1989年，我写了一篇英文的文章讨论"文化中国"的问题。后来在美国、在大陆、在港台，很多学术会议来讨论这个问题。"文化中国"有三个意义世界：第一个意义世界是中国大陆、香港、澳门、台湾和新加坡。第一个意义世界以华人为主，包括五十多个少数民族。第二个意义世界是中国的离散社群，包括全世界的华人。另外我有第三个意义世界，就是和中国既无血缘又无婚姻关系的外籍人，只要对中国文化的关怀是长期的，不仅是汉学家，或者学者，还可以是外交官各方面的，有很多认识途径。有收养中国女婴的美国家庭，在收养过程中他的家庭的文化生态彻底改变了。举个例子，美国驻华大使汉斯。他收养了中国女婴，他学中文，现在他的中文讲得非常漂亮。所以不管怎样，我们如果在"文化中国"这个宽广的问题下，来看这个批评精神，我觉得最大的挑战就是批评精神的缺失，儒家沦落为一种政治目的、方向。当儒家彻底政治化，不管用什么方式，它的生命力便会消退。如果儒家要有生命力，它必须要保持强硬的批评精神,这是一个很重要的问题,也是我今天要讨论的核心。谢谢!

（演讲者单位：北京大学高等人文研究院；
整理者单位：深圳大学人文与艺术高等
研究院）

靡 哲 不 愚[*]

（代　跋）

杜　维　明

　　这两天的会议，我的感想是"未济"。"未济"就是还在一个发展过程中，但是在这个发展的过程中严格地说我是很幸运的。从外在来看，比较好的大学，比较好的师友，比较好的学生、朋友，所以这都是外面的各种不同的力量来支持我，使我能够可以说日渐精进。但是我还是有比较深刻的遗憾，这事实上和所谓的忧患意识是有关系的。也就是说我们各种不同的限制，应该是作为我们能够进一步发展的完成自我的一些助力。就是因为限制，才能促成我们，那么我对这些限制的理解事实上是非常深刻的。因为对这个限制理解深刻，所以我感觉到不能够真正的自满。

　　不能自满还有一个非常重要的原因，总觉得我应该做的和我能够做的，实际上中间的距离，不是说是越来越接近，而是越来越扩大。越来越觉得我应该做的、必须做的，应该勉励自己做的，离我真正做到的差得太远。所以这一次各位对我有很多赞美，也多多少少有点期待。那么我的生命的历程中，碰到了很多很多的困难，尤其现阶段是一个转型期，所以我希望自己勉励自己，不是说能够满足各位的期待，这是不可能的。因

＊　"第二届精神人文主义研讨会"闭幕式即兴演讲。

为大家所提出来的是一个非常美好的杜维明，而实际上杜维明的缺陷太多了，应该改进的地方也太多了。可是我非常感谢各位能够在那么繁忙的时间，能够从各个不同的地方来跟我讲一声：我们祝福你，希望你还能够进一步发挥你应该发挥的作用。

对此，我是非常感激。昨天我本来是想多讲一点，但是我没有多讲。确实因为艾蓓告诉我，我们是请客的，我们是主人，不能利用这个机会又来传道。传道其实严格地说不是我的心愿，我从来没有想过传道，因为"往教"和"来学"这个关系，传道基本上是有渲染的，而我感觉到，我所理解的传统，可以发挥光芒的传统，内在的丰富性太大。

所以任何一个具体的人，在从事工作的过程中都是有非常大的缺陷，而我对我自己这方面的缺陷，近来了解得比较深刻。所以我非常感谢各位对我的鼓励，但是我有自知之明，你们所描写的，我希望在永恒的未来能有一部分的实践，而我实际上应该做的，我自己心里知道有很多很多。谢谢大家的勉励。

附 录

仁 者 寿

——在杜维明先生八十寿辰暨"第二届精神人文主义研讨会"上的致辞

（2019 年 10 月 19 日）

北京大学校长 郝 平

尊敬的杜维明先生，尊敬的各位嘉宾：

大家晚上好！

首先，请允许我代表北京大学，也以我个人的名义，向杜维明先生八十寿辰表示热烈的祝贺，对各位学者莅临"第二届精神人文主义研讨会"表示欢迎和感谢！杜先生从教六十余年，桃李满天下。今天，杜先生的学生和朋友也从四面八方赶来，共同为先生祝寿，欢迎大家的到来！

我早在 1985 年就与杜维明先生结识。当年，作为享誉海内外的哈佛大学教授、新儒家第三代的代表性人物，杜维明先生来到北大，开设《儒家哲学》课程，在历史悠久、大师云集、极具影响力的北大哲学系，甚至在整个校园都引起了巨大的反响。

我和杜维明先生较长时间的交往和深入的交流，是在夏威夷东西方研究中心。1991 年 5 月，我参加了北京大学与夏威夷大学的交换学者项目，赴夏威夷大学访问交流。此时，杜先生正利用学术休假之机，来到位于夏威夷的东西方研究中心担任文化与传播研究所所长。因为杜先生深厚的学养、开阔的视野和人格魅力，原本冷清的东西方研究中心，学术气氛一下子便活跃了起来。杜先生策划并主持了许多关于中国改革开放、发展建设的研讨会，我有幸多次参与其中。特别是杜先生强调"文化中国"、"儒家文化圈"等概念，组织相关的学术讨论和研究，我也是"文化中国"项目的成员，受益匪浅。近30年后的今天，中国文化、"新儒家"已成为人文研究领域的"显学"，可见先生当年提出上述概念是非常富有远见卓识的。杜先生回到哈佛后，我们也一直保持着密切的联系。

后来，杜先生又来到北大工作，在2008年9月成立了北大高等人文研究院，组织读书会，开展国内和国际学术交流，同时培养、指导博士生和博士后，促进了北大哲学学科的建设与发展。他协助北大申办了第24届世界哲学大会，确立了"学以成人"的主题，并于2018年成功举办。这是全球最大规模的哲学会议设立百余年来第一次来到中国，也是第一次以中国传统哲学思想的学术框架为基础设定主题。杜先生还于2012年创建了世界伦理中心，以此为平台进行儒和商之间的对话，涵养商业社会的良知理性，建立儒商认同，让人们对财富与社会的关系有了更为深刻的思想认识。

杜先生具有海纳百川的胸怀，博采众长，学有所宗却无门户之见。他开启或发展了许多重要研究领域，包括"文化中国"、"文明对话"、"启蒙反思"、"儒家传统的现代转化"等，近些年来，又提出精神人文主义的问题。他怀着对现实的深切关注，发扬儒家"知其不可为而为之"的精神，长期致力于以文明对话的行动来解决文明冲突的问题。他还是把中国故事讲得最好的学者之一，让全球了解到"文化中国"之美，感受到"文明对话"的恒久魅力。他是当之无愧的新时代学术大师。

今天是杜维明先生八十寿辰。我想引用孔子的一句话献给杜先生这位杰出的新儒家："智者乐水，仁者乐山；智者动，仁者静；智者乐，仁者寿。"

并以此向杜维明先生八十寿辰表示最诚挚的祝福。祝愿杜先生福如东海,寿比南山;永葆思想活力,学术之树常青! 也祝各位嘉宾健康快乐!

谢谢大家!

责任编辑：崔秀军
版式设计：顾杰珍
封面设计：石笑梦

图书在版编目（CIP）数据

精神人文主义论文集 . 第一辑／陈来 主编 . —北京：人民出版社，
　2020.9

ISBN 978－7－01－022388－9

I.①精…　II.①陈…　III.①人道主义－文集　IV.① B089–53

中国版本图书馆 CIP 数据核字（2020）第 142443 号

精神人文主义论文集

JINGSHEN RENWEN ZHUYI LUNWENJI

第 一 辑

陈　来　主编

人民出版社 出版发行

（100706　北京市东城区隆福寺街 99 号）

北京新华印刷有限公司印刷　新华书店经销

2020 年 9 月第 1 版　2020 年 9 月北京第 1 次印刷

开本：710 毫米 ×1000 毫米 1/16　印张：21.5

字数：300 千字

ISBN 978－7－01－022388－9　定价：86.00 元

邮购地址 100706　北京市东城区隆福寺街 99 号

人民东方图书销售中心　电话（010）65250042　65289539

版权所有·侵权必究

凡购买本社图书，如有印制质量问题，我社负责调换。

服务电话：(010) 65250042